ACCESO GRATIS *a la Lectura en la Nube*

Para visualizar el libro electrónico en la nube de lectura envíe junto a su nombre y apellidos una fotografía del código de barras situado en la contraportada del libro y otra del ticket de compra a la dirección:

ebooktirant@tirant.com

En un máximo de 72 horas laborables le enviaremos el código de acceso con sus instrucciones.

LA PROTECCIÓN DE LOS DERECHOS HUMANOS EN SITUACIONES DE EMERGENCIA CONSTITUCIONAL

El papel de las Defensorías del Pueblo

Procedimiento de selección de originales, ver página web:
www.tirant.net/index.php/editorial/procedimiento-de-seleccion-de-originales

LA PROTECCIÓN DE LOS DERECHOS HUMANOS EN SITUACIONES DE EMERGENCIA CONSTITUCIONAL

El papel de las Defensorías del Pueblo

Coordinadores:
Gerardo Ruiz-Rico Ruiz
Alberto Anguita Susi

tirant lo blanch
Valencia, 2024

En caso de erratas y actualizaciones, la Editorial Tirant lo Blanch publicará la pertinente corrección en la página web www.tirant.com.

© TIRANT LO BLANCH
EDITA: TIRANT LO BLANCH
C/ Artes Gráficas, 14 - 46010 - Valencia
TELFS.: 96/361 00 48 - 50
FAX: 96/369 41 51
Email: tlb@tirant.com
www.tirant.com
Librería virtual: www.tirant.es
ISBN: 978-84-1197-912-2
DEPÓSITO LEGAL: V-1240-2024

Si tiene alguna queja o sugerencia, envíenos un mail a: *atencioncliente@tirant.com*. En caso de no ser atendida su sugerencia, por favor, lea en *www.tirant.net/index.php/empresa/politicas-de-empresa* nuestro procedimiento de quejas.

Responsabilidad Social Corporativa: http://www.tirant.net/Docs/RSCTirant.pdf

Índice

Ombudsmen del siglo XXI

ANTONIO J. PORRAS NADALES
Universidad de Sevilla
Centro de Estudios Sociales y Jurídicos "Sur de Europa"
2023 (1)

SUMARIO: Introducción. I. PRIMERA PARTE. LOS ESCENARIOS CONOCIDOS (SIGLO XX). Primer escenario: un centro receptor de quejas. Segundo escenario: de la demanda social al diagnóstico de la realidad. Tercer escenario: control de la burocracia. Cuarto escenario: control de calidad legislativa. Quinto escenario: análisis de políticas públicas. II. SEGUNDA PARTE: LOS ESCENARIOS EMERGENTES (SIGLO XXI). Panorámica. Sexto escenario: políticas públicas dispersas. Y séptimo escenario: la determinación de la agenda. CONCLUSIONES. REFERENCIAS.

INTRODUCCIÓN

Hace apenas un par de décadas, el prestigioso académico canadiense Henry Mintzberg publicó junto a otros colegas una brillante monografía titulada "Safari estratégico" que proponía un viaje por distintos escenarios, a modo de un tour de caza (2). Un escenario similar, a modo de cazador que persigue una

---

1 Conferencia de Clausura del curso de Diplomado "Lecciones constitucionales en tiempos de crisis: La protección de los derechos humanos por los Ombudsperson durante las situaciones de emergencia constitucional" Comisión Nacional de los Derechos Humanos de México, Centro de Estudios Sociales y Jurídicos "Sur de Europa", 2023.

2 H. MINTZBERG, B. AHLSTRAND Y J. LAMPEL, *Strategy Safari: A Guided Tour Through The Wilds of Strategic Management,* Nueva York, 2001, Free Press.

pieza por terreno desconocido, es el que recorren diariamente los distintos ombudsmen buscando el modo más eficiente de responder a las quejas de los ciudadanos. Podemos ensayar una metodología similar.

El valor perseguido en este escenario estratégico donde se mueve el ombudsman sería el de conseguir la plenitud en el ejercicio de ciertos derechos por parte de la ciudadanía: unos derechos que se sitúan por lo general en el ámbito de los denominados derechos sociales o de prestación. Y sucede que, a diferencia de los tradicionales derechos individuales de libertad, que pretenden restringir la presencia del poder público para asegurar esferas de autonomía de los ciudadanos, la propia naturaleza de los derechos sociales o de prestación implica, al contrario, una actividad intervencionista pública: lo que determina un sistema complejo de garantías donde la dimensión estrictamente declarativa de los soportes normativos debe complementarse con la programática o finalista, estableciendo responsabilidades activas a asumir por parte de los poderes públicos. Y todo ello debe culminar en una estrategia de tipo instrumental, donde las organizaciones públicas pondrán en marcha toda una serie de actuaciones intervencionistas eficaces capaces de asegurar el cumplimiento de tales objetivos o derechos sociales. Todo este amplio y confuso entramado debe ser, a su vez, susceptible de un adecuado control.

De este modo los derechos sociales se interconectan con la dimensión intervencionista propia del Estado social o *welfare state*, proyectada sobre una escala territorial compleja y afectando no sólo a la dimensión programática o finalista que debe orientar la actuación de los poderes públicos al servicio del sistema de valores declarados, sino igualmente a la proyección instrumental de los propios aparatos públicos en torno a determinadas actividades de prestación, que deben alcanzar cuotas razonables de eficacia.

Se trata pues de un marco problemático complejo, donde la presencia de garantías formales se interconecta con la exigencia de eficacia en la actividad prestadora e intervencionista desarrollada por los poderes públicos. En consecuencia, los circuitos de control que operan en este ámbito tendrán igualmente una dimensión más compleja, en el sentido de que deben responder a claves de control positivo: lo que implica toda una amplia serie de factores problemáticos que afectan no ya el propio intervencionismo público (siempre demandando cuotas adicionales de eficacia), sino también al riesgo alternativo de la no-acción ([3]).

Esta complejidad se incrementa adicionalmente teniendo en cuenta la deriva territorial que presentan los modernos estados intervencionistas: lo que significa que, al menos en teoría, es posible pensar en la ubicación del Ombusman dentro de un proceso plural de la acción pública; o sea, dentro de un itinerario intervencionista largo y complejo, que abarcaría desde los soportes dogmáticos o declarativos concretizados en forma de derechos en el marco constitucional, hasta los resultados finales de la acción pública en forma de impacto sobre el tejido social en espacios territorialmente delimitados; pasando lógicamente tanto por el diseño legal y estratégico como por la propia esfera organizativa y prestadora de la burocracia y del sector público.

Desde esta perspectiva de complejidad estratégica debemos comenzar recordando que, en primera instancia, la dimensión funcional originaria del ombudsman suele ser la recepción de quejas ciudadanas, entendidas como expresión elaborada de una "demanda social". Una demanda que surge

---

[3] Sobre los orígenes de la noción de no-acción cfr. P. BACHARACH, M. BARATZ, "Two Faces of Power", *American Political Science Review*, Núm. 56, 1962. Más en general A. PORRAS NADALES, *La acción de gobierno. Gobernabilidad, gobernanza, gobermedia*, Madrid, 2014, Trotta.

tras determinadas actuaciones públicas, o sea, que tiene una proyección de retroalimentación, detectando insuficiencias en la acción pública. Sólo en un segundo momento el ombudsman deberá progresar en la investigación de la actuación administrativa correspondiente, ponderando en su caso los soportes legales que le sirven de fundamento y operando así en el ámbito de la propia "oferta pública". En consecuencia, se trata de una figura que detenta amplias posibilidades de actuación subsidiaria, tanto para la canalización de demandas sociales una vez formalizadas en forma de derechos sociales, como para el control de las correspondientes políticas públicas que deben diseñarse desde la esfera pública en respuesta a las mismas. El ombudsman, en definitiva, está presente prácticamente en todos y cada uno de los confines problemáticos en que se desenvuelve la actuación pública en el contexto intervencionista propio de un Estado social avanzado. O sea, en palabras de Mintzberg, todo un proceloso safari lleno de incertidumbres y aventuras.

I. PRIMERA PARTE. LOS ESCENARIOS CONOCIDOS (SIGLO XX)

Primer escenario: un centro receptor de quejas

En un *primer* momento, relacionado con la demanda ciudadana, la experiencia del ombudsman como receptor de quejas ciudadanas parece demostrar la existencia de amplias capacidades no ya para la estricta canalización de tales reclamaciones formalizadas por los ciudadanos, sino también para poner en marcha labores de investigación autónoma o de oficio que permiten detectar otros sectores problemáticos (no "demandados" formalmente) en ámbitos sociales caracterizados a veces por su escasa capacidad de autoorganización e interlocución:

ya sean sectores que se corresponden con intereses difusos, o bien sectores marginados o excluidos; o incluso espacios sociales problemáticos emergentes con un alto potencial de incidencia futura.

En un *segundo* momento, relacionado con la oferta pública, la agrupación de tales núcleos problemáticos le permitirá formular un diagnóstico negativo general sobre la propia actuación pública en su conjunto, detectando aquellos ámbitos donde el intervencionismo público se demuestra insuficiente para el cumplimiento de los fines asignados por el ordenamiento, llegando incluso a aproximarse hasta una auténtica evaluación de políticas públicas.

Si formalmente la configuración institucional del ombudsman no parece haber experimentado innovaciones sustanciales en sus soportes legales, ello significa que su actuación se sigue caracterizando por esta habitual dualidad funcional: o sea, por una parte, es una institución que opera en la esfera de la sociedad civil con el objetivo de defender los derechos ciudadanos; y por otra, es un instrumento que trata de incidir en la esfera pública mediante sus funciones de supervisión de la administración, operando genéricamente dentro del ámbito de los sistemas de control o "*accountability*" de los poderes públicos.

En una teórica y simplificada visión inicial podría entenderse que entre ambos circuitos se opera siempre una especie de ajuste automático. O sea, del mismo modo que se afirmaba en la antigua teoría económica que toda demanda genera su propia oferta o viceversa (según la llamada *Ley de Say*), cabría presumir que toda detección de un ámbito problemático por parte del ombudsman (demanda social) genera la correspondiente respuesta correctora por parte de la esfera pública responsable (oferta pública). Sin embargo, esta idílica concepción general según la cual todo núcleo problemático social donde se detectan situaciones lesivas para los derechos humanos acaba siendo resuelto de una forma eficiente y automática por la posterior intervención positiva de la administración, contando en su caso con la actuación mediadora del ombudsman, no parece una hipótesis suficientemente confirmada por los hechos.

Frente a esta visión idealista del proceso global de la acción pública, lo que emerge más bien es todo un conjunto de espacios problemáticos dentro de los cuales el ombudsman tendrá que desplegar distintos tipos de estrategias, poniendo en marcha los recursos disponibles y movilizando su sistema de alianzas.

Segundo escenario: de la demanda social al diagnóstico de la realidad

En todo caso, parece que en primera instancia la tarea principal del Ombudsman consistirá en una labor de detección de núcleos problemáticos, ya sea mediante la rutina de la recepción de quejas, o bien poniendo en marcha labores de investigación desarrolladas de oficio. A partir de esta labor inicial se redactan los periódicos *Informes* al Parlamento que reflejan al cabo del tiempo uno de los mejores diagnósticos en negativo de la realidad social y su sistema de necesidades. En tales *Informes* se puede cuantificar y clasificar en detalle el tipo de derechos o valores sociales que resultan lesionados, así como su evolución a lo largo del tiempo.

La interrogante consistirá en si más allá de la mera serie enumerativa, entendida a modo de simple tabla estadística, en realidad tras el Informe del ombudsman se esconde algo mucho más decisivo y trascendental: una auténtica radiografía en negativo de la propia realidad social en su conjunto. Algo que puede llegar a ser concebido, desde una visión estratégica de la acción, como un auténtico "diagnóstico problemático" de partida, desde el cual sería posible orientar por parte de los poderes públicos tanto la filosofía finalista como la propia estrategia instrumental y el diseño mismo de la acción intervencionista que debe ponerse en marcha ([4]).

Naturalmente tal visión estará condicionada por la constatación de que en general, y particularmente en el contexto predominante de la "videopolítica" contemporánea, la percepción sobre la naturaleza problemática de los asuntos colectivos y la propia dimensión científico-objetiva de los *diagnósticos* sobre la realidad social ([5]) parece experimentar un cierto declive al servicio de la dimensión competitiva de la política y su proyección virtual o cosmética sobre la arena de los *mass media* ([6]). Así, desde la perspectiva del gobierno, los diagnósticos tienden a montarse crecientemente sobre una visión virtual y superoptimista de la realidad, reflejando a veces un imaginario idílico que suele enfrentarse a la dimensión negativa e hipercrítica manejada normalmente por la oposición: la deriva bipolar en que viene decayendo la dinámica política se traduce finalmente en una progresiva reordenación maniqueista de las visiones de la realidad, lo que a veces puede dificultar incluso la mera constatación de la existencia de momentos de crisis.

Las posibles voces autorizadas o neutrales, es decir, las procedentes del medio académico o científico, que teóricamente deberían ser uno de los sustratos fundamentales para asegurar diagnósticos congruentes de la realidad, parecen experimentar por su parte fenómenos de progresiva dependencia o

---

[4] A. PORRAS NADALES "La agenda del gobierno", *Revista de Fomento Social,* Núm. 278, 2015, págs. 245-279; M. H. MOORE, *Gestión estratégica y creación de valor en el sector público,* Barcelona, 1998, Paidós.

[5] Al respecto cfr. A. PORRAS NADALES, *Diagnosis y programación política en el Estado autonómico,* Sevilla, 1996, IAAP.

[6] A. PORRAS NADALES, *La acción de gobierno. Gobernabilidad, gobernanza, gobermedia,* cit.

colonización de los circuitos del gasto público, en una sorda y difusa renuncia a la libertad crítica. Algo que discurre en paralelo a la incomodidad que, por su parte, suele manifestar el poder establecido frente a toda perspectiva crítica. Téngase en cuenta que, en general, la investigación social desarrollada en centros académicos se financia con fondos públicos y responde en consecuencia a determinados criterios orientadores, diseñados desde la propia esfera gubernamental.

En consecuencia, ante el riesgo de un relativo vacío de soportes científicos solventes ¿dónde encontrar un diagnóstico objetivo, crítico, dotado de autoridad y suficientemente compartido de la *realidad*, que sirva como base para un diseño congruente de la acción intervencionista? Una sugerente hipótesis que cabe plantear sería si tal diagnóstico problemático (o al menos algunos de sus elementos) no podría encontrarse en los propios Informes del ombudsman. Así, frente a las percepciones idílicas de la realidad social, frente a la llamada "paradoja de la satisfacción" ([7]) y la visión positiva de la actuación de las esferas públicas que maneja el discurso gobernante, y también frente a los discursos apriorísticamente críticos que -con razón o sin ella- procura montar la oposición, los Informes del ombudsman estarían suministrando en cambio una imagen o perspectiva crítica sustentada en datos objetivos, que debería ser tenida en cuenta tanto para matizar los diagnósticos "oficialistas" como para apoyar la labor científica de los sectores investigadores o *think tanks* del sistema.

Debe recordarse que se trata de un conjunto de datos procedentes del circuito de retroalimentación del sistema;

---

7 O sea, la percepción colectiva en positivo de la realidad a pesar de que las cifras objetivas demuestren lo contrario; cfr. M. PEREZ YRUELA, "Para una nueva teoría de Andalucía", en E. Moyano, M. Pérez Yruela, *La Sociedad andaluza (2000)*, Córdoba, IESA, 2002

es decir, quejas emanadas desde el mismo seno de la ciudadanía a partir del entorno intervencionista en que se desarrollan las diversas políticas públicas y actuaciones burocráticas. Desde esta perspectiva, y por evidentes razones metodológicas, sería importante tratar de reclamar que los sucesivos *Informes* de los ombudsmen consiguieran como mínimo uniformizar u homogeneizar sus cuadros estadísticos, así como el modo de procesar y ofrecer la información; tanto en sus series cronológicas como al nivel comparado. Porque si consideramos a estos *Informes* como elementos de un *diagnóstico* de la realidad, estaríamos en realidad ante algo mucho más importante que una mera serie de pinceladas descriptivas, a modo de instantánea estadística meramente coyuntural de la demanda social, o como simple justificación de la labor realizada por el ombudsman. Por el contrario, desde esta perspectiva estaríamos ante una preciosa información elaborada que debería constituir uno de los soportes fundamentales para todo diagnóstico crítico de la realidad, a efectos de determinar cualquier estrategia de actuación frente a la misma. Una información que merecería desplegarse en series homogéneas a lo largo del tiempo, como demostración reiterativa de los ámbitos de actuación pública que no consiguen realmente alcanzar cuotas suficientes de eficacia.

1. En primer lugar en los *Informes* no sólo se incluyen en rigor series de quejas formales (o sea, situaciones de lesión de derechos en ámbitos de la actuación de los poderes públicos), sino que a veces detectan más bien "carencias", o sea, ámbitos de no-acción de los poderes públicos, donde en consecuencia no existen respuestas ante determinados ámbitos problemáticos ([8]). Es posible incluso que la estrategia de detección de

---

[8] Así por ejemplo la presentación del Informe del año 2003 del Defensor del Pueblo Andaluz recoge, tras la referencia a Informes especiales, el siguiente apunte: "*Destacamos este año las carencias que*

ámbitos problemáticos allí donde no existe actuación pública previa constituya precisamente la línea de orientación que impulsa la mayoría de los *Informes* especiales, donde generalmente es posible profundizar de un modo más específico en los factores causales que están detrás de todo núcleo problemático sectorial, intensificando así la indagación en términos de diagnosis de la realidad.

2. En segundo lugar puede constatarse que en el momento de la presentación pública de sus *Informes* la "información destacada" que suele preocupar a los Ombudsmen parece rendir un inevitable tributo a la actualidad. La comparación entre la serie global de quejas frente a los datos seleccionados que se ofrecen en las presentaciones públicas (al Parlamento o a la prensa) refleja con claridad el intento de destacar temas emergentes que, precisamente por su mayor novedad, suelen tener un mayor grado de actualidad mediática; aunque no siempre se conforman como elementos de una futura serie estable de quejas mantenida a lo largo del tiempo. Pueden recordarse algunos de los temas espigados en esta serie, como ruidos urbanos, violencia de género, hábitos de la "nueva adolescencia", riesgos de inundaciones, "*mobbing*" inmobiliario, violencia escolar, etc.

3. Finalmente podríamos sugerir en tercer lugar la presencia emergente de un último estrato discursivo que trataría de avanzar en el sentido de auténtico diagnóstico "cualitativo" de la realidad, es decir, tratando de superar algunas de las falacias que la mera serie estadística puede presentar en primera instancia, para incidir en los aspectos más sustantivos que se deducen de los resultados de los Informes y de su mantenimiento en el tiempo. Aunque seguramente tal enfoque

---

persisten en dos sectores sociales: las políticas de género y la violencia contra las mujeres, así como los problemas de integración de discapacitados y accesibilidad en el ámbito escolar".

analítico aparece con mayor claridad en los *Informes especiales*. Pero cabría añadir que, más allá de las puras tablas de quejas presentadas o de carencias detectadas, el *Informe* anual del ombudsman debería acaso tratar de avanzar en un análisis de dimensión cualitativa, donde las series estadísticas iniciales o "brutas" se desbrozaran hasta conseguir un auténtico "perfil problemático" de la realidad.

El objetivo sería pues si, en su presentación de Informes, el ombudsman puede llegar a diseñar un *perfil* de los aspectos problemáticos más sustanciales que se deducen del balance anual de su actividad; o incluso de la serie de aspectos problemáticos que se reiteran y mantienen a lo largo del tiempo, desplazando a un segundo plano aquellos asuntos coyunturales que se consideran de una relevancia secundaria. Lo que contribuiría a mejorar la significación de la información suministrada, hasta el punto de perfilarse como un auténtico diagnóstico problemático de la realidad presente.

En resumen, cabe entender que, tras la rutina de la presentación de *Informes* entendidos como meras series estadísticas de quejas tramitadas, puede esconderse en realidad un núcleo problemático del máximo interés tanto para la investigación social como para la propia filosofía orientadora de la acción pública que deben desarrollar los gobernantes. Lo que exigiría seguramente tratar de otorgar un tratamiento más cuidadoso a una preciosa información estadística asentada sobre una reiterada confirmación de cifras que se suceden año tras año, donde se reflejaría un auténtico diagnóstico problemático de la situación real de los ciudadanos.

Se trata por otra parte de una información que, paradójicamente, suele ser a menudo bastante ignorada o relativamente olvidada en su manejo y utilización por los operadores del sistema: bien sea porque a veces puede ser una información "incómoda" para la clase gobernante o bien porque resulta escasamente espectacular para los creadores mediáticos. Incluso con frecuencia es lamentablemente ignorada por los académicos o investigadores sociales y escasamente tenida en cuenta por juristas y politólogos, a pesar de su trascendencia estratégica. Debemos insistir sin embargo en que se trata de una información generada "desde dentro" del propio sistema institucional y que, en consecuencia, debería servir como un instrumento de retroalimentación no sólo para el propio debate político y parlamentario sino para la tarea misma de diseño estratégico de la acción por parte del ejecutivo.

Tercer escenario: control de la burocracia

Si en su primera y originaria dimensión el Ombudsman debe desplegar pues una labor de auténtico investigador o detector de problemas sociales, en cambio a la hora de hacer frente a las complejas exigencias que impone el intervencionismo público, su actividad se tornará progresivamente más compleja, al tiempo que se desplaza desde la arena de la sociedad hacia el ámbito del sector público. Aunque es cierto que en este ámbito el ombudsman podrá manejar, en sus relaciones con las instituciones públicas, tanto el palo de la crítica o la denuncia como la zanahoria de la cordialidad o la cortesía institucional, sin embargo, al final acabará enfrentado al auténtico núcleo problemático del que depende la vigencia de los derechos sociales: el de la capacidad efectiva de resolución de problemas por parte de las organizaciones públicas. Es decir, el núcleo estratégico de "*problem-solving*" al que deben enfrentarse las democracias contemporáneas.

Y naturalmente, salvo que decida inclinarse por la filosófica opción de esperar y ver, a la hora de hacer frente a tan ardua tarea no tendrá más remedio que desplazarse desde las procelosas aguas de la compleja realidad social hacia las no menos procelosas del propio sector público. Donde, como mínimo, tendrá que hacer frente a una larga serie de obstáculos que podríamos identificar con tres diferentes núcleos problemáticos: la burocracia, el derecho y la política.

Teóricamente su nivel más inmediato se situaría en clave estrictamente burocrática, o jurídico-burocrática: es decir, en la constatación de un deficiente cumplimiento por parte del funcionario o responsable público correspondiente de las rutinas establecidas en base legal, dando lugar en su caso al correspondiente apercibimiento. Se trataría del nivel más elemental que, desde la perspectiva tradicional de un Estado de Derecho, suscita la hipótesis de la lesión de un derecho ciudadano por parte de la administración pública; y donde, en consecuencia, las previsiones legales que configuran el estatus funcional del ombudsman tienen mejor acreditada su operatividad. Y es que, al menos en teoría, la mera corrección de un deficiente cumplimiento de las rutinas burocráticas constituye casi una pura anécdota dentro del tradicional orden jerárquico propio de la administración. Incluso, hasta cierto punto, cabría sugerir que, funcionalmente, el ombudsman se limitará aquí a operar como un mero auxiliar de la propia inspección de servicios de la correspondiente administración afectada.

Dos son como mínimo los ámbitos problemáticos que subyacen tras esta tarea de control burocrático.

(A) El primero de ellos estaría relacionado con la propia transformación del modelo de administración sobre el que se supone debe operar el ombudsman. Pues debe recordarse que en las democracias contemporáneas hay abierta desde hace tiempo una larga agenda de reformas en el sector público; ya sea a través de programas de modernización (que tienen su contenido estelar en la informatización administrativa y la posibilidad de realizar tramitaciones *on-line*) o bien sea a través de la introducción de nuevos paradigmas como la Nueva Gestión Pública

([9]) o la *gobernanza* ([10]), que inciden en los núcleos más sustantivos del sector público. Son procesos de reforma que responden en parte a una pauta de aprendizaje histórico conectada con el desarrollo del intervencionismo público: y es que, de una u otra manera, parece haberse generalizado en los sistemas políticos contemporáneos la conciencia crítica de que la mera formulación de unas líneas de actuación intervencionista en soportes normativos formales no supone de modo automático el logro de los objetivos formulados. O sea que no hay una realización efectiva del sistema de derechos o valores previstos en la normativa y canalizados de forma automática a través de una burocracia mecánica de tipo legal-racional. Lo que se va a traducir en consecuencia en la aparición de nuevos modos de organización burocrática y de nuevas estrategias de acción, suscitando así el paralelo desarrollo de mecanismos originales de control, que

---

9 M. BARZELAY, *The New Public Management. Improving Research and Policy Dialogue*, Univ. California Press, 2001. Chr. POLLITT, G. BOUCKAERT *Public Management Reform: a Comparative Analysis*. Oxford UP, 2000. Frank R. BAUMGARTNER, Bryan C. JONES. *Agendas and Instability in American Politics*. Chicago, University of Chicago Press, 1993.

10 L. F. AGUILAR VALENZUELA, *Gobernanza. El nuevo proceso de gobernar*, México, 2010, Fundación F. Naumann. L. AGUILAR VILLANUEVA, *Gobernanza y gestión pública*, FCE, 2006. J. KOOIMAN, *Modern Governance*, Sage, 2003. J. PIERRE, G. PETERS, *Governance, politics and the State*, Londres, 2000, Macmillan. A. PORRAS NADALES, "Sistema autonómico y sistema de gobernanza", en M. Holgado González, M. Reyes Pérez Alberdi (dir.), *Descentralización, poder y derechos sociales. Libro in memoriam de Manuel J. Terol Becerra*, Tirant lo Blanc, 2021. R. MAYNTZ, "El Estado y la sociedad civil en la gobernanza moderna". *Revista del CLAD Reforma y Democracia*, Núm. 21, 2001. Ch. JOERGES, K. H. LADEUR, J. ZILLER, J. (eds.), "Governance in the European Union and the Comission White Paper", *EUI Working Paper LAW*, Núm. 2002/8. D. LEVI-FAUR (ed.), *Oxford Handbook of Governance*, Oxford UP, 2012.

implicarán en la práctica la aparición de nuevas iniciativas de actuación por parte de los ombudsmen.

Tales modificaciones de la burocracia suponen una evolución desde los modelos tradicionales preestablecidos hacia experiencias de innovación vinculadas al desarrollo del intervencionismo, lo que permite establecer una secuencia histórica que reflejaría los distintos estratos evolutivos que se han ido superponiendo en las administraciones democráticas contemporáneas a lo largo del tiempo: Así podríamos distinguir:

(a) Una administración condicional o *legal-burocrática* ajustada a meras rutinas procedimentales cuyas coordenadas históricas proceden del contexto liberal y se definen a partir de Max Weber a principios del siglo XX.

(b) Una administración finalista o *tecnocrática* que pretende conseguir los objetivos fijados desde la esfera pública mediante la aplicación de recursos técnicos, que coincide con la fase histórica de expansión del Estado social desde mediados del siglo XX.

(c) Una administración *adecuada a consensos* que debe asegurar cauces de participación ciudadana para determinar los contenidos y modos de su propia actuación, cuyo momento de surgimiento coincide con las décadas finales del siglo pasado.

(d) Una administración *en red* que opera en claves de gobernanza multinivel, donde se ven comprometidas esferas institucionales dotadas de autonomía que deben operar en claves de coordinación y cooperación, en desarrollo a partir de los albores del siglo XXI.

La superposición de estos estratos evolutivos generará en la práctica contenidos problemáticos diferenciados, incrementando normalmente el grado de complejidad de las organizaciones públicas y exigiendo labores distintas en las tareas de control que afectan al *Ombudsman* (*Cuadro I*).

Cuadro I

Modelo de Estado	Modelo de Administración	Tipos de Derechos	Ámbitos Problemáticos	Función del Ombudsman
Estado de Derecho	Condicional	Individuales	Rutinas burocráticas Diseño legal	Controlador
Estado Social	Finalista-Instrumental	Sociales o de Bienestar	Eficacia/eficiencia Cumplimiento de fines	Evaluador de Políticas
Estado Democrático	Adecuada a consensos	Participación	Riesgos de captura Intereses difusos	Mediación social
Sistema de red	Cooperación en red	Participación público-privada interactiva	Complejidad Déficit de orquestación	Mediación institucional

El riesgo adicional consistirá en que los posibles "modelos ideales" que subyacen tras estas categorías pueden igualmente adolecer de un desarrollo negativo, a modo de modelos perversos, suscitando así diversos tipos de riesgos: desde la opacidad formalista de una burocracia ciega y rutinaria, hasta la denominada "huida del derecho administrativo", o la proyección meramente "adhocrática" que a veces está presente en el diseño de esferas institucionales autónomas; o incluso los riesgos de un "participacionismo" difuso que no consigue ser orquestado adecuadamente hacia horizontes estratégicos bien definidos, o que puede ser manipulado desde las esferas públicas mediante mecanismos de tipo clientelar.

Todo lo cual exigirá seguramente del ombudsman una perspectiva flexible para ponderar y valorar los distintos modelos organizativos existentes en cada caso, sus posibilidades y límites, así como sus resultados en términos de eficacia intervencionista.

(B) Sin embargo, si la evolución del modelo de administración condiciona en gran parte la tarea del ombudsman, hay un problema más sutil y seguramente más decisivo cuando se trata de operar sobre la compleja figura de los derechos sociales o de prestación: el modo de hacer frente a los riesgos de *no-acción* por parte de la esfera burocrática pública. Y es que, del mismo modo que habíamos detectado una especie de falso automatismo en las relaciones generales de "demanda/oferta" entre esfera social y esfera pública, igualmente cabe presumir la existencia de una falsa relación automática entre la determinación de fines y objetivos en soportes legales y su desarrollo posterior por la burocracia: pues es un hecho comprobado en el análisis de políticas públicas que la mera existencia de soportes legales no siempre asegura el posterior desarrollo eficiente de la correspondientes acción intervencionista.

El problema aparece diagnosticado con claridad en algunos Informes en relación con el desarrollo normativo sublegal, como una esfera donde pueden producirse bloqueos que acaban afectando negativamente al desenvolvimiento de la actividad intervencionista ([11]).

Más allá de esta esfera específica, debe reiterarse que el riesgo de la no-acción constituye una de las amenazas generales más consistentes del Estado intervencionista: bien sea por defi-

---

[11] Así, en la presentación del *Informe* de 2004 del Defensor del Pueblo Andaluz se aludía a "***La falta de desarrollo normativo o reglamentario de prestaciones o planes de actuación aprobados*** *pero que necesitan su concreción para ser ofrecidos a la ciudadanía.*" Y se insistía, en relación con las exigencias de desarrollo de soportes legales, "*En algunos de estos supuestos, la situación parte de normas de rango de Ley. Textos que se incorporan a nuestro ordenamiento y que suponen un meritorio avance en la plasmación de políticas de impacto social dirigidas a determinados colectivos como mayores, drogodependientes, menores o poblaciones con singulares dificultades de integración no ya social, sino educativa, o laboral. Sectores o colectivos que saludan con lógica satisfacción la plasmación legal de muchas líneas de intervención muy demandadas pero que, a la hora de concluir el lógico proceso para hacer reales y efectivas estas intervenciones, se encuentran con la traba de hacer depender la satisfacción de estas prestaciones o ayudas de un posterior desarrollo normativo reglamentario o de otro rango que no se ha acometido*"

ciencias propias de la esfera política (dimensión cosmética de la acción, estrategia de meros posicionamientos de proyección mediática, dependencia de decisiones que proceden factores externos, etc.), o bien por vicios o rutinas vinculadas a la más vieja tradición burocrática (una concepción de la acción pública basada en la estrategia de elusión de riesgos, donde normalmente quien no actúa no se equivoca, y donde a menudo quien se mueve demasiado, al final no asciende).

Las amenazas de la no-acción desde la esfera burocrática intervencionista constituyen en efecto uno de los más graves ámbitos problemáticos a los que debe hacer frente el Ombudsman en el contexto de las democracias contemporáneas, exigiendo estrategias de control positivo en una labor de estímulo o de apoyo a la acción intervencionista. O sea, en este caso el ombudsman pasaría a ser considerado no como un enemigo, sino más bien como un aliado del sector público en apoyo al desarrollo de una actuación intervencionista eficaz.

Cuarto escenario: control de calidad legislativa

La serie de escenarios problemáticos experimentaría una complicación adicional cuando la "aparente" actuación deficiente de un determinado órgano administrativo no responde en realidad a un incumplimiento de las rutinas o de las previsiones legales sino más bien a un riguroso cumplimiento de las mismas. Es decir, cuando el problema no consiste en una mala práctica sino en un deficiente diseño legal, a partir del cual se generan en última instancia actuaciones públicas lesivas para derechos ciudadanos. Es este el momento cuando la actuación del ombudsman debe proyectarse hacia el siguiente núcleo problemático, el que se refiere a la propia configuración del ordenamiento jurídico que debe ser aplicado por la administración.

Cabría pensar que la privilegiada posición de diálogo del Ombudsman con el propio Parlamento le debe permitir en este caso un fácil cauce de interlocución para presentar las correspondientes propuestas de reforma legal, en sus periódicos *Informes*. Y de hecho puede detectarse una práctica operativa en tal sentido. Ahora bien, el escaso desarrollo al nivel comparado de una experiencia similar a la "*legislative oversight*" propia de la tradición norteamericana, provoca una relativa carencia de mecanismos de retroalimentación que operen como instrumentos correctores de los propios soportes legales, generando así el riesgo difuso de una degradación del ordenamiento ante la ausencia de mecanismos de autocorrección. Parece evidente que, en este contexto, uno de los circuitos fundamentales que permitirían asegurar un adecuado *feed-back* del sistema legal a lo largo del tiempo puede recaer sobre las espaldas del Ombudsman.

En este caso el primer problema, de carácter procesal, consistirá en que las labores de saneamiento del ordenamiento implican en última instancia la puesta en marcha de la correspondiente *iniciativa legislativa*, potestad de la que formalmente carece el propio ombudsman, exigiendo pues una movilización activa de los sujetos legitimados para ello (normalmente, el propio gobierno, o los grupos parlamentarios). Lo que significa que, del universo problemático del derecho, la pelota comenzaría a pasar al de la política. Porque no se trata solamente de que el gobierno o los grupos parlamentarios consideren oportuno poner en marcha en un determinado momento la correspondiente capacidad de iniciativa legislativa a petición del Ombudsman (para reformar leyes deficientes), sino de que adicionalmente tal iniciativa debe hacerse un hueco en la agenda parlamentaria que, como es bien sabido, en la práctica suele estar directamente condicionada a su vez por la propia agenda política. La noble concepción del Ombudsman como un circuito impulsor de los procesos de autodepuración del ordenamiento jurídico, reproduciendo pautas similares a la "*legislative oversight*", resultará pues condicionada finalmente por todo un cúmulo de factores políticos de oportunidad o de agenda, desde los cuales se deciden en última instancia los impulsos causales que conducen al ejercicio efectivo de una iniciativa legislativa. La capacidad del Ombudsman para hacerse un hueco en esta agenda dependerá ahora de claves de diálogo institucional, posibilidades de apoyo mediático a determinadas iniciativas, y capacidad argumentativa ante el propio legislador. Es decir, el Ombudsman deberá constituirse en un elemento activo al servicio de una mejor calidad legislativa.

Pero cuando el horizonte problemático se determina en estos términos de calidad legislativa, seguramente aparece un nuevo problema o riesgo degradativo: la tendencia a entender los desarrollos legales de derechos sociales como un nuevo tipo de *derecho declarativo.* Es decir, la idea implícita de que la misión de la ley debería reducirse a la mera invocación o "*proclamatio*" de los derechos, sin necesidad de establecer desarrollos instrumentales o adicionales específicos. Subyace en esta concepción, que ignora las exigencias propias del moderno derecho intervencionista, no sólo una clara inclinación hacia un camino "fácil" para conseguir productos legales rápidos y brillantes sino también una imperceptible visión filosófica de tipo "neoliberal", en el sentido de entender que la misión del legislador termina con la mera labor declarativa o "proclamática", corriendo a continuación a cargo de los restantes elementos del sistema la tarea de poner en marcha los adecuados mecanismos de garantía encaminados a asegurar la vigencia efectiva de tales derechos (unos mecanismos que operarían a la manera de la vieja concepción mágica de la "mano invisible" atribuida al mercado).

En términos generales puede aceptarse que este tipo de derecho declarativo o de naturaleza "proclamática" reviste una cierta fuerza expansiva en el contexto contemporáneo en la medida en que opera en una dimensión cosmética, proyectada de forma inmediata hacia la ciudadanía; aunque dejando en una esfera opaca y llena de incertidumbres los elementos instrumentales y estratégicos que deben ponerse en marcha para asegurar la vigencia efectiva de los derechos regulados. Sería pues una suerte de deriva retórico-cosmética del derecho, que incide exclusivamente en su dimensión finalista o meramente declarativo/proclamática, presentando textos legales de gran brillantez retórica o virtual pero escasa sustancia normativa, de grandes horizontes finalistas pero reducidos soportes instrumentales.

Pues bien, si el Ombudsman carece en principio de iniciativa legislativa en sentido formal y si realmente existen ciertas tendencias degradativas en los soportes legales que regulan derechos, el problema final consistirá en deducir si pueden existir algunos otros mecanismos de control en manos del Ombudsman que permitan una actuación específica en este sentido. Algunos intentos de las últimas reformas estatutarias en España irían en este sentido, como sucede en Cataluña ([12]) o en Andalucía ([13]).

---

12 En el caso catalán el artículo 78 del Estatuto establece que "*El Síndic de Greuges puede solicitar dictamen al Consejo de Garantías Estatutarias sobre los proyectos y las proposiciones de ley sometidos a debate y aprobación del Parlamento y de los decretos leyes sometidos a convalidación del Parlamento, cuando regulan derechos reconocidos por el presente Estatuto*", en lo que parece un modelo de control previo "a la francesa".

13 En el caso andaluz, el artículo 38 del Estatuto establece que la actividad parlamentaria de desarrollo legal de los derechos recogidos en el mismo deberá respetar el contenido establecido por el Estatuto, incluyendo específicamente la determinación de "*las prestaciones y servicios vinculados, en su caso, al ejercicio de estos derechos*". Aunque no existe en este caso una cláusula específica de atribución al ombudsman, está claro que dentro del Capítulo dedicado a las garantías de los derechos la única institución recogida de forma explícita es la del Ombudsman: en consecuencia es posible afirmar que será éste el encargado en primera instancia de elevar al Parlamento tanto los requerimientos por la inexistencia de desarrollo legal suficiente en ciertos ámbitos (en una difusa aproximación a lo que sería un cierto control por omisión), como en su caso la constatación de un control negativo por la eventual inexistencia de un respeto en tales leyes al contenido

Desde una perspectiva de cierta amplitud puede aceptarse la existencia unos soportes mínimos para que la labor de control del ordenamiento y de la calidad legislativa por parte del ombudsman desarrolle sus potencialidades en un doble sentido: por una parte poniendo en marcha instrumentos previos de control de las leyes de acuerdo con las exigencias intervencionistas propias de los derechos sociales, operando así como un mecanismo al servicio de la calidad normativa que debería conducir hacia un derecho intervencionista dotado de una mayor eficacia. Por otra, operando a modo de circuito de retroalimentación del sistema, suscitando propuestas de reformas de determinadas leyes una vez que su funcionamiento efectivo a lo largo del tiempo ha puesto de manifiesto sus carencias, de tal modo que el ombudsman se convierte en un instrumento operativo al servicio de un proceso general de "aprendizaje institucional".

Quinto escenario: análisis de políticas públicas

Pero yendo incluso más allá de la pura instancia legislativa, el campo problemático se complicará adicionalmente cuando el tipo de núcleo social en cuya llaga pone el dedo el Ombudsman no esté finalmente relacionado de un modo exclusivo ni con rutinas burocráticas ni con soportes legales predefinidos. Sino cuando, dentro de un contexto histórico propio del Estado de bienestar o *welfare state*, el tipo de derechos cuya lesión se detecta (los derechos sociales o de prestación en su más amplio sentido) requieren más bien el desarrollo de todo un conjunto de políticas públicas intervencionistas; o sea, de actuaciones operativas y prestadoras llevadas a cabo por el sector público, de cuyo desarrollo efectivo dependerá la capacidad final de resolución de los problemas detectados; unos problemas que

---

establecido en el Estatuto, particularmente en términos instrumentales o de fijación de las "prestaciones y servicios" vinculados.

se ubican genéricamente dentro del amplio paquete de las políticas sociales o de bienestar.

En este caso el auténtico obstáculo al que deberá enfrentarse el Ombudsman consiste nada menos que en el fenómeno global del *intervencionismo*: un ámbito donde, como viene constatando reiteradamente la doctrina, la mera existencia de soportes legales puede no ser suficiente si no va acompañada de una posterior actuación eficiente por parte de las organizaciones públicas responsables. Esa actuación positiva de las administraciones puede haber sido programada en normas de inferior rango (en cuyo caso, en alguna medida, sigue existiendo un cierto tipo de marco o soporte normativo formal) o bien en soportes informales, que adoptan generalmente la forma de planes estratégicos o planes de actuación; o bien se refieren a meras prácticas o modos de actuación que deben ser orquestadas e impulsadas por los Gestores públicos responsable de la respectiva política. Normalmente tal tarea implementadora contará con una instrumentación organizativa y financiera determinada y exigirá de toda una movilización estratégica de recursos; debiendo contar adicionalmente, para conseguir éxito, con claves de consenso social con el propio tejido social afectado. Es decir, toda una serie de ámbitos de movilización y orquestación estratégica que no siempre se ajustan al postulado de la automaticidad instrumental que cabía presumir de los tradicionales modelos de la arcaica burocracia de corte maxweberiano.

Al nivel operativo, el Ombudsman podrá constatar pues que, incluso aceptando la presencia de unos soportes legales suficientes que se aplican correctamente por la burocracia, las organizaciones públicas correspondientes no llevan finalmente a cabo una actuación *eficiente* (en el sentido de que no canalizan de un modo adecuado los recursos disponibles hacia los objetivos marcados); o bien, que siendo una actuación eficiente, no es *eficaz* en el sentido de que no produce los resultados previstos sobre el propio tejido social; o incluso en supuestos aún más problemáticos, los sonidos que el

Ombudsman acabará percibiendo de la administración serán más bien los del silencio, en forma de *no-acción*.

¿Es posible en consecuencia afirmar que el Ombudsman deberá entrar ahora en el terreno de un auténtico análisis y evaluación de políticas públicas, o convertirse en un agente activo al servicio de un mejor desarrollo de las mismas? Si consideramos la amplitud de variables que operan en la actividad intervencionista pública (soportes de derechos declarados, desarrollo legal vinculado al contenido de los mismos, capacidad instrumental en términos financieros y organizativos, así como criterios rectores de las políticas públicas), y si tenemos en cuenta que la labor del Ombudsman se despliega en efecto en todos y cada uno de los ítems que condicionan la acción pública (demanda social, diagnóstico problemático de la realidad, control de la burocracia y de sus soportes legales), podría deducirse en última instancia una capacidad suficiente para el análisis y evaluación de las distintas políticas públicas.

Se trata de una competencia para la que a veces puede contarse con algunos instrumentos específicos en forma de *parámetros* de políticas públicas ([14]): pues la labor general de control a cargo del Ombudsman deberá implicar un control de la eficacia y eficiencia de las actuaciones administrativas, tanto en términos de asignación operativa de recursos organizativos como en el logro de resultados, contando adicionalmente con la gran proyección potencial del "derecho a la

---

14 Así el artículo 37 del Estatuto de Andalucía dedicado a los principios rectores de las políticas públicas, establece algunos parámetros en este sentido: "*Los poderes públicos de la Comunidad Autónoma de Andalucía adoptarán las medidas necesarias para el efectivo cumplimiento de estos principios, en su caso, mediante el impulso de la legislación pertinente, la garantía de una financiación suficiente y la eficacia y eficiencia de las actuaciones administrativas*". Parámetros adecuados de este tipo sólo existen en rigor en la Parte Tercera del Tratado de la Unión Europea, "De las políticas y el funcionamiento de la Unión".

buena administración" de proyección difusa y generalizada a lo largo del siglo XXI.

En realidad cabe afirmar que el camino para entrar en un análisis de políticas públicas estaba ya previamente abierto en la larga serie de *Informes especiales*, donde se vienen introduciendo elementos analíticos de carácter problemático así como argumentos propositivos de dimensión sectorial: es decir, todo un conjunto de parámetros de políticas públicas que superan ampliamente la mera serie enumerativa de quejas, que constituía originariamente el contenido de los tradicionales Informes al Parlamento.

Como es lógico, en este caso la cuadratura del círculo dependerá al final de la capacidad de respuesta por parte de las esferas públicas directamente interesadas: una respuesta que deberá implicar la identificación por parte del ombudsman del Gestor público responsable de cada política pública, sobre el que se repercutirán los resultados de la evaluación negativa correspondiente. Con el riesgo final de que la respuesta final, más allá de la pura cortesía institucional, podría correr el riesgo de reducirse finalmente a meras claves de no-acción, considerando que el ejecutivo puede acabar por mostrarse inmune a los estímulos externos y operar desde un cierto autismo institucional.

Ante este tipo de riesgos, la única pauta consistente para luchar contra estos obstáculos en el panorama general de las políticas intervencionistas contemporáneas parece ser el avance hacia mecanismos de monitorización de los programas públicos: es decir, sistemas de autocontrol periódico que permitan cuantificar el logro efectivo de resultados, y donde el incumplimiento de los mismos lleve aparejada de forma inmediata la puesta en práctica de medidas de respuesta. Unos mecanismos frente a los cuales el sector público siempre tratará de oponer algún tipo de resistencias o pretenderá eludir indirectamente, condicionando a la baja los criterios de calidad o sus sistemas de control. Pero son también, al fin y al cabo, instrumentos de control de los que podrá valerse el propio Ombudsman del pueblo para exigir respuestas inmediatas del sector público.

II. SEGUNDA PARTE: LOS ESCENARIOS EMERGENTES (SIGLO XXI)

Panorámica

Esta primera etapa de nuestro recorrido, a modo de "safari estratégico", a lo largo de los distintos núcleos problemáticos que enfrentaban los ombudsmen desde finales del siglo pasado, debe abordarse a lo largo del siglo XXI teniendo en cuenta algunas novedades sustanciales.

Junto a la inercia histórica más o menos consolidada, la principal novedad a principios del siglo XXI parece residir en el impacto difuso de la globalización provocando un desbordamiento de las fronteras territoriales y un avance hacia el paradigma de la denominada *gobernanza multinivel,* que tiene en Europa uno de sus principales campos de desarrollo. Un paradigma tras el que se suscita el desafío de proyectar la acción pública en el entorno complejo de unos "sistemas de red" donde se comprometen diferentes esferas institucionales dotadas de sus respectivos ámbitos de autonomía. El avance hacia este modelo complejo de acción, dotado de una mayor dimensión cosmopolita y de una mejor capacidad de adecuación al entorno de un universo globalizado, exige como mínimo dos tipos de parámetros para asegurar un rendimiento eficaz: por un lado, un cierto grado de independencia institucional y por otro una amplia capacidad intercomunicativa para progresar en sistemas en red.

Por desgracia la considerable brillantez retórica de estas nuevas categorías y el alto potencial de futuro que cabe atribuir a la noción de *gobernanza multinivel* tienen su reverso negativo en las dificultades empíricas que en la práctica experimentan ciertos programas de acción pública cuando tienen que canalizarse a través de diversas esferas institucionales dotadas de autonomía decisional: incluso aunque teóricamente quepa presumir la presencia del postulado de la lealtad federal, la experiencia parece indicar que la superposición de distintos ámbitos competenciales sobre un mismo programa o ámbito de acción suele ser a veces el mejor preludio para la aparición de políticas deficientes o incompletas, o incluso para la no-acción.

La experiencia española no parece ofrecer en principio perspectivas muy brillantes en este campo: las relaciones entre el Estado y las Comunidades Autónomas se vienen orquestando en la práctica siguiendo una proyección bipolarizada, donde las Comunidades cooperan con el Estado central cuando coinciden sus respectivas mayorías de gobierno, y entran en cauces inevitables de conflicto cuando se trata de mayorías distintas. Salvo la última y espectacular experiencia durante la gran pandemia del covid-19, dotada de evidente éxito; aunque suscitando la duda de una adecuada continuidad en la puesta en marcha de procesos de coordinación rápidos y eficientes ([15]). Del mismo modo, en la escala territorial regional o autonómica, las relaciones de cooperación con la esfera local operan favorablemente cuando los ayuntamientos responden a mayorías similares a las del respectivo gobierno regional; pero entran en procesos de conflicto y enfrentamiento en caso contrario. Introducir en este contexto complejo y lleno de ruido la noción de *gobernanza multinivel* corre el riesgo de convertirse en una especie de huida hacia el plano teórico, donde los nobles postulados de la coordinación y

---

15 A. PORRAS NADALES "Caminos de gobernanza" *Política y gobernanza. Revista de investigaciones y análisis político*, Núm. 5, 2021.

la cooperación dibujarían un imaginario ideal, muy alejado, por desgracia, de la prosaica realidad.

Salvo en aquellos supuestos en que se trata de programas europeos apoyados en recursos financieros suficientes, el ideal de la cooperación sigue constituyendo todavía en pleno siglo XXI un simple horizonte de referencia en cuyo reverso se esconde una reiterada conflictividad y un "ruido" institucional que impide el desarrollo de agendas de actuación concertadas, induciendo más bien hacia la fragmentación compartimentalizada de la realidad. Sin embargo, debe aceptarse que es precisamente dentro de esta esfera multinivel donde se juegan los principales desafíos de futuro y donde, de la mano del impulso procedente de Bruselas, se están produciendo en Europa algunas de las principales innovaciones y procesos de aprendizaje que nos descorren el velo del futuro.

La apuesta de los procesos de reforma estatutaria puestos en marcha en España e Italia durante la primera década del siglo XXI parecía responder de forma tentativa a estos desafíos: la introducción en los nuevos Estatutos de un marco normativo referido a la proyección "exterior" de las Comunidades Autónomas preludiaba una clarificación normativa cuyas posibilidades de futuro dependerán en la práctica de su desarrollo efectivo. Pero al mismo tiempo, resulta evidente que el reforzamiento competencial de las esferas regionales contribuye a la inevitable decadencia de las instituciones locales, que constituyen la frontera periférica más próxima a los ciudadanos, y donde reposan algunas de las principales alternativas de futuro en la evolución del Estado social.

Plantearse qué papel pueden desempeñar los Ombudsmen en este entorno complejo supone adentrarse en un terreno lleno de incógnitas. Desde la perspectiva de la estricta labor de protección y defensa de los derechos sociales o de prestación, parece evidente que la dinámica de los "sistemas de red" puede permitir a los Ombudsmen regionales progresar en claves de homogeneización en los niveles efectivos de cobertura de los distintos derechos sociales, asegurando así una cierta adecuación a estándares establecidos y permitiendo al mismo tiempo un mejor conocimiento de experiencias ajenas. En cambio, desde la perspectiva de la capacidad de respuesta a los riesgos de no-acción, es decir, al bloqueo de programas o planes de actuación debido a la superposición de distintos ámbitos competenciales, los instrumentos potenciales para estimular la cooperación interinstitucional no parecen rebasar por ahora los horizontes del mero apercibimiento o los llamamientos a la opinión pública.

Naturalmente en la medida en que los propios Ombudsmen sean capaces por su parte de coordinar sus propias actuaciones y diseñar sus propias redes, estarán entrando en un terreno idóneo para intercambiar experiencias y asegurar un abordamiento coordinado a este tipo de problemas. Lo que nos permite concluir afirmando que la innovación institucional y la experimentabilidad con que suele operar el Ombudsman le convierte en una institución especialmente adecuada para hacer frente a algunas de estas tendencias de futuro.

Sexto escenario: políticas públicas dispersas

Si terminábamos nuestro recorrido a lo largo del siglo XX enfrentando a los Ombudsmen ante el desafío de convertirse en instrumentos de estímulo o retroalimentación de las políticas públicas, el mecanismo teórico de actuación resultaba ser relativamente sencillo: el Ombudsman deberá identificar al responsable de cada política pública para imputarle la responsabilidad por el deficiente desarrollo de la misma. Ahora bien ¿qué sucede cuando tales políticas públicas operan desde diversas esferas institucionales, es decir, cuando son políticas dispersas y complejas, articuladas en torno a modelos de red, implicando a colectivos heterogéneos en espacios territoriales diferentes? ¿es decir, qué sucede cuando una política pública no tiene a un único responsable, sino que hay una responsabilidad compartida y difusa, en un escenario de red típico de la gobernanza? Este nuevo escenario de complejidad institucional exigirá ahora esfuerzos adicionales por parte de Ombudsman para actuar operativamente dentro de sistemas de red complejos y a veces relativamente desarticulados.

Es cierto que ante este entorno habría una dimensión funcional específica y original que merece ahora ser recuperada: la de *mediación*. Una labor que, en su momento y al nivel comparado, presidía la configuración originaria del sistema francés y que probablemente adquiere nuevos significados en el complejo escenario histórico del siglo XXI. Una categoría que se ajusta a la más original de las tendencias evolutivas del derecho propio del presente: el denominado "*soft law*", que parece operar como gran colchón de amortiguación en el desarrollo general de las innovaciones jurídicas a lo largo del siglo XXI.

Ahora bien, en un entorno de red no se trataría solamente de la pura mediación "social" o directa, donde se ubica el sentido semántico originario de esta noción, sino más bien de una mediación de tipo "socio-institucional" y de dimensión multipolar: es decir, donde el ombudsman debe ser capaz de emprender un diálogo activo con diferentes redes de actores (entendiendo por actores tanto a sectores públicos como privados, o sociales), operando pues en esa dimensión de racionalidad reflexiva y proyección relacional ([16]) que caracterizaría al universo democrático contemporáneo. Redes de actores que se singularizan ahora por

---

16 G. TEUBNER, "Substantive and Reflexive Elements in Modern Law", *Law & Society Review*, Núm. 17, 2, 1983, págs. 239-285; (ed.) *Dilemmas of Law in the Welfare State*, Berlin, 1986, Walter de Gruyter; (ed). *Juridification of Social Spheres*, Berlin, 1987, Walter de Gruyter; H. WILLKE (1986) "Three Types of Legal Structure: The Condi-

su ambivalente naturaleza público/privada, donde la tradicional posición del ombudsman como esfera de interacción entre Sociedad y Estado adquiriría una renovada presencia.

Evidentemente progresar en claves de mediación socioinstitucional ante redes complejas de actores mediante instrumentos de *soft law* constituye una tarea exponencialmente difícil, considerando que no se trata solamente de descubrir claves procesuales erróneas (es decir, procesos que no se han llevado a cabo de forma completa o adecuada) sino también, sobre todo, resultados insatisfactorios: lo que implica pues una cierta labor de evaluación, aunque sea transitoria o intermedia. Pero ahora los sujetos activamente implicados en ese fracaso de la política no se incluyen en una única esfera institucional, donde opera la lógica de la jerarquía, sino en un entramado de red que se mueve en el plano horizontal o en una dimensión multinivel. Lo que significa que los instrumentos habituales del derecho operando en clave jerárquica vienen a ser sustituidos por instrumentos de *soft law*. Y si hay una institución habituada históricamente en clave de *soft law* cabe decir que el ombudsman tiene una posición central.

Y séptimo escenario: la determinación de la agenda

Pero la complejidad de actores que están presentes en la puesta en marcha de las diferentes políticas públicas en las democracias contemporáneas constituye hasta cierto punto un incidente secundario si atendemos a un momento previo y acaso más decisivo: el momento de la determinación de la *agenda*, donde se concretan en la práctica a lo largo del tiempo los asuntos que van a exigir de una actuación pública. Porque parece que aquí la

---

tional, the Purposive and the Relational Program", en G. Teubner (ed.), *Dilemas of Law in the Welfare State*, cit.

dinámica propia del siglo XXI sí impone novedades sustanciales en la forma de comprensión general de la acción pública.

Y es que a lo largo del siglo XX la noción de agenda había discurrido más o menos en paralelo a la propia noción de *agenda del gobierno* ([17]): o sea, el elemento fundamental de la agenda pública sería la que marcaba el órgano gubernamental y particularmente su presidente, a partir de la mayoría alcanzada en la correspondiente convocatoria electoral.

Tal escenario tradicional ha venido siendo afectado y condicionado progresivamente por toda una serie de fenómenos transformadores que van desde la deriva mediática que preside la orientación gubernamental (con sus tendencias hacia la no-acción o hacia la mera acción virtual) hasta el apogeo de los sistemas de comunicación que trae consigo la revolución tecnológica permitiendo una multiplicación atomizada de los circuitos de información, en una dinámica de red global que abre nuevos cauces a la participación y a la presencia ciudadana en la determinación de la agenda. Por no hablar del simple desencadenamiento de movimientos de resistencia frente a ciertas políticas, ya sea desde la esfera del propio personal público o bien desde la propia sociedad.

Por lo que respecta a la esfera gubernamental, la progresiva interconexión entre políticos y periodistas o comunicadores ha generado una dinámica de tipo coyuntural y cortoplacista, con una agenda oscilante que busca el éxito inmediato en las redes, pero suele carecer de postulados estables mantenidos

---

[17] De ahí el apogeo de las llamadas teorías del "impulso político" que entendían el conjunto de la acción del estado a partir del eje impulsor gubernamental. Sobre el tema A. PORRAS NADALES "La agenda del gobierno", *Revista de Fomento Social,* Núm. 278, 2015, págs. 245-279; igualmente disponible en S. BAGNI, G. A. FIGUEROA, G..PAVANI, (coords) *La Ciencia del Derecho Constitucional Comparado. Estudios en Homenaje a Lucio Pegoraro,* Tirant lo Blanc, 2017, Tomo II, págs. 499-536.

en el tiempo. La tendencia a la polarización dual de la vida política entre mayoría y oposición suscita a veces bloqueos dispersos que se multiplican ante los frenos que, en general suscita una burocracia elitista ancestralmente reacia a los cambios. Y por lo que respecta a la sociedad, la multiplicación de las instancias participativas sobre las esferas públicas implica de modo automático una multiplicación de los puntos de veto sobre cualquier nuevo proceso de decisión pública ([18]).

Si la agenda del gobierno se enfrenta en la práctica a toda una larga serie de riesgos de bloqueo, que irían desde los propios bloqueos burocráticos hasta el rechazo social generalizado, por su parte los actores protagonistas de la política experimentan una deriva progresiva hacia la adopción de meros "posicionamientos" instantáneos ante la realidad, al mismo tiempo que la propia sociedad incrementa sus pretensiones de inclusión sobre la esfera pública.

En definitiva, a estas alturas del siglo XXI podríamos afirmar que la agenda de los asuntos públicos no la determina ya (en exclusiva) el gobierno, sino que se determina a partir de la interacción de múltiples sujetos operando en unos sistemas de red complejos y variables: donde están presentes circuitos mediáticos, agentes gubernamentales, colectivos de actores organizados, redes sociales activas, y todo un entramado de espacios de interacción múltiple y disperso. El gobierno del siglo XXI no cabalga sólo, ni puede aspirar a monopolizar la agenda de forma exclusiva, sino que avanza acompañado de toda una serie de jinetes: un entramado donde no podemos incluso ignorar la presencia de actores *fake* o manipuladores deliberados, que se mueven por oscuros intereses. Incluso los propios parlamentos experimentan una deriva que les lleva de sus tradicionales funciones de legislación y control hacia una

---

18 B. DENTE, J. SUBIRATS, *Decisiones públicas*, Barcelona, 2014, Ariel.

estrategia de adopción de posiciones o tomas de postura ajenas a toda pretensión de acción inmediata.

Luego la pregunta inmediata sería ¿en este entorno complejo, donde sociedad y estado se mueven en un pasillo estrecho ([19]) incidido por multitud de actores, cómo se determina la agenda?

Está claro que en este caso nos enfrentaríamos a un escenario confuso y emergente donde los focos de atracción y de movilización social pueden ser muy variables y donde se trata de abrir cauces a las pretensiones de tener "voz" por parte de numerosos sujetos y actores. Nuestra argumentación pretende defender la idea de que en este escenario confuso y complejo la voz del ombudsman puede convertirse en una voz institucional contundente, precisa y aceptada. Sobre todo, porque opera a partir de los diagnósticos previos que le vienen suministrando sus series sucesivas de Informes. En este caso, al fin, no se trataría ya de la "voz que clama en el desierto" como en alguna vez ha podido ser calificado el Ombudsman, sino en la voz prestigiosa y amiga que opera a partir del propio *feed-back* generado desde la larga serie de quejas recibidas y tramitadas, y de los diagnósticos que tal dinámica ha venido suscitando a lo largo el tiempo. La voz del Ombudsman resonaría en el universo contemporáneo como la voz fuerte de los necesitados y de los menesterosos, de las víctimas del sistema.

En consecuencia, el Ombudsman se podría convertir en uno de los elementos fundamentales que determinan la agenda pública considerando que tal agenda es la que marcará las prioridades de los asuntos que requieren de una movilización específica de recursos públicos.

---

[19] D. ACEMOGLU, J. A. ROBINSON, *El pasillo estrecho. Estados, sociedades y cómo alcanzar la libertad*, 2019, Deusto.

CONCLUSIONES

El itinerario expansivo por el que ha discurrido la figura del ombudsman a lo largo del siglo XX le ha permitido alcanzar un grado razonable de consolidación institucional en términos históricos, al mismo tiempo que ha suscitado la creación de puentes activos para suplementar sus carencias originarias: de ser una figura que se limitaría pasivamente a recibir quejas ciudadanas y a tratar de llamar a las puertas de las esferas públicas, el ombudsman ha podido avanzar hacia claves de diálogo con la esfera político-parlamentaria, estableciendo pautas de análisis de políticas públicas que permiten abordar el complejo desafío del intervencionismo público. Incluso ha incrementado sus claves de diálogo con redes de actores mediante actuaciones de mediación.

Los horizontes que se dibujan en el siglo XXI implican una deriva de avance democrático que se caracteriza por su complejidad y dispersión, vinculada en parte al fenómeno de la globalización y a la revolución de las comunicaciones, con una presencia emergente de unas dinámicas de red que alteran la simplificada panorámica de los anteriores escenarios, abriendo el camino hacia nuevas figuras jurídicas como el *soft law*. Es razonable pensar que, dentro de estos nacientes sistemas de red, el ombudsman siempre constituirá un núcleo central de referencia en la medida en que canaliza de forma cotidiana miles de demandas ciudadanas. El ombudsman del siglo XXI será uno de los vértices capitales de la dinámica de red de actores desde donde se decide la agenda pública.

REFERENCIAS

ACEMOGLU, D, y J. A. ROBINSON, *El pasillo estrecho. Estados, sociedades y cómo alcanzar la libertad*, 2019, Deusto.

AGUILAR VALENZUELA, L. F. *Gobernanza. El nuevo proceso de gobernar*, México, 2010, Fundación F. Naumann.

AGUILAR VILLANUEVA, L. *Gobernanza y gestión pública*, FCE, 2006.

BACHARACH, P. y M. BARATZ, "Two Faces of Power", *American Political Science Review*, Núm. 56, 1962.

BARZELAY, M. *The New Public Management. Improving Research and Policy Dialogue*, Univ. California Press, 2001.

BAUMGARTNER, F. R. Bryan C. JONES. *Agendas and Instability in American Politics*. Chicago, University of Chicago Press, 1993.

DENTE, B. J. SUBIRATS, *Decisiones públicas*, Barcelona, 2014, Ariel.

JOERGES, Ch. K. H. LADEUR, J. ZILLER, J. (eds.), "Governance in the European Union and the Comission White Paper", *EUI Working Paper LAW*, Núm. 2002/8.

KOOIMAN, J. *Modern Governance*, Sage, 2003.

LEVI-FAUR D. (ed.), *Oxford Handbook of Governance*, Oxford UP, 2012.

MAYNTZ, R. "El Estado y la sociedad civil en la gobernanza moderna". *Revista del CLAD Reforma y Democracia*, Núm. 21, 2001.

MINTZBERG, H., B. AHLSTRAND Y J. LAMPEL, *Strategy Safari: A Guided Tour Through The Wilds of Strategic Management*, Nueva York, 2001, Free Press.

MOORE, M. H. *Gestión estratégica y creación de valor en el sector público*, Barcelona, 1998, Paidós.

PEREZ YRUELA, M. "Para una nueva teoría de Andalucía", en E. Moyano, M. Pérez Yruela, *La Sociedad andaluza (2000)*, Córdoba, IESA, 2002

PIERRE, J., G. PETERS, *Governance, politics and the State*, Londres, 2000, Macmillan.

POLLITT, CHR. G. BOUCKAERT *Public Management Reform: a Comparative Analysis*. Oxford UP, 2000.

PORRAS NADALES, A. *Diagnosis y programación política en el Estado autonómico*, Sevilla, 1996, IAAP.

PORRAS NADALES, A. *La acción de gobierno. Gobernabilidad, gobernanza, gobermedia*, Madrid, 2014, Trotta.

PORRAS NADALES, A. "La agenda del gobierno", *Revista de Fomento Social*, Núm. 278, 2015, págs. 245-279.

PORRAS NADALES, A. "Caminos de gobernanza" *Política y gobernanza. Revista de investigaciones y análisis político*, Núm. 5, 2021.

PORRAS NADALES, A. "Sistema autonómico y sistema de gobernanza", en M. Holgado González, M. Reyes Pérez Alberdi (dir.), *Descentralización, poder y derechos sociales. Libro in memoriam de Manuel J. Terol Becerra*, Tirant lo Blanc, 2021.

TEUBNER, G. "Substantive and Reflexive Elements in Modern Law", *Law & Society Review*, Núm. 17, 2, 1983, págs. 239-285.

TEUBNER, G. (ed.) *Dilemmas of Law in the Welfare State*, Berlin, 1986, Walter de Gruyter;

TEUBNER, G. (ed). *Juridification of Social Spheres*, Berlin, 1987, Walter de Gruyter.

WILLKE H. (1986) "Three Types of Legal Structure: The Conditional, the Purposive and the Relational Program", en G. Teubner (ed.), *Dilemas of Law in the Welfare State*, cit.

La labor de los Defensores del Pueblo durante la pandemia

ALBERTO ANGUITA SUSI
Prof. Titular de Derecho Constitucional
Universidad de Jaén

1. MARCO JURÍDICO DEL DERECHO DE EXCEPCIÓN.

1.1. Internacional.

El marco regulativo internacional sobre esta materia, además de amplio y complejo, viene modulado por los distintos organismos internacionales en función de su ámbito de aplicación territorial.

Las situaciones de crisis o excepcionales se encuentran previstas en los distintos marcos regulativos internacionales bajo una base común: los estados excepcionales son situaciones coyunturales que sólo deben declararse cuando no exista otra posibilidad de reestablecer la normalidad y, en el caso de ser activados, no pueden suponer una merma en el sistema de protección de los derechos ni en el funcionamiento "normal" de las instituciones democráticas. Dicho de otra forma, las medidas adoptadas en tales situaciones deben ser necesarias, graduales, temporales, idóneas y proporcionales.

Como punto de partida debe citarse el art. 4 del Pacto Internacional de Derechos Civiles y Políticos de 1966, que inspirándose en el art. 15 del Convenio Europeo de Derechos Humanos dispone lo siguiente: "1. En situaciones excepcionales que pongan en peligro la vida de la nación y cuya existencia haya sido proclamada oficialmente, los Estados partes en el presente Pacto podrán adoptar disposiciones que, en la medida estrictamente limitada a las exigencias de la situación, suspendan las obligaciones contraídas en virtud de este Pacto, siempre que tales disposiciones no sean incompatibles con las demás obligaciones que les impone el Derecho Internacional (...)".

Tras la declaración de la pandemia, el Comité de Derechos Humanos emitió, el 30 de abril de 2020, una Declaración mediante la que se procedía a la suspensión de obligaciones dimanantes del Pacto.

Este documento reitera, básicamente, la doctrina de la Observación General nº 29, de 24 de julio de 2001, pero añade que las medidas deben ser las "estrictamente requeridas por las exigencias de la situación de salud pública", además de temporales y limitadas tanto geográfica como materialmente y, finalmente, deben propiciar el retorno a la normalidad legal e institucional una vez finalizada la situación de emergencia.

Por su parte, el Comité de Derechos Económicos, Sociales y Culturales emitió el 17 de abril de 2020 una importante Declaración en la que decía que "la pandemia tiene efectos profundamente negativos en el disfrute de los derechos económicos, sociales y culturales, y especialmente en el derecho a la salud de los grupos más vulnerables de la sociedad" y que "los Estados partes tienen la obligación de adoptar medidas para evitar esos efectos o, al menos, mitigarlos".

1.2. Europeo.

Según el art. 15 del Convenio Europeo de Derechos Humanos de 1950: "1. En caso de guerra o de otro peligro público que amenace la vida de la nación, cualquier Alta Parte Contratante podrá tomar medidas que deroguen las obligaciones previstas en el presente convenio en la estricta medida en que lo exija la situación, y a condición de que tales medidas no estén en contradicción con las restantes obligaciones que dimanan del Derecho Internacional".

El supuesto de hecho para declarar una situación excepcional ("peligro público que amenace la vida de la nación") supone un amplio margen de apreciación nacional, pero el aspecto más relevante del art. 15, desde una perspectiva constitucional, es el inciso "en la estricta medida en que lo exija la situación". De hecho, el Tribunal Europeo de Derechos Humanos no presta en su jurisprudencia tanta atención a los supuestos aplicables como, precisamente, al principio de proporcionalidad y a los límites para los Estados partes en esta materia.

En este sentido, el Consejo de Europa publicó una serie de documentos entre los que destaca la compilación de la Comisión de Venecia de sus propios informes sobre estados de emergencia, de 16 de abril de 2020, donde se completa y amplía la doctrina del Tribunal Europeo de Derechos Humanos, haciendo especial hincapié en los requisitos de legalidad, temporalidad, excepcionalidad, necesidad y proporcionalidad de las medidas[1], además de enfatizar la función garantista de

---

1 El Tribunal ha considerado aplicable el principio de proporcionalidad a los estados excepcionales en los siguientes casos: *Lawless* contra Irlanda, de 1 de julio de 1961, sobre las medidas contra el terrorismo del IRA; *Brogan* y otros contra Reino Unido, de 29 de noviembre de 1988, y de 26 de mayo de 1993, entre otras sentencias más recientes relativas a la situación de Turquía, en una serie de casos contra el terrorismo en este país que ha dado lugar a una rica jurisprudencia

los estados excepcionales mediante el reforzamiento del poder del Parlamento y del control judicial de las medidas.

En el ámbito de la Unión Europea (UE) la Agencia de los Derechos Fundamentales, creada en 2007, publicó en 2020 un documento sobre la incidencia de la pandemia en los derechos fundamentales.

La UE tiene atribuidas competencias compartidas con los Estados miembros en materia de salud pública en aquellos aspectos definidos en el Tratado de Funcionamiento de la Unión Europea (art. 4.2.k). En ese sentido, dicho Tratado determina que en la definición y ejecución de todas las políticas y acciones la UE debe complementar las políticas nacionales, a fin de mejorar la salud pública, prevenir enfermedades y evitar riesgos para la salud (art. 168.1). Además, el artículo 6.a) establece que la UE es competente para llevar a cabo acciones de apoyo, coordinación y complementación de la actividad de los Estados miembros, dirigidas a la protección y mejora de la salud humana.

Por último, cabe mencionar la Decisión 1313/2013/UE, relativa al Mecanismo de Protección Civil de la Unión en el ámbito de las emergencias sanitarias, así como la Decisión 1082/2013/UE del Parlamento Europeo y del Consejo, de 22 de octubre de 2013, sobre las amenazas transfronterizas graves para la salud, que comprende el establecimiento del Sistema de Alerta Precoz y Respuesta para la notificación de alertas a nivel de la UE, utilizado para hacer frente a la pandemia.

---

entre 1996 y 2006 (Vid. como ejemplo el caso *Aksoy* contra Turquía, de 18 de diciembre de 1996), que se reactivó tras el intento de golpe de Estado en este país en julio de 2016.

1.3. Constitucional.

El art. 116 CE diferencia, atendiendo a su gravedad, entre estado de alarma, excepción y sitio. El estado de alarma, que fue la figura utilizada durante la pandemia en España, según el artículo 116.2 CE, "será declarado por el Gobierno mediante decreto acordado en Consejo de Ministros por un plazo máximo de quince días, dando cuenta al Congreso de los Diputados, reunido inmediatamente al efecto y sin cuya autorización no podrá ser prorrogado dicho plazo. El decreto determinará el ámbito territorial a que se extienden los efectos de la declaración".

Desde el punto de vista de la afectación de los derechos y libertades públicas fundamentales, conviene precisar que, desde una perspectiva constitucional, tal y como se encarga de recordar el art. 55.1 CE, sólo cabe suspender derechos y libertades públicas cuando se declaran los estados de excepción y sitio. De tal forma que en el estado de alarma cabrían, en todo caso, limitaciones o restricciones de algunas libertades tales como la libre circulación de personas y bienes[2].

De la regulación constitucional destaca la cláusula de "normalidad institucional" prevista en el los párrafos quinto y sexto del art. 116 CE, en virtud de los cuales, respectivamente: "Su funcionamiento (refiriéndose al Congreso), así como el de los demás poderes constitucionales del Estado, no podrán interrumpirse durante la vigencia de estos estados" (...) "La declaración de los estados de alarma, de excepción y de sitio

---

[2] El art. 55.1 CE dispone: "Los derechos reconocidos en los artículos 17, 18, apartados 2 y 3, artículos 19, 20, apartados 1, a) y d), y 5, artículos 21, 28, apartado 2, y artículo 37, apartado 2, podrán ser suspendidos cuando se acuerde la declaración del estado de excepción o de sitio en los términos previstos en la Constitución. Se exceptúa de lo establecido anteriormente el apartado 3 del artículo 17 para el supuesto de declaración de estado de excepción".

no modificarán el principio de responsabilidad del Gobierno y de sus agentes reconocidos en la Constitución y en las leyes".

La expresión "poderes constitucionales" debe entenderse referida tanto a los órganos constitucionales como a los llamados órganos de relevancia constitucional, entre los que se encuentra el Defensor del Pueblo, así como las figuras autonómicas similares, cabría añadir.

Las previsiones del art. 116 CE se encuentran desarrolladas en la Ley Orgánica 4/1981, de 1 de junio, reguladora de los estados de alarma, excepción y sitio. En concordancia con la normativa internacional y europea sobre la materia el art. 1 dispone: "1. Procederá la declaración de los estados de alarma, excepción o sitio cuando circunstancias extraordinarias hiciesen imposible el mantenimiento de la normalidad mediante los poderes ordinarios de las autoridades competentes. 2. Las medidas a adoptar en los estados de alarma, excepción y sitio, así como la duración de los mismos, serán en cualquier caso las estrictamente indispensables para asegurar el restablecimiento de la normalidad. Su aplicación se realizará de forma proporcionada a las circunstancias. 3. (...). 4. La declaración de los estados de alarma, excepción y sitio no interrumpe el normal funcionamiento de los poderes constitucionales del Estado".

Por lo que respecta al estado de alarma, el art. 4 determina que procederá su declaración cuando se produzcan "alteraciones graves de la normalidad debido a: a) Catástrofes, calamidades o desgracias públicas, tales como terremotos, inundaciones, incendios urbanos y forestales o accidentes de gran magnitud; b) Crisis sanitarias, tales como epidemias y situaciones de contaminación graves; c) Paralización de servicios públicos esenciales para la comunidad (...); y d) Situaciones de desabastecimiento de productos de primera necesidad".

Declarado el estado de alarma las autoridades gubernativas, a tenor del art. 11 de la Ley, podrán limitar la circulación o permanencia de personas o vehículos en horas o lugares determinados; requisar temporalmente bienes o imponer prestaciones personales obligatorias; intervenir y ocupar transitoriamente industrias, fábricas, talleres, explotaciones o locales, excepto domicilios privados; y limitar o racionalizar el uso de servicios o el consumo de artículos de primera necesidad para asegurar el abastecimiento.

Desde la aprobación de la Ley 4/1981 se han declarado en España dos estados de alarma. El primero, mediante el Real Decreto 1673/2010, de 4 de diciembre, tuvo como fin la normalización del servicio público esencial del transporte aéreo, y sobre su aplicación se pronunció la STC 83/2916, de 28 de abril.

El segundo fue para hacer frente a la pandemia mediante el Real Decreto 463/2020, de 14 de marzo, que fue prorrogado posteriormente por un período de seis meses mediante el Real Decreto 926/2020, de 25 de octubre.

Sobre ambos Decretos recayeron, respectivamente, la STC 148/2021, de 14 de julio, y 183/2021, de 27 de octubre. La primera declaraba inconstitucional el alcance del estado de alarma en relación a los derechos dado que en la práctica se produjo una auténtica suspensión que debió ser regulada mediante un estado de excepción. La segunda de las sentencias consideró inconstitucional la prórroga por seis meses del estado de alarma.

Finalmente, conviene apuntar que en el ordenamiento jurídico español existen una serie de leyes cuyo objeto es proteger la salud pública en situaciones de grave riesgo. Este marco legal lo constituyen la Ley Orgánica 3/1986, de Medidas Especiales en Materia de Salud Pública; la Ley 14/1986, General de Sanidad; y la Ley 33/2011, General de Salud Pública, así como las respectivas leyes de salud pública dictadas por las Comunidades Autónomas.

2. EL ÁMBITO DE ACTUACIÓN DE LOS DEFENSORES DEL PUEBLO EN ESPAÑA DURANTE LA PANDEMIA.

Antes de adentrarnos en la casuística de los Defensores durante la pandemia convendría, con carácter previo, exponer a grandes rasgos las características que definen el "modelo de Defensor del Pueblo" en España. En este sentido habría que partir de la regulación contenida en el art. 54 de la Constitución española, en virtud del cual:

> "Una ley orgánica regulará la institución del Defensor del Pueblo, como alto comisionado de las Cortes Generales, designado por éstas para la defensa de los derechos comprendidos en este Título, a cuyo efecto podrá supervisar la actividad de la Administración, dando cuenta a las Cortes Generales"

Los aspectos que definen al Ombudsman en España son, por tanto, los siguientes:

-Comisionado parlamentario: el Defensor del Pueblo es un órgano de naturaleza parlamentaria, designado por las Cortes Generales. Ahora bien, la configuración como comisionado no significa subordinación, sino que el Defensor del Pueblo actúa como órgano auxiliar de un órgano principal (Parlamento), coadyuvando a que éste pueda desempeñar las funciones que constitucionalmente tiene atribuidas.

-La defensa de los derechos: desde un punto de vista constitucional esta es la finalidad del Defensor del Pueblo, lo cual se deduce de la ubicación sistemática del art. 54 CE, situado dentro de los mecanismos de garantía de los derechos fundamentales y libertades públicas.

-Supervisión de la Administración: para cumplir dicha finalidad el Defensor del Pueblo podrá supervisar de manera instrumental la actuación de las distintas Administraciones públicas y organismos derivados. De tal manera que la supervisión administrativa siempre deberá tener como sustrato o trasfondo la tutela de los derechos y libertades públicas.

-Dación de cuentas: la configuración del Defensor del Pueblo como un órgano designado y comisionado por el Parlamento justifica que deba "rendir cuentas" ante dicho órgano, en el sentido de "trasladar o comunicar" el resultado de sus actuaciones al Parlamento mediante la presentación preceptiva de un Informe anual y de los Informes especiales o extraordinarios que estime oportunos.

2.1. Defensor del Pueblo estatal.

Si bien es cierto que la actuación de esta institución durante la pandemia se centró, como es propio de su función, en la garantía de los derechos afectados por la declaración del estado de alarma, convendría, no obstante, hacer una breve referencia a la Resolución de 3 de septiembre de 2020, en virtud de la cual el Defensor del Pueblo declaró su intención de no interponer recurso de inconstitucionalidad contra el citado Real Decreto 463/2020, al entender que durante el estado de alarma no se suspendieron derechos sino que se limitaron o restringieron; una postura contraria a la mantenida por el Tribunal Constitucional, como se acaba de ver.

Por lo que respecta al papel del Defensor del Pueblo en cuanto a los derechos afectados, resulta casi imposible resumir la casuística generada a través de las quejas recibidas[3], de ahí

[3] Las recomiendas formuladas por los distintos Ombudsman que integran la Federación Iberoamericana de Ombudsman, se contienen en el XVIII Informe sobre derechos humanos, bajo el título "Estados excepcionales y Covid-19". En este documento se refleja la extensa casuística a la que tuvieron que hacer frente la distintas Defensorías del Pueblo, relativa a los siguientes derechos: vida, integridad y seguridad; libertad personal y legalidad de las sanciones; garantías judiciales y resolución de conflictos; intimidad y protección de datos; libertad religiosa; transparencia y derecho a la información; derechos laborales; derecho al mínimo vital; derecho a la salud pú-

que comentemos de forma genérica las principales acciones, sobre todo de oficio, emprendidas por la institución[4].

Así, frente al *derecho a la vida e integridad física*, el Defensor reclamó que, en los casos de estado clínico terminal, se adoptasen protocolos que permitiesen facilitar la despedida al menos a un miembro de la familia, en orden a humanizar el proceso de la muerte, procurando también atención espiritual de acuerdo con la religión de cada afectado.

En cuanto a las restricciones sufridas en materia de *libertad de residencia y circulación*, el Defensor del Pueblo recomendó a la Secretaría de Estado de Seguridad que se elaborasen unas instrucciones internas, dirigidas a la Dirección General de la Policía y a la Dirección General de la Guardia Civil, para clarificar los casos en los que no procedían las sanciones al amparo de las excepciones recogidas por el Real Decreto por el que se declaraba el estado de alarma, y se diese publicidad a las instrucciones para que los ciudadanos conociesen los límites y restricciones existentes en los derechos fundamentales que habían quedado afectados. Asimismo, recomendó a las entidades locales eliminar cualquier bando o comunicado en el que se recogiesen mayores restricciones a las ya contempladas en el Real Decreto, al objeto de garantizar la igualdad de trato a la ciudadanía en todo el territorio nacional.

Los derechos que se vieron especialmente afectados durante la pandemia fueron los económico-sociales, "ámbito natural" de acción del Defensor del Pueblo, cuyas actuaciones se

---

blica; derecho a la vivienda; derecho a la educación; derechos de las personas con discapacidad y dependencia; personas mayores; personas privadas de libertad; niñez y adolescencia; y personas migrantes y en movilidad.

4 Para mayor detalle nos remitimos al documento "Actuaciones ante la pandemia de Covid-19", elaborado por el Defensor del Pueblo en 2020.

centraron en el ámbito asistencial (residencial y penitenciario), sanitario, laboral y educativo.

Así, el Defensor del Pueblo pidió reforzar en los centros residenciales la asistencia sanitaria a los internos que no precisasen de hospitalización, mejorando la coordinación con las consejerías autonómicas en materia sanitaria. Instó a que las residencias tuviesen el adecuado soporte médico y de enfermería, la adscripción presencial y provisional de personal sanitario de refuerzo, el equipamiento sanitario preciso, el suministro de equipos de protección individual y la realización de pruebas diagnósticas a todos los residentes y al personal del centro.

En el ámbito penitenciario, el Defensor del Pueblo centró el grueso de sus actuaciones en los grupos más vulnerables como ancianos, mujeres embarazadas o enfermos crónicos, recomendado el uso de las nuevas tecnologías en la celebración de juntas de tratamiento y en las comunicaciones entre los internos y sus familias.

Conviene recordar que el Defensor del Pueblo de España ejerce las funciones de Mecanismo Nacional de Prevención de la Tortura, dependiente del Protocolo Facultativo de la Convención contra la Tortura de Naciones Unidas, de ahí que solicitara la puesta en libertad (y su derivación a los recursos disponibles de acogida humanitaria) de las extranjeros que se hallaban en los centros de internamiento, dado que el cierre de fronteras privaba de sentido la permanencia en dichos centros.

En materia sanitaria fueron varias las actuaciones impulsadas de oficio por el Defensor, entre las cuales destacamos que el 29 de mayo de 2020 la institución se dirigió a todas las Consejerías autonómicas con competencia en materia sanitaria, de acuerdo con el Plan de transición (desescalada) a la nueva normalidad aprobado por el Consejo de Ministros. Así, esta actuación se centró en los siguientes aspectos:

a) Las medidas acordadas en cada Comunidad para el diagnóstico, vigilancia y control de la pandemia, los medios humanos y materiales destinados específicamente a la comprobación de casos sospechosos y el rastreo de los contactos estrechos, así como la capacidad para realizar pruebas.

b) Se solicitó a cada Consejería información sobre las medidas urgentes de refuerzo de la capacidad asistencial y para garantizar la continuidad con pleno rendimiento de los servicios sanitarios durante el período estival.

En materia educativa, el Defensor del Pueblo dio traslado al Ministerio de Educación y Formación Profesional de las diversas inquietudes expresadas por los ciudadanos en las primeras semanas de confinamiento, al objeto de que fueran contemplados los perjuicios derivados de la suspensión de las clases presenciales en el desarrollo académico de los alumnos y para que, una vez reanudada la actividad educativa presencial, se promoviese la adopción de las medidas compensatorias y los apoyos específicos que pudiera precisar el alumnado en función de sus circunstancias personales. También se solicitó que se fijaran los criterios de evaluación y promoción, teniendo en cuenta los problemas específicos que esta crisis había provocado en los distintos niveles educativos.

El Defensor del Pueblo insistió también en la problemática derivada de la "brecha digital" y de la reincorporación a las clases, un aspecto sobre el que solicitó informes de las distintas Consejerías de educación de las Comunidades Autónomas a efectos de garantizar una vuelta a las aulas segura, desde el punto de vista sanitario.

En materia laboral, han sido muchas las actuaciones emprendidas por la Institución a efectos de garantizar la continuidad de los contratos de trabajo y la protección en caso de desempleo (ERTES). Destaca en este ámbito las distintas propuestas de reformas normativas efectuadas desde la institución, alguna de las cuales han tenido reflejo en la práctica[5].

2.2. Defensores autonómicos.

Dada la similitud de las medidas adoptadas por los distintos Comisionados parlamentarios autonómicos durante la crisis ocasionada por la pandemia, en este apartado nos vamos a centrar en la actuación tanto del Defensor del Pueblo Andaluz como del Síndic de Greuges de Cataluña, cuyas actuaciones quedaron plasmadas en sendos Informes especiales:

2.2.1. Defensor del Pueblo Andaluz.

El ámbito de actuación de los Defensores del Pueblo autonómicos se circunscribe, prácticamente, a la esfera de los derechos sociales, dado que los derechos fundamentales tienen en el ámbito judicial su vía natural de protección.

En este sentido, el Defensor del Pueblo Andaluz, frente a la falta de suministros energéticos básicos para las personas en situación de vulnerabilidad (pobreza energética), se dirigió a las

---

5 Sirva como ejemplo, la solicitud del Defensor del Pueblo al Ministerio Trabajo y Economía Social de una modificación normativa para que, dadas las circunstancias extraordinarias, las referidas bajas voluntarias se calificasen como involuntarias, como situación legal de desempleo, y, por tanto, con el correspondiente derecho a la protección económica, de cumplirse el resto de requisitos, lógicamente. La propuesta fue admitida y regulada por el art. 22 del Real Decreto-ley 15/2020. Las propuestas en torno a la protección específica para el colectivo de desempleados también tuvieron una respuesta positiva, mediante la aprobación del subsidio especial por desempleo para los desempleados que agotasen su protección entre el 14 de marzo de 2020 y el 30 de junio de 2020 (artículo 1 del Real Decreto-ley 32/2020).

compañías suministradoras para reclamar la restitución de dichos suministros en aquellos hogares en los que se encontraba interrumpido al iniciarse el estado de alarma, especialmente en el caso de familias en situación de exclusión, con menores u otras personas especialmente vulnerables.

Asimismo, y ante el inminente inicio del curso escolar, en un escenario incierto en cuanto a la evolución de la pandemia, el Defensor Andaluz abrió diversas investigaciones relacionadas con la Administración educativa para examinar las medidas organizativas y de planificación establecidas para preservar la salud de los menores y para combatir la brecha digital.

El Defensor del Pueblo Andaluz se interesó desde un primer momento por la guarda y custodia de los menores, instando a las administraciones competentes a la protección del interés superior del menor, especialmente en los supuestos de ruptura conflictiva de la unidad familiar y casos de violencia de género.

La situación de las personas mayores acaparó también la atención del Defensor del Pueblo Andaluz durante este período. Ante los primeros brotes en las residencias de mayores, el Defensor abrió una investigación de oficio para analizar el grado de cumplimiento de las obligaciones de la Administración andaluza e hizo un llamamiento a la coordinación de todas las administraciones públicas para garantizar el bienestar de este colectivo.

Pese a no formar parte de su "ámbito legal" de actuación, el Defensor Andaluz hizo un seguimiento de la situación de los centros penitenciarios, sobre todo en materia de comunicaciones y permisos de salida, llegando a solicitar la colaboración de la Dirección General de Instituciones Penitenciarias, de las fiscalías provinciales y de los colegios de abogados.

A raíz de las quejas presentadas por distintos colectivos ante la falta de medidas sanitarias adecuadas en los centros de atención temporal de extranjeros y la necesidad de atender a los inmigrantes que seguían llegando a las costas andaluzas, el Defensor requirió información al Servicio Andaluz de Salud sobre los protocolos de atención aplicados, con el objetivo de garantizar la seguridad y la salud tanto de las personas recién llegadas como de las poblaciones de acogida.

Tras analizar sucintamente el ámbito de actuación del Defensor del Pueblo Andaluz, señalamos las medidas propuestas en el Informe especial que venimos comentando: a) Fortalecer el sistema público de salud, sobre todo en materia de dotación de medios, información y accesibilidad; b) Crear un sistema integral de atención asistencial a personas mayores, que incluya la medicalización de las residencias y centros de mayores; c) Reforzar los servicios sociales, a través de la dotación de medios para el sistema de dependencia; d) Atender a los colectivos en situación de vulnerabilidad, garantizando la accesibilidad a los servicios sociales de dichas personas y mejorando los canales de información y atención al público; e) Consolidar la renta mínima de inserción social en Andalucía; f) Fomentar el uso de las nuevas tecnologías tanto para posibilitar el teletrabajo y realizar trámites telemáticos, como para acceder a ciertos servicios sociales y sanitarios y educativos; g) Fomentar el crecimiento económico para propiciar la recuperación de la actividad y la ocupación; h) Avanzar hacia la igualdad real y efectiva de los distintos grupos sociales; e i) Garantizar el derecho a una vivienda, sobre todo en los casos de arrendamientos, desahucios o hacinamiento domiciliario.

2.2.2. Síndic de Greuges de Cataluña.

Durante la pandemia, el Síndic de Greuges de Cataluña recomendó que las personas enfermas ingresadas en las unidades de cuidados intensivos tuvieran la compañía de algún familiar y que se hiciera un uso responsable de los datos de carácter personal.

En lo que respecta al derecho a la salud, el Síndic recomienda reforzar presupuestariamente la inversión en infraestructuras, tanto en atención primaria como en instalaciones hospitalarias, consolidar los recursos humanos, renovar los equipos sanitarios y potenciar la investigación.

Por lo que se refiere a los servicios residenciales, para personas mayores o con discapacidad, se estima necesario revisar con urgencia el modelo residencial actual, así como potenciar y desarrollar recursos alternativos al residencial, tales como pisos tutelados y asistencia en el hogar.

En materia de educación el Síndic insistió en la necesidad de prestar atención al alumnado con necesidades específicas y a la brecha digital.

Desde el punto de vista económico, el Síndic cree necesario tanto la implantación de una renta básica universal, como la necesidad de un sistema fiscal justo para combatir la creciente desigualdad, la pobreza y la exclusión social.

Finalmente, resulta innovador que el propio Síndic haga recomendaciones en torno al régimen jurídico de los estados excepcionales, alertando sobre el riesgo de regresión democrática en casos de abuso gubernamental, para lo cual llega incluso a proponer la observación de una serie de medidas.

3. BALANCE DE LAS ESTRATEGIAS DESARROLLADAS POR ESTAS INSTITUCIONES.

3.1. Perspectiva institucional.

Puede afirmarse que durante la pandemia las distintas Defensorías han funcionado, pese a las circunstancias, dentro de la normalidad[6].

A ello ha contribuido, como es obvio, el empleo de las nuevas tecnologías, no sólo por los ciudadanos sino también por las propias instituciones, lo cual ha permitido que los Defensores del Pueblo hayan podido recabar las quejas y consultas de los ciudadanos durante la pandemia.

Tanto el Defensor del Pueblo estatal como los Defensores autonómicos hicieron un importante esfuerzo en este sentido, destacando al respecto las medidas adoptadas desde la Oficina del Síndic de Greuges de Cataluña. Aparte del necesario proceso de "telematización" de la plantilla, la Institución mantuvo durante la pandemia el contacto con las distintas administraciones públicas supervisadas a través de las siguientes medidas: a) Fijación de criterios de priorización para los envíos de solicitudes de información a las administraciones; b) Eliminación de la posibilidad de reiterar las solicitudes de información y las resoluciones pendientes de aceptación durante el confinamiento; c) Apoyo informático al personal de otras administraciones que

---

6 El art. 11. 3 de la Ley del Defensor del Pueblo establece: "La declaración de los estados de excepción o de sitio no interrumpirán la actividad del Defensor del Pueblo, ni el derecho de los ciudadanos de acceder al mismo, sin perjuicio de lo dispuesto en el artículo cincuenta y cinco de la Constitución". Una previsión que se repite en el resto de leyes que regulan la figura de los Defensores del Pueblo autonómicos (por todas, art. 12.3 Ley del Defensor del Pueblo Andaluz).

no disponían de las herramientas necesarias para teletrabajar y acceder a las plataformas de tramitación; d) Creación de un trámite específico para el Departamento de Salud, de manera que pudieran atenderse con carácter prioritario las quejas relacionadas con la pandemia; y e) Coordinación con instituciones análogas, como el Defensor del Pueblo, para flexibilizar los criterios de admisión de las quejas.

Asimismo, se activaron una serie de criterios para paliar la imposibilidad de presentar quejas presenciales, tales como: a) Garantizar, durante toda la franja horaria, la atención telefónica de las personas que solicitaban el apoyo de la institución; b) Elaborar varios manuales, en cumplimiento con la normativa vigente en materia de accesibilidad, para facilitar el uso de las plataformas de notificaciones telemáticas; y c) Facilitar el envío por otros medios y asistir telefónicamente a todas las personas que no tuvieran acceso a dichas plataformas.

Una estrategia parecida de actuación fue seguida por el Defensor del Pueblo Andaluz, comenzando por la progresiva aplicación del teletrabajo entre los miembros de sus servicios administrativos[7]. De la misma forma, desde esta Institución se hizo un considerable esfuerzo para flexibilizar y ampliar, en su caso, los distintos medios o vías de interposición de las quejas: verbal, telefónico, correo electrónico, redes sociales, etc.

Todas estas medidas permitieron, en líneas generales, que el tiempo de respuesta de las Defensorías se mantuviera dentro de unos parámetros razonables, tanto a la hora de responder al ciudadano como de recibir la información solicitada a las administraciones competentes.

---

7 Resolución, de 12 de noviembre de 2020, del Defensor del Pueblo Andaluz, por la que se aprueba el Plan de Contingencia Covid-19, que permitía el teletrabajo al 20% de los miembros de la oficina, un porcentaje que en febrero de 2021 se llegó a incrementar hasta el 50%.

3.2. Perspectiva dogmática.

En un Estado marcadamente descentralizado, como el español, la actuación tanto del Defensor del Pueblo como de los distintos Comisionados parlamentarios autonómicos está en cierta medida condicionada por el sistema de reparto de competencias constitucionalmente previsto. Esto no obsta, sin embargo, para que estos últimos puedan recibir quejas y emprender actuaciones informativas sobre materias sobre las que, en principio, las Comunidades Autónomas carecen formalmente de competencia (ej. prisiones, inmigración o seguridad ciudadana), remitiendo la resolución del expediente de queja al Defensor del Pueblo estatal.

Por otra parte, hay que señalar que si bien el grueso de actuaciones emprendidas ha sido fruto de las quejas interpuestas por los ciudadanos, debe destacarse el importante número de intervenciones impulsadas de oficio por las distintas Defensorías. Actuaciones que han dado pie a una serie de recomendaciones dirigidas tanto a los órganos de naturaleza gubernamental y administrativa como parlamentaria. Entre dichas recomendaciones destacan las propuestas de aprobación, reforma o interpretación de normas legales y reglamentarias.

Las actuaciones de oficio ponen de manifiesto una estrategia deliberada de los distintos Defensores del Pueblo y aunque suelen ser fruto de las quejas recibidas viene a demostrar que, durante la pandemia, estas instituciones no funcionaron tanto como instancias de respuesta inmediata ante las peticiones de los ciudadanos (función reactiva), sino más bien como órganos de supervisión de pautas y decisiones adoptadas por las distintas administraciones públicas en el contexto de una situación excepcional y de emergencia sanitaria (función proactiva).

Dicho de una forma alegórica, los Defensores del Pueblo se comportaron, de forma general, como una especie de "ojo de águila" que otea el horizonte administrativo, apelando a la coordinación entre los distintos niveles territoriales administrativos.

En cuanto a la elaboración y presentación parlamentaria de los Informes, algunas Defensorías, como el Defensor del Pueblo estatal, el Defensor del Pueblo Andaluz, el Síndic de Greuges de Cataluña o el Justicia de Aragón, optaron por elaborar un informe especial o extraordinario de carácter monográfico dedicado a las quejas y actuaciones emprendidas durante la pandemia. Sin embargo, otras instituciones, como el Procurador del Común, por ejemplo, se decantaron por incluirlas dentro del informe anual correspondiente al año 2020.

Estos informes vienen a reflejar la atención que merecen los grupos sociales especialmente vulnerables o en situación de exclusión social, lo cual ha servido para reforzar, aún más si cabe, el perfil de los Defensores del Pueblo en materia de derechos económicos y sociales. Su ámbito de acción más genuino debido a las especiales características de estos derechos, de carácter marcadamente prestacional y dependientes, en gran medida, de la actuación gubernamental, administrativa y legislativa.

La flexibilidad y accesibilidad de los Defensores del Pueblo, unido al "control" pedagógico (ético, incluso) y no coactivo de las instancias públicas, ha contribuido a reforzar el sistema de derechos sociales, convirtiendo a los mismos en una realidad y no en un mero espejismo jurídico. La consecución de este objetivo ha sido, sin duda, el principal reto al que se han tenido que enfrentar los Defensores del Pueblo durante la pandemia.

Las situaciones de emergencia o crisis sanitarias, como la vivida, evidencian la incapacidad de los sistemas políticos de gestionar situaciones de gran complejidad. Si los gobiernos son cada vez más irrelevantes ante el aumento de la complejidad social, parecen justificadas la aparición de formas alternativas de gobernar alejadas de los clásicos principios de jerarquía y poder (gobierno indirecto, democracia líquida, *soft power*). En este contexto, precisamente, emergen con fuerza la figura de los *Ombudsman* para evidenciar la necesidad de reforzar las instituciones de garantía de los derechos.

4. DOCUMENTACIÓN UTILIZADA.

-Compilación: "Opiniones e informes sobre los Estados de emergencia", Comisión de Venecia, abril de 2020.

-Informe de la Federación Iberoamericana de Ombudsman (FIO): "Estados excepcionales y Covid-19" (Dir. Escobar Roca G.), XVIII Informe sobre derechos humanos, Defensor del Pueblo, 2021.

-Informe del Defensor del Pueblo: "Actuaciones ante la pandemia de Covid-19", 2020.

-Informe extraordinario del Defensor del Pueblo Andaluz: "Derechos de la ciudadanía durante la Covid-19. Estudios. Primera ola de la pandemia", 2020.

-Informe del Síndic de Greuges de Cataluña: "Salud y derechos en la crisis de la Covid-19", 2020.

-"Informe provisional sobre las medidas adoptadas en los Estados miembros de la UE como resultado de la crisis del Covid-19 y su impacto en la democracia el Estado de Derecho y los derechos fundamentales", Comisión de Venecia, octubre de 2020.

El impacto de la crisis provocada por el covid-19 sobre los derechos constitucionales: derecho a la protección de la salud, al trabajo y a la vivienda

FRANCISCO GUTIÉRREZ RODRÍGUEZ
Universidad Pablo de Olavide

1. INTRODUCCIÓN.

A principios de 2020[1] vivimos uno de los episodios que van a marcar, en todos los aspectos, el siglo XXI. La pandemia provocada por un virus, conocido como SARS-CoV-2, puso en jaque a la Humanidad durante demasiados meses, alterando todo el esquema de relaciones sociales, de toma de decisiones colectivas

---

[1] La Organización Mundial de la Salud (OMS) recibió notificación de casos de neumonía de causa desconocida en Wuhan el 31 de diciembre de 2019.

y de derechos individuales, hasta hacer saltar por los aires, incluso, la concepción misma del Estado de Derecho.

Por ello, tras haber decretado la Organización Mundial de la Salud (OMS) el pasado 5 de mayo el fin de la pandemia[2] y que en España se declarara -1.207 días después- la finalización de la situación de crisis sanitaria ocasionada por la COVID-19[3], conviene reflexionar si los mecanismos de garantía de los derechos constitucionales han funcionado correctamente en nuestro país, con una triple finalidad: servir de elemento de comparación con los procesos seguidos en otros Estado con sistemas constitucionales similares, detectar si las deficiencias observadas se deben a inconsistencias del sistema o a errores de gestión y estar prevenidos para la siguiente situación crítica que a buen seguro llegará.

El presente trabajo se enmarca en la colaboración realizada para la impartición del Diplomado "*Lecciones constitucionales en tiempos de crisis: la protección de los derechos humanos por los Ombusperson durante las situaciones de emergencia constitucional*", organizado por la Comisión Nacional de los Derechos Humanos de México (CNDH) y el Centro de Estudios Sociales y Jurídicos Sur de Europa (CESJ) en la primera mitad de 2023, por lo que trata de ofrecer una perspectiva que tenga relación con la labor desarrollada por las instituciones que actúan como comisionados del Poder Legislativo para la

---

2 Statement on the fifteenth meeting of the IHR (2005) Emergency Committee on the COVID-19 pandemic: https://www.who.int/news/item/05-05-2023-statement-on-the-fifteenth-meeting-of-the-international-health-regulations-(2005)-emergency-committee-regarding-the-coronavirus-disease-(covid-19)-pandemic.

3 Orden SND/726/2023, de 4 de julio, por la que se publica el Acuerdo del Consejo de Ministros de 4 de julio de 2023, por el que se declara la finalización de la situación de crisis sanitaria ocasionada por la COVID-19 (BOE núm. 159, de 5 de julio).

defensa y garantía de los derechos de los constitucionales y prevenir o corregir las vulneraciones cometidas por las administraciones públicas.

Lo que se persigue, en definitiva, es analizar cómo se han comportado los Defensores de los derechos ante una situación crítica, de anormalidad constitucional, exponiendo como uno de los elementos de comparación cuál ha sido la experiencia española. Pero para que podamos tener una visión de conjunto, estamos obligados a simplificar en la exposición el modelo realmente existente, pues de lo contrario la complejidad del discurso impediría su adecuada comprensión. De esto modo, aunque en España contamos con una organización territorial profundamente descentralizada, que hace que buena parte de las políticas públicas de carácter social sean competencia de las Comunidades Autónomas y que, además, más de la mitad de ellas cuenten con comisionados para la defensa de los derechos, que ejercen una labor no excluyente de la del Defensor del Pueblo previsto en el art. 54 CE, en el presente trabajo puede resultar más acertado hacer simple referencia a "los poderes públicos", englobando en ellos tanto a los poderes centrales como a los autonómicos, y a "los Defensores", englobando en ellos tanto al nacional como a los que con distintas denominaciones existen en diversos territorios. Renunciamos así, por lo general, a precisar cuál es el poder o el defensor competente, el que ha actuado o dejado de actuar, pues, si bien esta precisión puede tener todo su sentido desde una perspectiva interna, quizás no aporte demasiado, en este caso, visto desde el exterior.

Por tanto, si queremos comprobar la existencia o no de una efectiva globalización constitucional que hace que todos los Defensores -los de España y los de México- hayan actuado de igual manera ante esta situación crítica para los derechos constitucionales, sin que se hayan manifestado unas diferencias socioculturales significativas que den lugar a rendimientos distintos, debemos analizar, en primer lugar, qué ha hecho que la situación haya sido verdaderamente crítica; comprobar, en segundo lugar, si la actuación de los poderes públicos ha ampliado o mitigado las consecuencias de la crisis sanitaria y económica; y, por último, concluir ante qué vulneraciones de derechos han sabido reaccionar mejor los Defensores.

De este modo, pretendemos obtener un mejor conocimiento de cuál ha sido el papel de los Defensores en la crisis sanitaria, económica y del sistema de derechos constitucionales provocada por el COVID-19 y qué lecciones se pueden aprender para el futuro[4].

2. SITUACIÓN DE PARTIDA: LA REACCIÓN ANTE LA CRISIS SANITARIA.

Para valorar con una perspectiva constitucional el impacto que el COVID-19 ha tenido en España, debemos comenzar conociendo cuál ha sido el escenario de partida en esta crisis. Es decir, en qué momento se tiene conocimiento por parte de las autoridades de que la situación se ha vuelto o se puede volver crítica desde un punto de vista sanitario, cuál es la reacción del Gobierno de la Nación ante dicha situación, qué medidas adopta para hacerle frente y qué control de su actuación lleva a cabo el Defensor del Pueblo. Esto nos ofrecerá, de un lado, algunos elementos de comparación con lo que se haya podido producir en cualquier otro país, y nos va a permitir, de otro, valorar de una manera más adecuada, como decíamos con anterioridad, si la actuación de los poderes públicos ha ampliado o mitigado las consecuencias para los derechos constitucionales de la crisis sanitaria y económica.

---

4 Para un análisis global de lo que ha supuesto la pandemia para el sistema constitucional español puede consultarse el trabajo dirigido por Biglino y Duran (2021).

En términos teóricos, parece claro sostener que cualquier crisis sanitaria, y más si tiene visos de convertirse en una pandemia, obliga a los poderes públicos a adoptar medidas para salvaguardar, al menos, el derecho a la protección de la salud de los ciudadanos. Ahora bien, las medidas que se adopten, por más que se hagan con la intención de garantizar determinados derechos constitucionales, pueden acabar teniendo un impacto negativo sobre otros -o incluso sobre esos mismos- derechos constitucionales. Por otro lado, resulta también predecible en términos teóricos que una crisis sanitaria de tal envergadura como una pandemia va a traer consigo inexorablemente una crisis económica de igual, si no mayor, magnitud, con el consiguiente impacto en el conjunto de los derechos constitucionales y, en especial, en aquellos que son propios del Estado Social y que implican la realización de prestaciones públicas.

Es importante, por consiguiente, que cualquier Gobierno sepa reaccionar ante el menor indicio de que se puede desencadenar una crisis sanitaria, y que esa reacción sea lo suficientemente rápida y acertada para causar el menor número de daños colaterales posibles. Una reacción tardía, sin anticiparse a lo que está por venir, sino cuando la crisis ya se ha producido, da como resultado de manera irremediable que las medidas que se deban tomar en ese momento sean muy diferentes, y desde luego más drásticas, que las que hubiese sido factible adoptar con anterioridad. Sin olvidar que el primer paso para afrontar una crisis, sanitaria, económica, o del tipo que sea, es reconocer su existencia.

Pues bien, en enero del 2020, al menos en Europa, ya se tienen suficientes datos científicos para sostener que se está produciendo una epidemia en China que, por las características de propagación del virus en cuestión, puede acabar dando lugar, como consecuencia de las facilidades de comunicación y transporte actualmente existente, a contagios masivos a nivel mundial, es decir, a una pandemia, sin que las fronteras dibujadas en los mapas puedan servir de manera alguna de líneas de contención.

Sin embargo, ante esos datos e informaciones que cada día hacen más evidente lo que podía acabar sucediendo, el Gobierno español, por boca de su Coordinador de Emergencias Sanitarias y desde una tribuna oficial del Ministerio de Sanidad, afirma, el 31 de enero de 2020, que "*España no va a tener, como mucho, más allá de algún caso diagnosticado*» y que esperan que «*no haya transmisión local y en ese caso sería muy limitada y muy controlada*»[5]. En la misma línea se siguió durante buena parte del mes de febrero, pese a que las noticias que llegaban, no ya de China, sino de un país tan cercano como Italia permitían aventurar que España iba a sufrir en un corto periodo de tiempo los mismos episodios de contagios masivos como consecuencia de la propagación del SARS- CoV-2.

Ese era el momento de actuar con contundencia. Aunque actuar en ese momento suponía tener que tomar decisiones inmediatas de limitación de derechos que, por motivaciones ideológicas, el Gobierno de la Nación no estaba dispuesto a tomar. Suponía, sin ir más lejos, impedir las concentraciones feministas con ocasión de las marchas reivindicativas del 8-M. Pero, no se impidieron y esto propició en España el caldo de cultivo idóneo para la propagación incontrolada de la enfermedad.

Tres días después, el 11 de marzo de 2020 la Organización Mundial de la Salud (OMS) declaró la pandemia global ante la situación de la enfermedad COVID-19, provocada por el coronavirus SARS-CoV-2, una vez superados los contornos de la emergencia en salud pública de importancia internacional que la propia OMS apreció ya el anterior 30 de enero, y que, en

---

5 https://www.abc.es/espana/abci-fernando-simon-espana-no-tener-como-mucho-mas-alla-algun-caso-diagnosticado-202001311357_video.html

su consideración, urgía una respuesta urgente y rotunda por todos los países, en el ejercicio de su responsabilidad, implicándose en la triple encomienda de: activar y ampliar los mecanismos de respuesta a emergencias; detectar, aislar y tratar sanitariamente a todas las personas contagiadas, rastreando a sus contactos; y comunicar a la población los riesgos existentes y las medidas de protección[6].

Al día siguiente se aprueban en España las primeras medidas económicas de calado[7], y dos días después, el 14 de marzo de 2023, por fin el Gobierno de la Nación decide actuar de manera drástica, aunque tardía, declarando el estado de alarma[8] para tratar de contener la crisis sanitaria que ya llevaba instaurada en nuestro país desde hacía algunas semanas.

Con la aprobación del Real Decreto 463/2020, de 14 de marzo, por el que se declara el estado de alarma para la gestión de la situación de crisis sanitaria ocasionada por el COVID-19[9],

---

6 Alocución de apertura del Director General de la OMS en la rueda de prensa sobre la COVID-19 celebrada el 11 de marzo de 2020: https://www.who.int/es/director-general/speeches/detail/who-director-general-s-opening-remarks-at-the-media-briefing-on-covid-19—11-march-2020.

7 Estas medidas se contienen en el Real Decreto-ley 7/2020, de 12 de marzo, por el que se adoptan medidas urgentes para responder al impacto económico del COVID-19.

8 Puede consultarse la bibliografía existente sobre el derecho de excepción en España en González Moro (2021).

9 Este Real Decreto se modifica pocos días después mediante el Real Decreto 465/2020, de 17 de marzo, por el que se modifica el Real Decreto 463/2020, de 14 de marzo, por el que se declara el estado de alarma para la gestión de la situación de crisis sanitaria ocasionada por el COVID-19, y se prorroga mediante los Reales Decretos 476/2020, de 27 de marzo, 487/2020, de 10 de abril y 492/2020, de 24 de abril, 514/2020, de 8 de mayo, 537/2020, de 22 de mayo y 555/2020, de 5 de junio.

el Gobierno de la Nación se ve abocado a acordar -por la tardanza en la toma de decisiones- la limitación, cuando no la suspensión, de determinados derechos fundamentales. Esto implica que, si con la crisis sanitaria se estaba viendo afectado el derecho a la protección de la salud (art. 43.1 CE), con la reacción del Gobierno de la Nación para salvaguardarlo se iban a ver afectados, de manera consciente, varios derechos ciudadanos más (en especial la libertad de circulación de las personas)[10] y de manera inconsciente o no prevista un número considerablemente mayor. De este modo, la crisis sanitaria se convierte también en una crisis del sistema de derechos constitucionales, por lo que hubiese cabido esperar que en ese momento se activaran de inmediato los resortes de garantía previstos en la Constitución: por ejemplo, el Defensor del Pueblo.

De este primer estado de alarma acordado por el Gobierno de la Nación conviene destacar varias cosas: 1) que decretó el confinamiento *sine die* de la población desde el día 14 de marzo de 2020, obligándola a permanecer en sus hogares, saliendo únicamente para realizar actividades esenciales, como la compra de alimentos y medicamentos, asistencia sanitaria o desplazamientos laborales indispensables, y solo a partir del 2 de mayo se empezó a levantar de manera gradual[11]; 2) su excesiva duración, ya que alcanzó, incluidas las prórrogas, hasta

---

10 Carmona Cuenca (2021:22-25) distingue entre limitaciones previstas en el art. 11 de la LOEAES y otras limitaciones que fueron consecuencias indirectas necesarias de las previstas en la declaración de estado de alarma: los derechos fundamentales afectados serían los previstos en los arts. 19, 33, 35 y 38 CE, en el primer caso, y en los arts. 16, 20, 27, 24 CE, en el segundo. A ellos habría que los que quedaron limitados de facto: arts. 21 y 23 CE.

11 A partir de esa fecha se permitió a la población salir de sus hogares para hacer ejercicio y pasear, apenas una hora al día, dentro de ciertos horarios establecidos y respetando las medidas de distanciamiento social.

el 21 de junio de 2020; y 3) la justificación de las medidas que contiene su preámbulo: "*las medidas previstas en la presente norma se encuadran en la acción decidida del Gobierno para proteger la salud y seguridad de los ciudadanos, contener la progresión de la enfermedad y reforzar el sistema de salud pública*"[12].

Cuatro meses más tarde, el Gobierno acuerda un segundo estado de alarma mediante el Real Decreto 926/2020, de 25 de octubre, por el que se declara el estado de alarma para contener la propagación de infecciones causadas por el SARS-CoV-2, que se vio prorrogado hasta el 9 de mayo de 2021. Y la justificación que recoge su preámbulo es prácticamente la misma: "*las medidas previstas en la presente norma se encuadran en la acción decidida del Gobierno para proteger la salud y seguridad de los ciudadanos, contener la progresión de la enfermedad y reforzar los sistemas sanitarios y sociosanitarios*". Aunque en esta ocasión no se decreta el confinamiento obligatorio de toda la población, se adoptan medidas como restricciones de movilidad, cierre de actividades no esenciales y limitaciones en las reuniones sociales, entre otras.

Este ha sido el marco en el que se ha movido el Gobierno de la Nación para gestionar la crisis sanitaria y la crisis económica, con su repercusión en la crisis del sistema de derechos

---

[12] Como señala Delgado del Rincón (2020: 20) "*El Preámbulo del Real Decreto 463/2020, de 14 de marzo, alude expresa y someramente a la protección de "la salud y seguridad de los ciudadanos" como uno de los motivos para justificar "la acción (...) del Gobierno", una vez identificado el supuesto de hecho que da lugar a la declaración del estado de alarma: "las crisis sanitarias que supongan alteraciones graves de la normalidad" (art. 4.b) LOEAES). El Gobierno relaciona aquí la protección de la salud con la seguridad, pudiendo haberlo conectado también con la vida e integridad física de las personas. Ha de tenerse en cuenta que la vertiente pública de la seguridad, la seguridad ciudadana, guarda una vinculación más estrecha con el orden público, cuya alteración grave constituye uno de los supuestos de la declaración del estado de excepción (art. 13.1 LOEAES)*".

constitucionales. Una gestión que ha recibido no pocas críticas por parte de todos los sectores políticos y sociales por diferentes motivos: retraso en la implementación del confinamiento y falta de preparación para hacer frente a la emergencia; insuficiencia de material sanitario, de pruebas diagnósticas y lentitud en la toma de decisiones; falta de coordinación y comunicación entre el gobierno central y las comunidades autónomas, especialmente en la distribución de recursos y la toma de decisiones conjuntas; escasa transparencia en la información proporcionada por el gobierno, comunicación confusa en algunos aspectos clave y falta de claridad en las medidas adoptadas; ausencia de medidas eficaces para hacer frente al impacto económico de la pandemia, especialmente en sectores afectados como el turismo, la hostelería y el comercio; etc.

En este sentido, conviene recordar también que, tanto el Real Decreto 463/2020, de 14 de marzo, como el Real Decreto 926/2020, de 25 de octubre, fueron meses después declarados parcialmente inconstitucionales por el Tribunal Constitucional[13]. En el primer caso, por la nulidad parcial de los preceptos que restringen la libertad de circulación y habilitan al ministro de Sanidad para variar las medidas de contención en establecimientos y actividades económicas. En el segundo, por la nulidad de los preceptos que designan autoridades competentes delegadas y les atribuyen potestades tanto de restricción de las libertades de circulación y reunión en espacios públicos, privados y de culto, como de flexibilización de las limitaciones

---

13 SSTC 148/2021 y 183/2021, de 14 de julio y 27 de octubre de 2021, respectivamente. En Revenga Sánchez y López Ulla (2021) se analiza de manera pormenorizada la primera de estas sentencias. Para un estudio sobre ambas sentencias puede consultarse Marín Gámez (2022), quien concluye, a diferencia de los anteriores, que la elección del estado de alarma para atajar la pandemia Covid-19 fue inapropiada en términos constitucionales, al estimar que lo procedente hubiera sido acordar el estado de excepción.

establecidas en el real decreto de declaración del estado de alarma, por la extensión temporal de su prórroga y por el régimen de rendición de cuentas establecido para su vigencia. Sin embargo, llama la atención que ninguno de los recursos de inconstitucionalidad que motivaron las citadas sentencias fue interpuesto ni apoyado por el Defensor del Pueblo[14], pese a estar legitimado para ello y afectar las medidas acordadas por el Gobierno de la Nación, como nunca antes, a derechos constitucionales del conjunto de los españoles[15].

La actuación del Defensor del Pueblo en relación con este marco general de gestión de la pandemia por parte del Gobierno de la Nación se limitó, desde un primer momento, a la apertura de una queja de oficio global para "estar alerta", pero sin ninguna actuación concreta como consecuencia de la declaración de los distintos estados de alarma ni de sus prórrogas.

En el informe *Actuaciones ante la pandemia de covid-19*[16] se justifica este proceder del Defensor del Pueblo en los siguientes términos: "*Si en una situación ordinaria, se inician en muchos casos actuaciones preliminares ante la correspondiente Administración para esclarecer un aspecto u otro de los que el ciudadano expresa en su queja, antes de investigar las eventuales irregularidades, en la primera fase más intensa de la emergencia sanitaria se consideró que ese modo de proceder iba a resultar ineficaz. Teniendo en cuenta, además, que las administraciones interpeladas estaban sumidas en la gestión y reorganización de los recursos sanitarios. Por ello, la institución decidió iniciar de oficio actuaciones generales con todas*

---

14 El puesto estuvo siendo ocupado en funciones durante la pandemia, hasta el 18 de noviembre de 2021, por el Adjunto a la Defensora del Pueblo y ex diputado socialista Francisco Fernández Marugán.

15 Resolución del Defensor del Pueblo por la que decide no interponer recurso de inconstitucionalidad: https://www.defensordelpueblo.es/wpcontent/uploads/2020/09/resolucion_estado_alarma.pdf

16 Defensor del Pueblo (2020:27-28).

las consejerías de sanidad de las comunidades autónomas y con el Ministerio de Sanidad, que luego se detallan. Se trataba de conocer de forma estructurada la respuesta en cada territorio a esta emergencia sanitaria y determinar aspectos de mejora. Al Ministerio de Sanidad se le fueron trasladando todas las cuestiones relevantes que reflejaban las quejas y requerían una respuesta regulatoria o coordinada. Con todo, el Defensor del Pueblo no ha dejado de desempeñar su labor clásica y ha iniciado actuaciones concretas con la Administración competente cuando ha detectado posibles irregularidades de cierta relevancia que requerían una información más extensa y fundada".

La situación, ciertamente, no era ordinaria. Todas las Administraciones se han visto desbordadas. Solo hay que comprobar las más de 250 normas relacionadas con esta crisis que figuran en el Código Electrónico Covid-19 elaborado por el Boletín Oficial del Estado[17] para comprender el enorme esfuerzo que se ha tenido que hacer por parte de todos los servidores públicos para tratar de mitigar en lo posible los terribles efectos de la pandemia. Los propios Defensores han tenido que desarrollar su tarea en un contexto muy complicado, con sus asesores confinados en casa, mientras que, como ponen de manifiesto los distintos informes anuales y especiales, las quejas por vulneraciones de derechos constitucionales aumentaban de manera significativa.

Ahora bien, precisamente por no ser ordinaria, por consistir la crisis del sistema de derechos constitucionales en algo más que las habituales quejas individuales de los ciudadanos a los que la Administración no atiende con la velocidad, amplitud y calidad deseables, sino en la suspensión general de determinados derechos, el Defensor del Pueblo debería, tal vez, haber actuado de una manera diferente, ejerciendo un liderazgo frente a medidas del Gobierno que ponían en tela de

---

17 https://www.boe.es/biblioteca_juridica/index.php?tipo=C

juicio la Constitución, en lugar de atender, como de ordinario, a la incidencia individualizada de dichas medidas.

Esta ha sido la situación de partida, la reacción inicial del Gobierno de la Nación ante la crisis sanitaria y la actuación del Defensor del Pueblo frente a ella. Y, como es lógico, ha tenido sus consecuencias, tanto en términos personales[18], como económicos[19]. Pero debemos limitar nuestro análisis, por las características de este trabajo, al impacto sobre el sistema de derechos constitucionales.

3. EL IMPACTO DE LAS MEDIDAS ADOPTADAS POR LOS PODERES PÚBLICOS SOBRE EL SISTEMA DE DERECHOS CONSTITUCIONALES.

Como hemos comprobado en el apartado anterior, no solo la crisis sanitaria y la crisis económica subsiguiente han tenido un impacto negativo en el sistema de derechos constitucionales. También lo han tenido las medidas adoptadas por los poderes públicos para tratar de mitigar sus efectos. Fueran dichas medidas imprescindibles o no[20], y se adoptaran en el momento oportuno o con un notable retraso, lo cierto es que, cuando se

---

18 En el momento de escribir este capítulo, más de 121.000 fallecidos notificados en España y casi 14 millones de casos confirmados notificados (y varios millones más de no notificados, porque las estadísticas oficiales no recogen todos los casos), de una población total de 47,5 millones de personas.

19 El Producto Interno Bruto (PIB) de España se contrajo un 10.8% en 2020. La tasa de desempleo en España alcanzó su punto máximo en 2020, superando el 16%.

20 Como señala Cotino (2021:8), se ha dado una presunción general de peligro que ha llevado a eludir el análisis concreto de la necesidad y justificación objetiva de la medida. Y, al mismo tiempo, por lo general no se ha valorado la existencia de peligro más concreta

produce una situación tan crítica para el sistema de derechos constitucionales como la que hemos atravesado, cualquier actuación de los poderes públicos provoca, irremediablemente, un agravamiento de esa situación en una visión de conjunto. Si para tratar de salvaguardar el derecho a la protección de la salud hay que recurrir a la suspensión del derecho a la libertad de circulación de los ciudadanos, el número de personas que ven afectados alguno de sus derechos -sean estos cuales sean: la protección de la salud, la libertad de movimientos o cualquier otro- solo puede verse incrementado de manera exponencial.

Por esta razón, los poderes públicos deben valorar con la suficiente profundidad las consecuencias para el resto de los derechos constitucionales de las medidas que adoptan para proteger los que en ese momento se ven vulnerados o están en riesgo de vulneración. Y deberán tener en cuenta que, junto a la afectación consciente de determinados derechos que conlleve la medida, también puede producirse -si la valoración ha sido incorrecta o incompleta- una afectación inconsciente, no considerada, de otros diferentes a los que en principio se había considerado que podrían afectar.

Esto obliga a que las medidas que se adopten sean las precisas para salvaguardar los derechos en peligro, sin vulneraciones añadidas, o al menos solo las estrictamente necesarias, para el resto del sistema de derechos constitucionales. Pero, obliga también en estas situaciones a los Defensores a no atender en exclusiva a las quejas individuales que se reciban, sino, de una manera proactiva, a controlar si las medidas adoptadas por un determinado poder público conlleva mayores o menores beneficios, no solo para el derecho en juego, sino para el sistema de derechos constitucionales en su conjunto.

(que exige el juicio de necesidad) y, sobre todo, estudiar alternativas menos graves exigidas por la alternatividad-proporcionalidad.

No cabe duda de que el Gobierno de la Nación al adoptar determinadas medidas para proteger la salud, la seguridad de los ciudadanos y la economía era consciente de que se iban a ver afectados otros derechos constitucionales: no solo los de que de una manera expresa se suspenden o limitan en los reales decretos por los que se declaran los estados de alarma. Precisamente por ello, a cualquier afectación consciente, intencionada, de derechos constitucionales, aun teniendo la loable finalidad de proteger otros que estén siendo en ese momento vulnerados o que están en riesgo importante de que lo sean, se le debería exigir el cumplimiento, como veremos a continuación, de una serie de requisitos[21]. Y, en esa exigencia, por lo que decíamos con anterioridad, los Defensores deberían tener un importante papel que cumplir.

A) Identificación de los derechos afectados

En primer lugar, debe producirse una identificación de los derechos constitucionales que van a verse afectados, ya sea por sufrir limitaciones en su ejercicio o por quedar suspendidos. Esta labor de identificación no puede quedar reducida, sin embargo, a la de los derechos que formalmente se limitan o se suspenden, sino que debe abarcar también la de aquellos otros que, de manera indirecta o implícita, pero premeditada o conscientemente, se verán limitados o suspendidos. Además, si la identificación se realiza con exhaustividad, se reducirá el número de los derechos constitucionales que acabarán viéndose lesionados por la medida de forma inadvertida o inconsciente[22].

---

21 Delgado (2020: 15 y ss.).

22 Por ejemplo, la suspensión consciente del derecho a la libertad de circulación ha podido suponer de manera inadvertida la suspensión del derecho a disfrutar del medio ambiente.

B) Motivación explícita

En segundo lugar, se debe ofrecer en la norma que se apruebe una justificación clara, de manera explícita, de los motivos que hacen necesario, no solo la adopción de la medida, sino la afectación misma, ya sea la limitación o la suspensión, de todos y cada uno de los derechos constitucionales identificados.

C) Bien jurídico-constitucional

Debe existir, en tercer lugar, e identificarse, al menos un bien jurídico-constitucional que permita la afectación de tales derechos constitucionales. Esto permitirá evaluar si el bien jurídico expresado tiene la importancia suficiente para amparar, no ya la medida, sino la limitación o suspensión de cada uno de los derechos constitucionales que se verán afectados[23].

D) Ponderación

En cuarto lugar, debe realizarse una ponderación de los derechos constitucionales en juego, sin otorgase de partida una prioridad absoluta a ninguno de ellos. Sin embargo, si no se identifican todos los derechos que pueden verse directa o indirectamente afectados, resulta imposible realizar de manera adecuada la ponderación, y eso es justo lo que ha ocurrido con

---

[23] En este sentido, es llamativo que ninguno de los dos reales decretos de declaración de los estados de alarma mencione de manera expresa el artículo 43 CE, ni haga referencia a ninguno de sus apartados, lo que impide distinguir con facilidad si verdaderamente el bien jurídico que ampara a juicio del Gobierno la limitación o suspensión de determinados derechos fundamentales es el derecho a la protección de la salud (art. 43.1 CE), o la mera competencia que tiene para adoptar medidas preventivas y establecer las prestaciones y los servicios necesario para organizar y tutelar la salud pública (art. 43.2 CE).

los preámbulos de los reales decretos que declaran los estados de alarma.

E) Proporcionalidad

Por último, debe cumplirse con el requisito de la proporcionalidad. En el caso del confinamiento obligatorio y general de la población en sus domicilios, puede, quizás, que se considere una medida necesaria, adecuada y proporcional para alcanzar el objetivo de controlar la pandemia, prevenir la propagación de la enfermedad y evitar el colapso del sistema sanitario; y, ciertamente, es probable que, con otros enfoques menos perjudiciales y menos invasivos de los derechos fundamentales afectados, no se hubieran logrado alcanzar dichos objetivos; o que, en una evaluación de los bienes jurídicos en juego, los sacrificios impuestos por las medidas restrictivas se hayan realizado para preservar intereses y valores jurídicos superiores, como la salud, la vida y la integridad física (Delgado, 2020: 21). Sin embargo, sucede que el derecho a la protección de la salud no está configurado en nuestra Constitución *per se* como un derecho fundamental, sino como un principio rector de la política social y económica, y que el derecho a la vida o a la integridad física, que sí lo son, no se mencionan en los reales decretos de declaración de los estados de alarma.

No obstante, junto al confinamiento, también ha habido otras medidas más específicas que han afectado de igual modo a otros derechos constitucionales, o incluso a los mismos que se trataba de proteger[24]. También en esos casos, y

---

[24] Pensemos, por ejemplo, en el uso obligatorio de mascarillas que en determinadas situaciones se ha prolongado durante más de tres años. La Orden SND/422/2020, de 19 de mayo, por la que se regulan las condiciones para el uso obligatorio de mascarilla durante la situación de crisis sanitaria ocasionada por el COVID-19, la impuso

no solo cuando se declara un estado alarma o de excepción, los poderes públicos deberían cumplir con los requisitos enumerados para evitar, en lo posible, añadir nuevas vulneraciones de derechos constitucionales a las que de por sí genera cualquier situación de crisis sanitaria o económica. Y los mecanismos de garantía del sistema, como son los Defensores, deberían extremar la vigilancia sobre su cumplimiento, pues de lo contrario, tal vez estarían protegiendo determinados derechos constitucionales, pero no todos.

4. EL IMPACTO SOBRE LOS DERECHOS A LA PROTECCIÓN DE LA SALUD, AL TRABAJO Y A LA VIVIENDA.

La crisis sanitaria y económica ha acabado afectando, en ocasiones por la inacción de los poderes públicos, pero en otras precisamente por su acción, a la práctica totalidad de los derechos constitucionales. Sin embargo, una vez planteado el problema en términos generales, centraremos nuestra atención en tres derechos que se han demostrado íntimamente relacionados durante esta pandemia[25]. Tres derechos para los que las medidas adoptadas para su protección han sido

---

inicialmente para toda la población y en todo tipo de situaciones. Transcurridos más tres años, la Orden SND/726/2023, de 4 de julio, por la que se publica el Acuerdo del Consejo de Ministros de 4 de julio de 2023, por el que se declara la finalización de la situación de crisis sanitaria ocasionada por la COVID-19, dispone el cese en la aplicación de determinadas medidas contenidas en la Ley 2/2021, de 29 de marzo, y, en particular, de las relativas al uso obligatorio de las mascarillas.

25 La crisis sanitaria ha impedido a algunas personas el ejercicio del derecho al trabajo (y eso ha provocado en buena medida la crisis económica) y, en cambio, ha forzado a trabajar a otras sin que las condiciones de salud estuviesen plenamente garantizadas. La vivienda se

muchas, y en bastantes ocasiones eficaces -aunque no por ello inocuas para otros derechos constitucionales-; tres derechos que representan habitualmente un porcentaje muy destacado de las quejas que reciben todos los años los Defensores, por lo que se presume a estas instituciones de sobra preparadas para su protección, para detectar vulneraciones y para proponer medidas que las eviten o corrijan.

No obstante, aunque reduzcamos a solo tres derechos nuestro análisis, resulta imposible abarcar en este breve texto todos y cada uno de los problemas que se han presentado en estos años, todas y cada una de las medidas adoptadas por los poderes públicos o todas y cada una de las quejas recibidas por los Defensores. Abordaremos, por tanto, exclusivamente aquellas que han tenido un mayor impacto y las que han merecido una mayor atención en los informes especiales de los Defensores[26].

4.1. El impacto sobre el derecho a la protección de la salud.

El derecho a la protección de la salud ha sido, al mismo tiempo, el bien jurídico que ha justificado la suspensión de algunos derechos constitucionales y la limitación de otros, y uno de los derechos más afectados por la crisis sanitaria en sí misma y por las medidas adoptadas por los poderes públicos para tratar de protegerlo. Como es sabido, el derecho a la protección de la salud (art. 43 CE) se configura en la Constitución española como un principio rector de la política social y económica. Pero es cierto que su íntima relación con el derecho a la vida y a la integridad física lo convierten en *fundamental* para el ejercicio de otros derechos y libertades, hasta tal punto

---

ha convertido en la primera muralla defensiva para proteger la salud, pero la crisis económica ha dejado sin vivienda a algunas personas.

26 Cfr. Defensor del Pueblo (2020), Defensor del Pueblo Andaluz (2020) y Federación Iberoamericana de Ombudsman (2021).

que ha llegado a erigirse durante esta pandemia en límite para el ejercicio de derechos que gozan a priori de un mayor nivel constitucional de protección[27].

No obstante, dejando a un lado esa perspectiva, nos interesa resaltar en este trabajo cómo el derecho a la protección de la salud se ha visto afectado, al igual que el resto de derechos constitucionales, no solo por la crisis sanitaria en sí, sino también por las principales medidas adoptadas por los poderes públicos para contenerla: el ya mencionado confinamiento general de la población, el distanciamiento social[28], el uso de mascarillas, la realización de pruebas diagnósticas (PCR: Polymerase Chain Reaction) y la vacunación contra el virus SARS-CoV-2. Un repaso por los informes especiales elaborados por los Defensores con ocasión de la pandemia permite contrastar este doble origen que comentamos del impacto sobre el derecho a la protección de la salud.

---

27 Para Delgado (2020:5) el derecho a la protección de la salud, en determinados casos, por su estructura compleja y por su relación con otros derechos fundamentales como el derecho a la vida e integridad física, puede revestir el carácter de derecho materialmente fundamental con un contenido nuclear mínimo resistible frente a las actuaciones de los poderes legislativo y ejecutivo y susceptible de control judicial.

28 Durante la pandemia de COVID-19 en España, el distanciamiento social ha sido una medida clave para prevenir la propagación del virus. Ha consistido en mantener una distancia física mínima recomendada de 1,5 metros entre las personas para reducir el riesgo de contagio, en espacios públicos como en lugares de trabajo, tiendas, transporte público y otros entornos; limitar las reuniones sociales y evitar aglomeraciones (se han establecido restricciones en cuanto al número máximo de personas que pueden reunirse en espacios cerrados o al aire libre); restricción de actividades y cierres de establecimientos: lugares de ocio, como bares, restaurantes, gimnasios y cines; y se ha fomentado el trabajo a distancia siempre que sea posible, con el objetivo de reducir la movilidad y la interacción en los lugares de trabajo.

El número de contagios por coronavirus ha provocado, en los peores momentos de la crisis, la saturación de los centros hospitalarios hasta situarlos al borde del colapso, lo que ha traído consigo un notable déficit asistencial, con la incertidumbre acerca de si la escasez de camas, personal entrenado y respiradores podía traducirse en una toma de decisiones clínicas que excluyera de la atención intensiva a determinados grupos de pacientes. Además, la escasez de material de protección y la falta de pruebas diagnósticas para todo el personal sanitario, asistencial y auxiliar ponía en riesgo su propia salud y la contención de la enfermedad. A lo que hay que unir, de un lado, las dificultades para contactar con el servicio telefónico de emergencia ante la presencia de síntomas leves para recibir orientación sobre las medidas a tomar, especialmente para quienes convivían con personas vulnerables y temían contagiarlas, y, de otro, las quejas por la gestión administrativa y la falta de protocolos en caso de contacto con positivo.

No podemos obviar tampoco que el confinamiento dio como resultado la suspensión de la actividad ordinaria de la atención primaria, por lo que cualquier patología que no estuviera relacionada con la pandemia dejara de facto de atenderse; que la falta de información o la imposibilidad acompañar a familiares ingresados en centros hospitalarios generara no pocas situaciones de angustia y quejas ante los Defensores[29]; o, como ejemplo de las afectaciones inconscientes

---

29 Defensor del Pueblo (2020:28): "*Sobre la actividad asistencial en los centros sanitarios, en las primeras semanas de la pandemia, las quejas expresaban el temor de muchas personas por su propia salud y la de los suyos. La saturación de los centros hospitalarios y la suspensión de la actividad ordinaria en los centros sanitarios de atención primaria dio lugar a circunstancias muy complejas, agravadas por la situación de confinamiento. Un ejemplo de esa angustia fue el caso de unos familiares que no tenían información alguna sobre el estado clínico de su pariente ingresado, o que no podían acompañarlo*".

de las que antes hablábamos, que la obligación de acudir al supermercado más próximo al domicilio -con sanciones en caso de incumplimiento- tuviera un impacto directo sobre la salud de los celiacos, que no siempre podían encontrar alimentos adecuados en la tienda más cercana[30].

Una vez levantado el confinamiento, las medidas de distanciamiento social han provocado notables dificultades para obtener una cita presencial en los centros de salud, por el cierre de consultorios locales, retraso en las citas para consultas, pruebas u operaciones, o el acompañamiento a pacientes hospitalizados. El impacto sobre la salud física, como consecuencia de la falta de atención de otras enfermedades durante la pandemia, ha sido evidente, a lo que hay que sumar el impacto en la salud psicológica y emocional. Así, si ya era un problema estructural las quejas sobre la atención primaria y especializada o la atención sanitaria urgente, ahora, ante el aumento de demandantes de atención sanitaria, el problema se ha visto notablemente agravado. De este modo, las listas de espera para pruebas quirúrgicas o simplemente diagnósticas han aumentado. Ha habido que limitar la atención médica a diez minutos por paciente o a ser atendido por teléfono, y esta atención no presencial se ha ido imponiendo quizás durante más meses de lo aceptable.

Si tanto el confinamiento como el distanciamiento social han tenido una notable incidencia sobre la salud de personas sin problemas mentales, hasta el punto de que muchas han acabado sufriéndolos, es lógico que quienes ya padecían

---

[30] Defensor del Pueblo Andaluz (2020:312): "*Otro colectivo que nos hacía llegar su queja, durante el periodo de confinamiento ha sido el de celiacos (queja 20/2291), a través del movimiento asociativo, por la dificultad que observaban para la adquisición de productos alimenticios en el estado de restricción de movimientos decretado, derivándose en este supuesto la queja al Defensor estatal, quien había iniciado actuaciones con la Secretaría de Estado de Seguridad para interesarse por este tema*".

trastornos de salud mental se hayan visto particularmente perjudicados por estas medidas, y que se haya producido un incremento o agravación de estos episodios.

Por otro lado, los vaivenes de los poderes públicos sobre las medidas de salud pública de restricción, como el uso de guantes profilácticos o mascarillas, han incentivado el debate público entre quienes manifestaban su absoluto desacuerdo, por considerarlas innecesarias o perjudiciales para la salud, y quienes las creían insuficientes. Además de originar no pocos problemas, tanto las dificultades iniciales para su adquisición, como la aparición de prácticas de precios abusivos[31].

En lo que respecta a la medida relativa a la realización de pruebas diagnósticas PCR, las quejas han surgido fundamentalmente por los criterios establecidos en los protocolos para su realización por el sistema sanitario público, por el retraso en la obtención de resultados y por parte de determinados grupos de riesgo, como los pacientes oncológicos, que demandaban la realización de pruebas PCR aun sin presentar signos ni sospecha de enfermedad COVID19. También, en algunos casos, por la vulneración de derechos fundamentales que suponía la exigencia para la realización de determinadas actividades del "Pasaporte COVID"[32]: viajes internacionales, acceso

---

31 La Orden SND/354/2020, de 19 de abril, por la que se establecen medidas excepcionales para garantizar el acceso de la población a los productos de uso recomendados como medidas higiénicas para la prevención de contagios por el COVID-19, estableció que el precio máximo de venta al público de las mascarillas quirúrgicas no podría superar los 0,96 euros por unidad.

32 El "pasaporte COVID" o "certificado COVID-19" es un documento que verifica el estado de vacunación, pruebas negativas de COVID-19 o recuperación de la enfermedad de una persona. El objetivo principal de este pasaporte es facilitar la libre circulación de las personas dentro de la Unión Europea y permitir la reactivación segura de los viajes y el turismo durante la pandemia: Reglamento (UE) 2021/953

a eventos y espectáculos, hostelería y restauración o actividades culturales. La ciudadanía ha sido hostigada desde todos los frentes con un claro mensaje: "sin certificado COVID no podrás hacer vida normal"[33].

Por último, la decisión de poderes públicos de vacunar a toda la población ha puesto sobre la mesa la necesidad de conciliar el derecho a la integridad física personal, o incluso el derecho individual a la protección de la salud, y la salud pública, que no es otra cosa que un derecho colectivo a la protección de la salud[34].

Lo cierto es que, aunque pareciera lo contrario por la intensidad con la que se ha tratado de persuadir a la población de que la vacunación era necesaria[35], los poderes centrales no la han

---

del Parlamento Europeo y del Consejo de 14 de junio de 2021 relativo a un marco para la expedición, verificación y aceptación de certificados COVID-19 interoperables de vacunación, de prueba diagnóstica y de recuperación (certificado COVID digital de la UE) a fin de facilitar la libre circulación durante la pandemia de COVID-19.

33 Como concluye Chaves Carou (2022:43) el ciudadano acaba asumiendo que a pesar de que no le pueden obligar a vacunarse, no ejercitará plenamente sus derechos hasta que se vacune: "no podemos obligarte a que te vacunes, pero si quieres ser libre, vacúnate". También se ha posicionado en contra de las medidas adoptadas por los poderes públicos para incentivar la vacunación Morales Sancho (2022), quien resumen acertadamente el problema: "*si: i) la vacunación no es un deber, ii) la vacuna —como todo fármaco— tiene efectos secundarios tanto leves (muy comunes) como graves (estos menos frecuentes), iii) la vacuna no evita los contagios ni la transmisión a terceros, iv) quien decide no vacunarse ejerce su derecho fundamental a la integridad física (STC 48/1996 FJ 3) y iv) la exigencia del certificado COVID no es idónea para frenar los contagios (IV.2); ¿se puede someter a cargas a quien no se vacune?*".

34 Puede encontrarse un exhaustivo análisis de la jurisprudencia europea en relación con la vacunación en Sánchez Patrón (2021).

35 Se trataría, en palabras de Rodríguez Fernández (2022b:128), de una vacunación fuertemente incentivada.

impuesto de manera obligatoria. Sin embargo, algunos poderes autonómicos sí han pretendido hacerlo, y se han encontrado con el correspondiente recurso ante el Tribunal Constitucional. A este respecto, cabe señalar que, si bien el Constitucional se ha inclinado por acordar el mantenimiento de la suspensión de los preceptos de aquellas leyes autonómicas de salud que parecen contemplar la vacunación obligatoria, la de Galicia[36] o la del País Vasco[37], o ha admitido a trámite recursos de amparo en defensa de los derechos de personas sin capacidad para consentir, no ha suspendido, en cambio, dichas autorizaciones judiciales[38], y ha optado por desestimar el interpuesto por la vacunación de una persona con Alzheimer[39].

En una situación de normalidad constitucional no sería descartable que el Alto Tribunal considerara contrario a la Constitución la imposición de una vacunación obligatoria a todos los ciudadanos[40]. Pero, en una situación de anormalidad constitucional, en la que numerosos derechos fundamentales están siendo suspendidos de manera consciente, ¿la decisión tiene que ser necesariamente la misma? Quizás

---

36 ATC 74/2021, de 20 de julio. El Gobierno acabó, sin embargo, desistiendo del recurso de inconstitucionalidad tras pactar la modificación de la mencionada ley, de modo que la obligatoriedad de la vacunación ha sido rectificada por una nueva disposición adicional (segunda) de la ley gallega 8/2008 (introducida por el art. 34 de la ley 18/2021, de 27 de diciembre, del Parlamento de Galicia). Cfr. Rodríguez Fernández (2022b:128).

37 ATC 112/2022, de 13 de julio.

38 AATC 139/2022, de 26 de octubre, y 181/2023, de 17 de abril.

39 STC 38/2023, de 20 de abril.

40 Aunque habría de tomar en consideración la Sentencia del Tribunal Europeo de Derechos Humanos de 8 de abril de 2021, caso Vavricka y otros v. República Checa, relativa a la vacunación de menores de edad. Ballester Cardell (2021:185-189) realiza un detallado análisis de esta STEDH.

no sea lo mismo una vacunación contra la gripe con carácter preventivo como se hace todos los años, donde tiene lógica la prevalencia del derecho del individuo a decidir sobre sí mismo, que una vacunación en una situación pandémica de la envergadura, número de enfermos, número de muertos y consecuencias económicas y sociales como la que hemos atravesado. Por lo que cabría plantearse si en situaciones en las que está en riesgo la protección salud pública hasta el extremo de justificar la suspensión de derechos fundamentales, la vacunación puede llegar a ser obligatoria, quedando suspendido así también, puntualmente, el derecho fundamental a la integridad física[41].

Para concluir con este apartado dedicado al derecho a la protección de la salud, debemos hacer mención del hecho de que, a diferencia de lo que haya podido ocurrir en otros países, en

---

41 En el recurso de amparo que resuelve la STC 38/2023, el Tribunal Constitucional constata que la vacunación puede perseguir finalidades legítimas idóneas para justificar, en un contexto determinado, la restricción del derecho fundamental a la integridad personal. La vacunación tiene, en este punto, una doble dimensión tuitiva, pues puede servir tanto para proteger a la persona afectada como para alcanzar fines de interés general, entre los que destaca la protección de la salud colectiva en contextos epidémicos. En esta última dimensión, el Tribunal estima que las políticas públicas de vacunación enlazan con el deber constitucional de los poderes públicos de proteger la salud colectiva con medidas preventivas (art. 43 CE).
No obstante, aunque esta podría ser la solución por la que se inclinara el Tribunal Constitucional con ocasión de los recursos de inconstitucionalidad interpuestos contra las leyes de las Comunidades Autónomas de Galicia y el País Vasco si hubiese tenido que dictar sentencia en plena crisis sanitaria, el contexto en el que se acabará pronunciando será muy distinto y, por tanto, puede que también lo sea el pronunciamiento que finalmente haga.

España no se ha producido, de partida y salvo casos puntuales[42], una discriminación a la hora de recibir atención médica o medicamentos. Sin embargo, no debemos olvidar que la situación de colapso de numerosos centros sanitarios en los momentos álgidos de la crisis impidió acceder a las Unidades de Cuidados Intensivos y a los equipos de ventilación mecánica asistida a determinados pacientes que lo precisaban, con el problema añadido del dilema moral de los profesionales sanitarios de dar prioridad a unos enfermos sobre otros: especialmente significativo y dramático en el caso de los mayores.

4.2. El impacto sobre el derecho al trabajo.

Si en relación con la protección del derecho a la salud las decisiones de los poderes públicos se hicieron esperar más allá de lo razonable, las medidas para tratar de salvaguardar el derecho al trabajo se tomaron con celeridad y, por ello, han tenido un impacto positivo sobre este derecho, sin afectar significativamente a otros derechos constitucionales.

Era previsible que la paralización de la actividad económica, fruto del elevado número de contagiados, pero, sobre todo, del confinamiento y del distanciamiento social decretados por los poderes públicos, trajera consigo el cierre masivo de empresas y la pérdida de infinidad de puestos de trabajo. No era la primera crisis económica a la que había que hacer frente en los últimos años, aunque sí la primera derivada

---

42 La STSJ Comunidad Valenciana 293/2022, de 01 de septiembre, declara que la Generalitat Valenciana, al retrasar su vacuna frente al COVID-19, vulneró el derecho fundamental a la igualdad y a la salud de los médicos que trabajaban en la sanidad privada de la provincia de Alicante, fijando una indemnización de 10.000 euros por daños morales y con condena en costas de 1.500 euros a la Administración demandada.

de una crisis sanitaria, y tal vez por ello se supo reaccionar a tiempo y a adoptar las medidas adecuadas.

Estas medidas han sido básicamente cuatro: el establecimiento de unos servicios esenciales, que debían cumplir con el deber de trabajar recogido en el art. 35 CE; la apuesta por el teletrabajo siempre que ello fuera posible; la extensión de los expedientes de regulación temporal de empleo (ERTE); y el mantenimiento de las prestaciones sociales. De ellas, las dos primeras podríamos decir que son consecuencia directa de la crisis sanitaria, mientras que las últimas lo serían de la subsiguiente crisis económica.

No obstante, pese a la eficacia demostrada por estas medidas para garantizar el derecho al trabajo de todos los españoles reconocido en el art. 35 CE, los informes de los Defensores ponen de manifiesto no pocas dificultades a la hora de acometer su puesta en práctica.

Uno de los grandes desafíos para los poderes público al comienzo de la pandemia fue la determinación de qué servicios, qué sectores de actividad, qué empresas o qué puestos de trabajo eran considerados esenciales o fundamentales para garantizar el funcionamiento básico del país y atender las necesidades básicas de la población[43]. Porque, pese al

---

[43] La determinación de qué se considera esencial y qué no ha sido objeto de no pocas polémicas. Algunos de los servicios esenciales que se mantuvieron operativos durante ese período fueron: 1) Sanidad y servicios de salud: los hospitales, centros de salud, personal médico y farmacias continuaron prestando atención médica y suministrando medicamentos a la población; 2) Seguridad y emergencias: las fuerzas de seguridad, como la policía y los bomberos, estuvieron en funcionamiento para mantener el orden público, asegurar el cumplimiento de las medidas de seguridad y responder a situaciones de emergencia; 3) Abastecimiento de alimentos: los supermercados, tiendas de alimentación y mercados de abastos permanecieron abiertos para asegurar el suministro de alimentos y productos bá-

confinamiento generalizado de la población y las medidas profilácticas y de distanciamiento social, quienes desempeñaban tales actividades, una vez decretada la esencialidad del servicio, estaban obligadas a trabajar, fueran cuales fueran las circunstancias, pudiendo ver vulnerado así, entre otros[44], su derecho a la protección de la salud.

Según relata el informe *Actuaciones ante la pandemia de covid-19* del Defensor del Pueblo, coincidiendo con el inicio del estado de alarma, se recibieron varias quejas y consultas de trabajadores de empresas de sectores esenciales en el ámbito privado (teleinformación, infraestructuras, servicios sanitarios privados, transporte...) denunciando fundamentalmente la falta de adopción de medidas de protección para prevenir el riesgo de contagio por parte de las correspondientes empresas[45].

---

sicos; 4) Transporte y logística: los servicios de transporte público, como autobuses, metros y trenes, continuaron operativos para permitir los desplazamientos esenciales, como ir al trabajo o acudir a centros sanitarios; 5) Energía y suministro de agua: las empresas encargadas del suministro de electricidad, gas y agua garantizaron el abastecimiento continuo de estos servicios esenciales; 6) Comunicaciones: los servicios de telecomunicaciones y medios de comunicación se mantuvieron activos para facilitar la comunicación y el acceso a información relevante durante la crisis sanitaria.

44 Aunque formalmente el derecho a la huelga de estas personas no fue suspendido, ni limitado, en la práctica quedó inoperativo: un ejemplo más de la afectación inconsciente de derechos constitucionales que antes comentábamos.

45 Defensor del Pueblo Andaluz (2020:173): "*Sin perjuicio de no poder intervenir de una manera directa en estos casos, al tratarse de empresas de naturaleza jurídico-privada, informamos a las personas interesadas que, en principio, el art. 5 del Real Decreto-Ley 8/2020, contempla que se establezcan sistemas de organización que permitan mantener la actividad de la empresa por mecanismos alternativos, particularmente por medio del teletrabajo. Y, para cuando esto no resulte posible, debe tenerse en cuenta que el art. 21 de la Ley 31/1995, de 8 de noviembre, de Prevención de Riesgos Laborales, prevé que si las personas trabajadoras estuvieran o pudieran estar expuestas*

Pero, si estamos hablando de trabajos esenciales, nada más esencial durante una crisis sanitaria que el trabajo de los profesionales de la sanidad. Por tanto, es aquí también donde era previsible que se produjeran y se han producido los mayores conflictos entre los arts. 35 y 43 CE, haciendo llegar el personal de los centros sanitarios, así como sus representantes sindicales y corporativos, numerosas denuncias a los Defensores sobre la grave situación que afectaba a estos profesionales por la falta de medios de protección para el desarrollo de sus delicadas funciones durante este periodo. Es sabido que se ha estado trabajando en los centros públicos sanitarios con batas permeables, con chubasqueros, bolsas de basura, gafas de buceo y agudizando el ingenio ante la falta de medios para protegerse frente al COVID-19. Sin embargo, aunque estas denuncias, además de a los Defensores[46], han acabado llegando al ámbito judicial, por el momento no han prosperado los intentos de exigir responsabilidades a las administraciones públicas por la desprotección de la salud de estos profesionales[47].

---

a un riesgo grave e inminente con ocasión de su trabajo, la empresa estaría obligada a informar lo antes posible acerca de la existencia de dicho riesgo, y a adoptar las medidas y dar las instrucciones necesarias para que, en caso de peligro grave, inminente e inevitable, las personas trabajadoras puedan interrumpir su actividad y, si fuera necesario, abandonar de inmediato el lugar de trabajo".

46 La reacción de los Defensores no ha podido ser otra que la de demandar a las Administraciones que se actuara de forma inmediata para proporcionar las medidas y equipos de protección que están obligados a facilitar a los profesionales sanitarios para el cumplimiento de sus funciones sin riesgos para su salud.

47 Las SSTSJ Comunidad Valenciana 3210/2022, 3211/2023 y 3212/2023, todas ellas de 25 de octubre, eximen a la Generalitat de indemnizar por daños morales a los profesionales sanitarios por la falta de material y equipos de protección frente a la Covid-19 entre los meses de marzo y junio de 2020, porque adoptó una serie de medidas para minimizar los riesgos y las consecuencias sobre los

Por otra parte, debemos poner de manifiesto que las distintas administraciones públicas establecieron, tras decretarse el confinamiento, el carácter preferente de la actividad no presencial, siempre que ello fuera posible, autorizando el teletrabajo salvo para los servicios considerados esenciales, como medida para evitar contagios y salvaguardar así el derecho a la protección de la salud[48]. No obstante, esta manera de desarrollar la jornada laboral ha tenido como contrapartida que hayan surgido numerosas dudas en relación con el cumplimiento de la normativa relativa a prevención de riesgos laborales, que resulta difícil de garantizar en los domicilios particulares.

Una vez superada la fase de confinamiento, los Defensores recibieron numerosas quejas relativas a falta de medidas eficaces de protección en materia de seguridad y salud en el trabajo de los empleados públicos, entre las que cabe destacar las que reclamaban que se mantuviera el sistema de teletrabajo durante toda la crisis sanitaria, ya que consideran que la actividad presencial implicaba un alto riesgo de contagio. Por tal motivo, se recomendó que para las incorporaciones a los centros de trabajo se tuviera en cuenta, con carácter previo, determinadas circunstancias que pudieran concurrir en los empleados públicos y que dieran lugar a su inclusión en los grupos de personas de riesgo que se definieran a estos efectos, así como su relación con los niveles de riesgo de las tareas a realizar.

---

trabajadores del sector: "*Aunque es cierto que en los primeros momentos de la pandemia hubo una escasez de EPI (equipos de protección individual) también lo es que desde esos momentos iniciales se desplegó una indudable actividad preventiva (…), que si bien resultó insuficiente, mucho tuvo que ver en ello la imprevisibilidad de la situación por sus alarmantes dimensiones y la rapidez con que se propagó el virus*".

48 Para contribuir a ello, tanto las administraciones como las grandes empresas han asumido el coste de los equipos informáticos portátiles para que todos sus empleados pudieran trabajar a distancia.

Tras la pandemia, el mantenimiento del teletrabajo se ha convertido en una reivindicación en muchos sectores, y en especial en las administraciones públicas, lo cual puede acabar provocando, en determinados casos, una colisión con el derecho del conjunto de los ciudadanos a una buena administración y a la prestación de unos servicios públicos adecuados. Por el momento, no se reconoce como un derecho, sino como una modalidad de prestación del trabajo, de uno o varios días a la semana. Y, si bien es cierto que puede acabar teniendo beneficios en términos de conciliación de la vida laboral y familiar (menor tiempo *in itinere*) y de ahorro de determinados costes, fundamentalmente energéticos (electricidad, transporte), y medioambientales, habrá que estar atento a que el rendimiento de los empleados públicos no se vea resentido[49].

Pero, sin duda, una de las medidas más importantes para mantener los puestos de trabajo y limitar los catastróficos efectos de la crisis sanitaria en el empleo fue la adoptada tres días después de declararse el estado de alarma. El Real Decreto-ley 8/2020, de 17 de marzo, de medidas urgentes extraordinarias para hacer frente al impacto económico y social del COVID-19, posibilitó que los expedientes de regulación temporal de empleo (ERTEs) que tuvieran su causa directa en pérdidas de actividad ocasionadas por esta situación fueran considerados como provenientes de una situación de fuerza mayor[50],

---

49 Entre los principales problemas que plantea el teletrabajo está el de quién tiene la obligación de asumir todos los costes que trae consigo (conexión domiciliaria a internet, costes energéticos en el hogar, etc.), además de la dificultad de determinar en muchas ocasiones qué tareas o puestos pueden ser desempeñados en este régimen y cuáles no (atención al público, registro, conductores, bibliotecas), lo que genera tensiones y conflictos laborales.

50 Además, como apunta Dueñas Herrero (2021:11), se procura un procedimiento de tramitación bastante ágil y sencillo, que altera las reglas hasta ahora vigentes en los ERTEs.

ampliándose con ello las condiciones de acceso a las prestaciones correspondientes por parte de los trabajadores y estableciéndose exoneraciones en las cotizaciones sociales de las empresas afectadas por esta situación[51].

No obstante, pese al acierto de estas medidas, los Defensores se han visto en la obligación de actuar para atender las numerosas quejas recibidas[52]: de un lado, por incidencias en la tramitación y pago de prestaciones por desempleo, fundamentalmente por retrasos, así como de otras prestaciones contributivas de Seguridad Social; de otro, por los retrasos en la resolución de expedientes de pensiones no contributivas, dada la necesidad urgente de acceder a estas prestaciones por parte de muchas familias para poder atender sus necesidades básicas de subsistencia. Y, fruto de estas actuaciones, no han sido pocas las recomendaciones y recordatorios que han dirigido los Defensores a las distintas administraciones públicas para tratar de garantizar el derecho al trabajo[53].

---

51 La situación excepcional que se ha vivido en el ámbito laboral durante esta crisis sanitaria ha tenido su reflejo más elocuente en el elevadísimo número de ERTE tramitados y de trabajadores afectados por los mismos durante este periodo. Así, poniendo como ejemplo el caso de Andalucía, según datos de la Consejería de Empleo, Formación y Trabajo Autónomo, en el mes de mayo de 2020 se habían presentado en esta Comunidad Autónoma 97.474 solicitudes de ERTE por fuerza mayor, que afectaron a 511.513 trabajadores, frente a las 215 solicitudes tramitadas y 5.289 trabajadores afectados en todo el año 2019.

52 En este ámbito, dado que corresponde a la Administración General del Estado la competencia en relación con los Expedientes de Regulación de Empleo (ERTE) y prestaciones por desempleo, las quejas han ido fundamentalmente dirigidas al Defensor del Pueblo nacional, si bien, los defensores autonómicos han recibido las quejas en relación con las pensiones no contributivas dado que son de competencia autonómica.

53 Como ejemplo, y con independencia de las medidas que dependen de la Administración del Estado, el Defensor del Pueblo Andaluz, se

4.3. El impacto sobre el derecho a la vivienda.

El derecho a la vivienda, recogido como principio rector de la política social y económica en el art. 47 CE, ha tenido una considerable evolución en su interpretación desde 1978 hasta la actualidad y la pandemia ha servido para remarcar su importancia para el ejercicio de otros derechos constitucionales. Por ello, los poderes públicos, como veremos a continuación, se han esforzado en adoptar medidas para, de un lado, garantizar que la crisis económica derivada de la sanitaria no supusiera para muchas familias la pérdida de su espacio vital y, de otro, posibilitar que dicho espacio vital siguiera conservando los estándares de habitabilidad que resultan hoy día exigibles para considerar que la vivienda es digna y adecuada.

Por su parte, los Defensores han sido especialmente reivindicativos -más que en relación con otros derechos constitucionales- a la hora de demandar soluciones a las vulneraciones de este derecho que se podían estar produciendo, lo que puede denotar, tal vez, cierta *especialización* o preferencia de estas Instituciones hacia determinados problemas sociales.

A) El derecho a la vivienda como espacio vital

Podemos compartir que el derecho a la vivienda es condición necesaria para el ejercicio de otros derechos constitucionales, como son el de la intimidad personal (artículo 18.1 CE.), la inviolabilidad del domicilio (artículo 18.2 CE), la libertad de residencia (artículo 19.1 CE), la protección de la familia

---

dirigió a la Consejería de Igualdad, Políticas Sociales y Conciliación, a fin de que, a la mayor urgencia, se pusieran en práctica las medidas oportunas que permitieran agilizar la gestión de los expedientes de prestaciones no contributivas en todas las provincias andaluzas. Defensor del Pueblo Andaluz (2020:185).

(artículo 39.1 CE), etc., y, en definitiva, el libre desarrollo de la personalidad que quiere garantizar el artículo 10.1 CE. Pero, desde el momento en el que se acuerda el confinamiento obligatorio de la población, la vivienda se convierte, además, en la primera línea de defensa contra el coronavirus[54] y, por tanto, en un elemento *sine qua non* para garantizar el derecho a la protección de la salud.

Ahora bien, en relación con la vivienda pueden darse distintas situaciones: a) la situación de quienes ya tienen vivienda, pero la pierden porque se deja de percibir ingresos por el cese de actividad económica decretada por el estado de alarma; b) la de quienes se encuentran en esos momentos en los que llega la crisis en procedimientos de desahucio: ya partía de una mala situación, pero si se ejecuta el desahucio, no solo se va a producir una vulneración del derecho a la vivienda, sino también del derecho a la salud; y c) la de quienes viven directamente en la calle por no tener vivienda.

En el primer caso, las medidas adoptadas por poderes públicos han ido desde la moratoria de las deudas hipotecarias[55], hasta las prórrogas forzosas de los contratos de alquiler[56]. Estas medidas han tenido un impacto evidente durante

---

54 Así lo ha afirmado Leilani Farha, Relatora Especial de la ONU para el derecho a una vivienda adecuada: http://unhousingrapp.org/user/pages/07.press-room/COVID19%20Press%20Release%20ES.pdf

55 La moratoria de las deudas hipotecarias ha permitido a los propietarios de viviendas en situación de vulnerabilidad económica suspender temporalmente el pago de sus hipotecas. Esto ha evitado posibles desahucios y ha brindado un respiro financiero a aquellos hogares que han experimentado dificultades para cumplir con sus obligaciones hipotecarias debido a la pérdida de empleo, reducción de ingresos u otras circunstancias relacionadas con la pandemia.

56 Las prórrogas forzosas de los contratos de alquiler han permitido a los inquilinos extender automáticamente la duración de sus con-

la pandemia, proporcionando alivio y protección a los ciudadanos que se han visto afectados económicamente por la crisis sanitaria, pese a la paradoja de que para poder recibir estas prestaciones se debía acreditar que se había sufrido una pérdida de ingresos como consecuencia de la crisis, y poco podían acreditar en este sentido quienes viven habitualmente en las condiciones de precariedad de la economía sumergida. Por otra parte, como las reparaciones no estaban consideradas como un servicio esencial, el derecho a la vivienda podía acabar viéndose afectado por un derrumbe que obligara al desalojo inmediato o a una pérdida de la habitabilidad.

Por lo que se refiere a los desahucios, se debe destacar el hecho de que las quejas relativas a estos procedimientos, que en los últimos años habían ido en aumento en los Defensores, han disminuido drásticamente durante los meses de pandemia, debido a la suspensión de las actuaciones judiciales y de los plazos procesales durante la situación especial de estado de alarma, pero sobre todo muy especialmente como consecuencia de la suspensión de los desahucios acordada en el Real Decreto-ley 11/2020, de 31 de marzo[57].

Sin embargo, no se puede desconocer que estas medidas en favor de los más desfavorecidos provocan en muchos casos la vulneración de otro derecho, igualmente recogido en la Constitución -y en la Declaración Universal de Derechos Humanos-, como es el derecho a la propiedad privada (art. 33.1 CE). Las vulneraciones de este derecho constitucional han acabado afectando, incluso, a personas en idéntica situación vulnerable

---

tratos de arrendamiento durante la crisis sanitaria. Esto ha evitado desalojos y ha proporcionado estabilidad habitacional a las personas que han tenido dificultades para pagar el alquiler debido a la pérdida de empleo o a la disminución de sus ingresos.

57 Esta decisión se ha ido prorrogando en sucesivos reales decretos-ley (Real Decreto-ley 37/2020; Real Decreto-ley 8/2021).

y por el mismo motivo de la crisis sanitaria-económica. En este sentido, se han recibido quejas en los Defensores en las que algunos ciudadanos manifestaban su preocupación porque el desahucio que habían instado o esperaban conseguir como propietarios de los inmuebles se iba a retrasar con ocasión del estado de alarma y de las medidas antes comentadas, cuando se habían visto obligados a alquilar la vivienda y recurrir al acogimiento familiar para hacer frente a una deuda hipotecaria[58].

Finalmente, en lo que respecta a las personas sin vivienda, los Defensores han llamado la atención sobre la doble vulneración que provoca el no disponer de ella: "*No podemos dejar de abundar en este relato las problemáticas que se nos han planteado relacionadas con la crisis sanitaria a causa de la COVID-19, la quimera que ha supuesto para las personas y familias que no tienen un hogar, que viven en infraviviendas y en asentamientos chabolistas adoptar las medidas de prevención para evitar el contagio, como son las higiénicas con el lavado frecuente de manos, la distancia social o el confinamiento en la casa, sencillamente porque o no la tienen, o no tienen servicio de suministro de agua, o se producen importantes situaciones de hacinamiento con lo que el distanciamiento social es imposible. Son familias que no han podido satisfacer necesidades básicas y primarias como la alimentación al carecer totalmente de ingresos al depender de la economía informal, o no poder ejercer el derecho a la educación de sus hijos e hijas por carecer de infraestructuras de telecomunicaciones, además del analfabetismo digital, o no poder acceder a los servicios sanitarios y a medidas básicas de prevención como mascarillas, geles desinfectantes, etc.*".[59]

---

58 Las limitaciones a la movilidad establecidas por los poderes públicos también han tenido un impacto negativo sobre el derecho de propiedad, al aumentar el número de ocupaciones de vivienda provocadas por no poder desplazarse durante meses a la segunda residencia.

59 Defensor del Pueblo Andaluz (2020:387).

B) El derecho a una vivienda con los servicios básicos

Como mencionábamos previamente, el derecho a la vivienda no se limita hoy día en exclusiva al acceso a un techo, sino que abarca también el derecho a disfrutar de ciertos servicios que resultan cada vez más indispensables -y crecientes-. Es lógico, por tanto, que si el debate sobre la existencia de un derecho a contar en el domicilio con una serie de servicios básicos, aun cuando no se puedan pagar en tiempo y forma, llevaba tiempo sobre la mesa, se haya visto alimentado por un confinamiento domiciliario obligatorio, que los ha hecho imprescindibles, y la evidencia de que muchos hogares no contaban con ellos.

Por este motivo, una de las primeras medidas que adoptó el Gobierno poco después de la declaración del estado de alarma fue dirigida precisamente a garantizar estos servicios de interés general. Así, el Real Decreto-ley 8/2020, de 17 de marzo, de medidas urgentes extraordinarias para hacer frente al impacto económico y social de la COVID-19, establecía que los suministradores de energía eléctrica, gas natural y agua no podrían suspender el suministro a aquellos consumidores en los que concurriera la condición de consumidor vulnerable, vulnerable severo o en riesgo de exclusión social. Asimismo, prorrogaba la vigencia del bono social eléctrico para aquellos casos en que el mismo se agotase durante dicho periodo y suspendía la revisión para los siguientes tres bimestres de los precios máximos de venta al público de los gases licuados del petróleo envasados, para evitar el alza de su precio.

Por lo que se refiere a los servicios de telecomunicaciones, el Real Decreto-ley 8/2020, de 17 de marzo, calificaba a las redes y servicios de comunicaciones electrónicas como imprescindibles y estratégicas, y apuntaba que era "*imprescindible asegurar el mantenimiento de la conectividad y que los servicios de comunicaciones electrónicas se sigan prestando por los operadores, al menos, en las mismas condiciones que en la actualidad*". Por ello, se estableció la medida de que, mientras estuviese en vigor el estado de alarma, los operadores de telecomunicaciones debían mantener los servicios de comunicaciones electrónicas disponibles al público contratados por sus clientes, de forma que no podrían suspenderlos o interrumpirlos, aunque constase dicha posibilidad en los contratos de servicios suscritos entre operadores y consumidores[60].

Pocos días más tarde, con el Real Decreto-ley 11/2020, de 31 de marzo, por el que se adoptan medidas urgentes complementarias en el ámbito social y económico para hacer frente a la COVID-19, estas garantías se acentuaron, al disponer de forma taxativa que mientras estuviese en vigor el estado de alarma, no podría suspenderse el suministro de energía eléctrica, productos derivados del petróleo, incluidos los gases manufacturados y los gases licuados del petróleo, gas natural y agua en ningún domicilio que tuviera la consideración de primera vivienda[61].

Por otra parte, este Real Decreto-ley 11/2020, de 31 de marzo, llevaba a cabo también una ampliación del ámbito subjetivo del bono social eléctrico, al posibilitar la condición de beneficiarios, de manera excepcional y temporal, a las personas físicas, en su vivienda habitual, con derecho a contratar el Precio Voluntario para el Pequeño Consumidor, que tuvieran una

---

60 Asimismo, se establecieron determinadas medidas para garantizar la prestación del servicio universal de telecomunicaciones, manteniendo a los beneficiarios existentes y asegurando especialmente la prestación del servicio de acceso funcional a Internet en condiciones de asequibilidad.

61 La norma especificaba, además, que no se podrían realizar cortes incluso aunque constase dicha posibilidad en los contratos de suministro o acceso suscritos por los consumidores, y establecía que el periodo de tiempo en que estuviese en vigor el estado de alarma no computaría a efectos de los plazos de los procedimientos de suspensión del suministro iniciados con anterioridad a dicho periodo.

renta igual o inferior a determinados umbrales referenciados al Indicador Público de Renta de Efectos Múltiples (IPREM)[62], y acreditasen ante la comercializadora de referencia haber cesado en su actividad profesional como profesionales autónomos o haber visto su facturación reducida en un 75 por ciento en promedio respecto al semestre anterior.

Finalmente, el Real Decreto-ley 37/2020, de 22 de diciembre, de medidas urgentes para hacer frente a las situaciones de vulnerabilidad social y económica en el ámbito de la vivienda y en materia de transportes, extendió en su disposición adicional cuarta la garantía de suministro de agua y energía a otros consumidores considerados vulnerables[63].

---

62 Es un indicador utilizado en España como referencia para determinar la cuantía de determinadas ayudas, subvenciones, becas y prestaciones sociales. Fue creado con el objetivo de establecer una medida común que permitiera determinar la capacidad económica de las personas y familias.

63 DA 4ª: "*Mientras esté vigente el actual estado de alarma no podrá suspenderse el suministro de energía eléctrica, gas natural y agua a aquellos consumidores en los que concurra la condición de consumidor vulnerable, vulnerable severo o en riesgo de exclusión social definidas en los artículos 3 y 4 del Real Decreto 897/2017, de 6 de octubre, por el que se regula la figura del consumidor vulnerable, el bono social y otras medidas de protección para los consumidores domésticos. Para acreditar la condición de consumidor vulnerable ante las empresas suministradoras de gas natural y agua bastará la presentación de la última factura de electricidad en la que se refleje la percepción del bono social de electricidad. Asimismo, para los consumidores anteriores, el periodo durante el que esté en vigor esta medida no computará a efectos de los plazos comprendidos entre el requerimiento fehaciente del pago y la suspensión del suministro por impago establecidos en la normativa vigente. También será de aplicación la prohibición de la suspensión de suministro descrita en el apartado 1 a aquellos consumidores que, no pudiendo acreditar la titularidad del contrato de suministro, cumplan con los requisitos que dan derecho al reconocimiento de la condición de consumidor vulnerable o vulnerable severo, de acuerdo con el artículo 3 del Real Decreto 897/2017, de 6 de octubre, mediante acreditación*

No obstante, pese a las numerosas medidas de los poderes públicos para reducir el impacto de la crisis en la perspectiva del derecho a la vivienda que ahora estamos abordando, y a ser cierto que las disposiciones adoptadas para garantizar a las personas el acceso a estos servicios de interés general en condiciones de igualdad, asequibilidad y universalidad han resultado claves para la viabilidad social de las restricciones a la movilidad decretadas por el Gobierno de la Nación, los Defensores han mostrado una especial preocupación, a la luz del contenido de sus informes, por estas cuestiones[64].

Esta preocupación, sin embargo, lejos de ser circunstancial, resulta indicativa de la deriva emprendida hace tiempo por los Defensores -en especial de los autonómicos- hacia la protección preferente de los derechos sociales y de los principios rectores de la política social y económica de quienes son considerados como más vulnerables, lo que en esta pandemia contrasta significativamente con la dedicación prestada a las vulneraciones masivas, conscientes e inconscientes, de derechos consagrados en la Constitución como fundamentales.

---

por certificación de dicha circunstancia por los servicios sociales competentes o por mediadores sociales ante la empresa suministradora".

64 En esta línea, se ha llegado a preguntar el Defensor del Pueblo Andaluz (2020:485) por qué el acceso a los servicios básicos en condiciones de igualdad, universalidad y asequibilidad no está garantizado en circunstancias normales, si son básicos para la comunidad y esencial para el normal desenvolvimiento de la vida cotidiana de cualquier persona, abogando por un reconocimiento a nivel constitucional o estatutario, para que su protección no derive de la establecida para otros derechos a los que está íntimamente ligado, como el derecho a la educación; a la salud; al trabajo; a acceder a la cultura; a la defensa de consumidores y usuarios; o a disfrutar de una vivienda digna y adecuada.

5. CONCLUSIONES.

Esta última quizás sea una de las primeras conclusiones que convenga extraer de la actuación de los Defensores durante la crisis que hemos atravesado y que merece una comparación con lo sucedido en otros países. En situaciones de normalidad democrática y del sistema de derechos constitucionales, las libertades públicas y los derechos fundamentales de primera generación cuentan con suficientes mecanismos de protección, incluidos los tribunales ordinarios, para ver garantizados su ejercicio, por lo que el número de casos de vulneraciones que podrían requerir la intervención de los Defensores es ciertamente reducido. Mientras que aquellos otros derechos que cuentan con menos garantías constitucionales o que implican el establecimiento de costosas prestaciones públicas con destino a colectivos desfavorecidos, encuentran una fácil vía de canalización de demandas a través de estas Instituciones, que se convierten así en una especie de *procuradores sociales*. Y así podemos decir que se han seguido comportando los Defensores en España durante esta crisis sanitaria, económica y del sistema de derechos constitucionales, pese a que la situación no ha sido precisamente de normalidad y a que, a diferencia de lo que sucede en dichas situaciones, los derechos que han sufrido las mayores limitaciones y suspensiones, conscientes e inconscientes, y con un mayor número de ciudadanos afectados -incluidos los más vulnerables-, no han sido los derechos sociales, sino buena parte de los considerados por la Constitución como fundamentales.

De este modo, la situación vivida parece evidenciar la paradoja de que, mientras que los derechos fundamentales clásicos (libertad de circulación, reunión) pueden verse limitados o suspendidos, los derechos que implican prestaciones sociales, que devienen más difíciles de atender si cabe en tales circunstancias, lejos de reducirse o anularse, se extienden, potencian y reafirman con una mayor intensidad, rompiendo así el esquema que a priori cabría deducir del Título I de la Constitución. Los principios rectores de la política social y económica, en aspectos en ocasiones directamente plasmados en el texto constitucional, pero en otras incluso de una manera muy derivada -como la relativa a los servicios básicos-, se acaban así *fundamentalizando* por encontrar alguna conexión con derechos formalmente fundamentales. Y en esta tarea los Defensores se han convertido en una pieza clave.

Los Defensores, por tanto, al seguir con su dinámica de funcionamiento habitual, han sabido reaccionar de una manera más adecuada ante las vulneraciones o los riesgos de vulneración de los derechos sociales, que ante las limitaciones y suspensiones de derechos provocadas por las declaraciones de estados de alarma. Tal vez porque la configuración interna de las propias instituciones está mejor organizada en áreas o departamentos para esa finalidad cotidiana, o porque los colectivos desfavorecidos, al ser *clientes habituales*, cuentan con una maquinaria mejor engrasada para hacer llegar sus demandas, los Defensores han hecho una gran labor durante la pandemia en defensa de los derechos de los más vulnerables, pero quizás no tanto en la defensa de los derechos más afectados: los suspendidos o limitados para el conjunto de la población.

Se ha observado así una falta de capacidad de reacción ante las principales medidas adoptadas por los poderes públicos (confinamiento, distanciamiento social, prescripción del uso de mascarillas durante más de mil días, realización obligatoria de pruebas diagnósticas, pasaporte Covid), que han sido asumidas por los Defensores sin aparente discusión y dando por hecho que, si existía un pretendido consenso científico en su utilidad para afrontar la pandemia, las vulneraciones de derechos fundamentales que conllevaran debían ser soportadas[65],

---

65 Como apunta Rodríguez Fernández (2020a:24-25) algunas doctrinas sobre los derechos fundamentales vienen colocando la libertad

sin valorar si quiera si había otras más respetuosas o con un menor impacto en los derechos constitucionales.

Lamentablemente, es posible que esta no sea la última pandemia, ni la última vez que nos veamos enfrentados a una declaración de estado excepcional en nuestras vidas. Por lo que sería bueno recordar la próxima vez que cualquier suspensión o limitación de derechos acordada por los poderes públicos debe reunir unos requisitos mínimos de explicitación de los derechos en juego, una correcta ponderación de estos y la validación de las medidas bajo el prisma del principio de proporcionalidad[66]. Y todos ellos deberían ser objeto de control también por parte de los Defensores, incluso con carácter previo, mediante algún tipo de participación informal a la hora de decidir qué derechos constitucionales se van a ver afectados.

Porque no podemos perder de vista que por bondadosas y eficaces que puedan parecer las medidas que se planteen para salvaguardar derechos o bienes jurídicos dignos de protección, acababan teniendo un impacto, tanto consciente como inconsciente, en otros derechos constitucionales, cuando no en el mismo que se trata de proteger. En este terreno los Defensores, tanto el estatal como los autonómicos, están llamados, sin duda, a jugar en próximas crisis un importante papel, que debe extenderse al conjunto de derechos reconocidos en la Constitución y no solo a los que refuerzan su imagen social.

---

restringida y las razones de la restricción en un mismo nivel de análisis, olvidando que cuando la Constitución dota del atributo de la *fundamentalidad* a algunas de sus normas trata de asegurar que el ejercicio del poder político, legítimamente orientado a la resolución de los problemas del momento, se verifique con el menor sacrificio de libertad posible.

66 Además, lógicamente, de abordar la necesidad, como propone Serra Cristobal (2023:250-254), de adoptar una ley de carácter orgánico que regule presentes y futuras emergencias sanitarias como la causada por la COVID-19.

6. REFERENCIAS.

- Ballester Cardell, M. (2021). Vacunas obligatorias y principios constitucionales: una importante decisión del Tribunal Europeo y una mirada a los problemas de la vacunación contra el COVID-19. *Anuario Parlamento y Constitución*, 22, 177-200.

- Biglino Campos, P.; Durán Alba, F. (2021). *Los Efectos Horizontales de la COVID sobre el sistema constitucional*, Colección Obras colectivas, Fundación Manuel Giménez Abad, Zaragoza.

- Carmona Cuenca, E. (2021). Estado de alarma, pandemia y derechos fundamentales ¿limitación o suspensión? *Revista De Derecho Político*, 112, 13–42.

DOI: https://doi.org/10.5944/rdp.112.2021.32214

- Chaves Carou, M. (2022). El efecto coactivo del certificado covid. *Revista de Derecho de la Universidad Nacional de Educación a Distancia*, 29, 17-50.

DOI: https://doi.org/10.5944/rduned.29.2022.34281

- Cotino Hueso, L. (2021). La (in)constitucionalidad de las restricciones y suspensión de la libertad de circulación por el confinamiento frente a la covid. Garrido López, C. (coord.) Excepcionalidad y Derecho: el estado de alarma en España, Colección Obras colectivas, Fundación Manuel Giménez Abad, Zaragoza.

DOI: https://doi.org/10.47919/FMGA.OC21.0004

- Defensor de Pueblo (2020). *Actuaciones ante la pandemia de covid-19*, Defensor del Pueblo, Madrid.

- Defensor del Pueblo Andaluz (2020). *Derechos de la ciudadanía durante la COVID-19. Primera ola de la pandemia*, Defensor del Pueblo Andaluz, Sevilla.

- Delgado del Rincón, L.E. (2020). Algunas consideraciones sobre el Derecho a la protección de la salud y el bien jurídico de la salud colectiva en tiempos de pandemia. Biglino Campos, P.; Durán Alba, F. *Los Efectos Horizontales de la COVID sobre el sistema constitucional*, Colección Obras colectivas, Fundación Manuel Giménez Abad, Zaragoza.

DOI: https://doi.org/10.47919/FMGA.OC20.0017.

- Dueñas Herrero, L.J. (2020). El Derecho al trabajo y las medidas laborales adoptadas para superar las crisis sanitaria y económica. Biglino Campos, P.; Durán Alba, F. *Los Efectos Horizontales de la COVID sobre el sistema constitucional*, Colección Obras colectivas, Fundación Manuel Giménez Abad, Zaragoza.

DOI: https://doi.org/10.47919/FMGA.OC20.0016

- Federación Iberoamericana de Ombudsman (2021). *Estados excepcionales y COVID-19*, XVIII Informe sobre Derecho Humanos, Defensor de Pueblo, Madrid.

- González Moro, A. (2021). Repertorio bibliográfico sobre el derecho de excepción español en perspectiva constitucional. *Teoría y Realidad Constitucional*, 48, 561-589.

DOI: https://doi.org/10.5944/trc.48.2021.32262

- Marín Gámez, J. A. (2022). Constitucionalismo y derechos en tiempos de pandemia: "Salus Publica Suprema Lex". *Revista Estudios Jurídicos*. Segunda Época, 22, e7529.

DOI: https://doi.org/10.17561/rej.n22.7529

- Morales Sancho, G. A. (2022). Pasaporte COVID a examen. Nudging y derechos fundamentales. *Revista De Derecho Político*, (115), 171–204.

DOI: https://doi.org/10.5944/rdp.115.2022.36334

- Revenga Sánchez, M., y López Ulla, J.M. (2021). El dilema limitación/suspensión de derechos y otras «distorsiones» al hilo de la pandemia, *Teoría y Realidad Constitucional*, n.º 48, 2021, pp. 215-237.

- Rodríguez Fernández, I. (2022a). *Las restricciones sacrificiales de los derechos fundamentales*, Marcial Pons, Madrid.

- Rodríguez Fernández, I. (2022b). La delimitación y características de las restricciones sacrificiales de los derechos fundamentales. *Revista Española de Derecho Constitucional*, 126, 119-152.

DOI: https://doi.org/10.18042/cepc/redc.126.04

- Sánchez Patrón, J. M. (2021). La vacunación en la jurisprudencia europea. *Revista de Derecho Comunitario Europeo*, 69, 511-553.

DOI: https://doi.org/10.18042/cepc/rdce.69.02

- Serra Cristóbal, R. (2023). Enfrentar riesgos para la seguridad sanitaria en el marco de un estado de derecho. Lecciones a aprender de la COVID-19. *Teoría y Realidad Constitucional*, 51, 231-257.

Algunos impactos de la contingencia sanitaria de la COVID-19 entorno al derecho a la salud y otros derechos humanos en México.

PAULINA ELISA LAGUNES NAVARRO
INFOTEC Centro de Investigación e Innovación en Tecnología de la Información y Comunicación.

SUMARIO: 1.- Introducción. 2.- Contexto jurídico del derecho humano a la salud. 3.- Algunos dilemas bioéticos en la COVID-19 y de derechos humanos. 4.- Conclusiones. 5.- Referencias.

1. INTRODUCCIÓN

El virus del SARS-Cov-2 (también conocido como COVID-19) es una enfermedad transmitida entre la especie humana a través de las secreciones respiratorias y aerosoles (*vg.* estornudos o tos). Así mismo, este virus puede permanecer en las superficies por un periodo de tiempo de 24 hasta 72 horas (dependiendo del material). Además de que el índice de contagio es alto dado que un individuo puede contagiar de 2 a 5 personas y de ahí el crecimiento exponencial (que se vio reflejado en las diversas olas de la contingencia sanitaria).[1]

---

1 Sanche S, Lin YT, Xu C, Romero-Severson E, Hengartner N, Ke R. High contagiousness and rapid spread of acute severe respiratory

Adicionalmente, el periodo de incubación es de 1 a 14 días considerando la media entre los días 5 y 6.[2]

Dicha enfermedad surgió en Wuhan, China, y para el 11 de enero de 2020 aconteció el primer deceso por la referida enfermedad. Para el 30 de enero de 2020, la Organización Mundial de la Salud (OMS) declaró el estado de emergencia a nivel internacional al COVID-19 y, posteriormente, en marzo de ese mismo año, se categorizó como pandemia al registrarse varios casos de contagio fuera de China.[3]

En lo que respecta al Estado mexicano, se detectó el primer caso de COVID-19 el 27 de febrero de 2020. El 24 de marzo de 2020 se decretó "[...] la Fase 2 de "contingencia sanitaria", con medidas más estrictas de distanciamiento social, confinamiento y restricción laboral [...]".[4]

Estas medidas visibilizaron las desigualdades sociales y las áreas de oportunidad que existen en las actividades de producción humana de los distintos sectores (*vg.* salud, educación).

Paralelamente, las Tecnologías de la Información y Comunicación (TIC) fueron una herramienta fundamental para llevar acabo algunas actividades durante la contingencia sanitaria por las medidas de confinamiento y distanciamiento social, dado que su implementación coadyuvó en la continuación de labores de varios sectores como las clases a distancia o vía

---

syndrome coronavirus 2. Emerg Infect Dis 2020;26:doi.10.3201/eid2607.200282 (Epub ahead of print) Citado en Escudero, Xavier, *et al, "La pandemia de Coronavirus SARS-CoV-2 (COVID-19): Situación actual e implicaciones para México", Archivos de Cardiología de México, 90(Supl), 2020, p. 9.*

2 Escudero, Xavier, *et al. "La pandemia de Coronavirus SARS-CoV-2 (COVID-19): Situación actual e implicaciones para México", Archivos de Cardiología de México, 90(Supl), 2020, p. 9.*

3 Idem.

4 Ibidem, pp. 11 y 12.

remota; la transmisión de conferencias a través de las redes sociales o plataformas para videoconferencias; la compra en línea de tiendas departamentales o para abastecer la despensa, la adopción del teletrabajo para algunas empresa, entre otras.

No obstante, alrededor de la contingencia sanitaria giraron diversos dilemas respecto a la vacunación, el triaje médico, el acceso a la información, entre otros. Para efectos de este trabajo, se enfoca en reflexionar sobre el derecho a la salud a través de los dilemas bioéticos respecto a la vacunación, el triaje médico y el acceso a la información dentro del contexto de la contingencia sanitaria de la COVID 19 en el Estado mexicano, desde una perspectiva jurídica y bioética.

2. CONTEXTO JURÍDICO DEL DERECHO HUMANO A LA SALUD

A nivel internacional, la Declaración Universal de los Derechos Humanos (DUDH), reconoce que los derechos humanos son inherentes a la persona y que estos contribuyen a la calidad de vida y que, a su vez, se encuentra relacionado con el principio a la dignidad humana.[5]

En la referida Declaración, en su artículo 25.1, se reconoce el derecho a un nivel de vida adecuado, el cual se logra al satisfacer las necesidades humanas básicas que contribuyen a

---

[5] Cfr. Jaime Juárez Hernández, "Derechos humanos y garantías individuales (su defensa)", *Derechos y Humanos, año 6, núm. 11, México, Federación Mexicana de Organismos Públicos de Protección y Defensa de los Derechos Humanos, 2001, pp. 25-33 citado por Bailón Corres, Moisés Jaime, "Derechos humanos, generaciones de derechos, derechos de minorías y derechos de los pueblos indígenas; algunas consideraciones generales", Derechos Humanos México. Revista el Centro Nacional de Derechos Humanos, año 4, núm. 12, 2009, p. 104. Disponible en: https://www.corteidh.or.cr/tablas/r28614.pdf (última consulta: 14 de junio de 2021). Artículo 1º de la DUDH.*

la calidad la vida del individuo y sin discriminación alguna.[6] Ejemplo de esto se ubica en el mismo artículo referido como es la salud, el bienestar, la alimentación, el vestido, la vivienda, la asistencia médica, entre otras. Esto da a entender que para garantizar el derecho a la vida también se requiere atender otras necesidades básicas de la persona.

Años más tarde, el Pacto Internacional de Derechos Económicos, Sociales y Culturales (PIDESC), en su artículo 12.1, reconoce el derecho a la salud como: "el derecho de toda persona al disfrute del más alto nivel posible de salud física y mental". Además de señalar la adopción de medidas por parte de los Estados en temas como la prevención y el tratamiento de las enfermedades epidémicas, endémicas, profesionales y de otra índole, y la lucha contra ellas; así como asegurar la asistencia y los servicios médicos en caso de enfermedad, según el artículo 12.2 del PIDESC.

A mayor abundamiento, la *Observación General No.14. El derecho al disfrute del más alto nivel posible de salud (Art 12 PIDESC)* establece que dicho derecho es fundamental e indispensable para el ejercicio de los demás derechos humanos; por lo que el disfrute de dicho derecho le debe permitir vivir dignamente; además de que se relaciona con los derechos a la alimentación, vivienda, trabajo, educación, dignidad humana, vida, no discriminación, igualdad, privacidad, acceso a la información, entre otros.[7]

---

6 Sosa Sacio, Juan Manuel, "Crítica a la dignidad humana y la noción de "necesidades básicas" como un posible mejor fundamento para los derechos", *THĒMIS-Revista de Derecho, núm. 67, 2015, p. 88.*

7 *Observación General No.14. El derecho al disfrute del más alto nivel posible de salud (Art 12 PIDESC),* del Consejo Económico y Social, Comité de Derechos Económicos, Sociales y Culturales E/C.12/2000/4, del 11 de agosto de 2000. Párrafo tercero, p. 2.

De igual forma, el Derecho a la salud se encuentra constituido por cuatro dimensiones, según la referida Observación General 14, tales como: [8]

a. Disponibilidad: hace referencia a los establecimientos, bienes y servicios públicos de salud, centros de atención médica y programas en materia sanitaria, los cuales deberán ser suficientes para la atender a la comunidad.

b. Accesibilidad: cualquier persona puede acceder a la atención médica sin discriminación alguna. Además, se debe considerar el acceso físico y económico a tal atención. Sin embargo, otro de los elementos principales de esta dimensión es el acceso a la información, puesto que este comprende el derecho a solicitar, recibir y difundir información e ideas sobre la salud de la persona.

Un aspecto importante del acceso a la información es la protección de los datos personales sensibles de los individuos, ello requiere que tales datos sean tratados de forma adecuada con la finalidad de respetar la privacidad y dignidad de las personas.

c. Aceptabilidad: se refiere a que cualquier centro y servicio de salud sean respetuosos de la ética médica y culturalmente apropiados. Ello se enfoca que se considere la cultura de los individuos sin discriminación alguna y con perspectiva de género; así como respetar la confidencialidad y mejorar la salud de los individuos.

d. Calidad: se debe considerar que los establecimientos, bienes y servicios de salud sean apropiados y de calidad desde la perspectiva médica y científica. Esto va desde la capacitación de los médicos, los medicamentos, el equipo hospitalario hasta el empleo del agua potable y demás condiciones sanitarias.

---

8 Ibidem, párrafo 12, pp. 3 y 4.

Bajo el mismo tenor, la mencionada Observación General establece las obligaciones básicas para los Estados con la finalidad de asegurar los niveles mínimos de satisfacción (de acuerdo con la Observación General 3),[9] por tal motivo sólo se citan (textualmente) los relacionados al objeto de estudio, tales como:

a) Garantizar el derecho de acceso a los centros, bienes y servicios de salud sobre una base no discriminatoria, en especial por lo que respecta a los grupos vulnerables o marginados; [...]

c) Garantizar el acceso a un hogar, una vivienda y unas condiciones sanitarias básicos, así como a un suministro adecuado de agua limpia potable;

d) Facilitar medicamentos esenciales, según las definiciones periódicas que figuran en el Programa de Acción sobre Medicamentos Esenciales de la OMS;

e) Velar por una distribución equitativa de todas las instalaciones, bienes y servicios de salud;

f) Adoptar y aplicar, sobre la base de las pruebas epidemiológicas, una estrategia y un plan de acción nacionales de salud pública para hacer frente a las preocupaciones en materia de salud de toda la población; la estrategia y el plan de acción deberán ser elaborados, y periódicamente

---

9 La *Observación General N°3 La índole de las obligaciones de los Estados Partes (párrafo 1 del artículo 2 del Pacto), en su párrafo 10, hace referencia a la obligación mínima que tienen los Estados para garantizar la satisfacción mínima de niveles esenciales para los derechos humanos de la persona, como alimentación, salud, vivienda, entre otros. Mireya Castañeda (compiladora), Compilación de tratados y observaciones generales del sistema de protección de derechos humanos de Naciones Unidas, Comisión Nacional de Derechos Humanos, México, 2015, p. 30.* https://www.corteidh.or.cr/tablas/r34177.pdf

> revisados, sobre la base de un proceso participativo y transparente; esa estrategia y ese plan deberán prever métodos, como el derecho a indicadores y bases de referencia de la salud que permitan vigilar estrechamente los progresos realizados; el proceso mediante el cual se concibe la estrategia y el plan de acción, así como el contenido de ambos, deberá prestar especial atención a todos los grupos vulnerables o marginados.[10]

Adicionalmente, la referida Observación General considera las obligaciones de prioridad, las cuales señalan algunas acciones ante una problemática en salud pública, tales como: suministrar la inmunización contra enfermedades infecciosas; adoptar medidas para las enfermedades epidémicas y endémicas con la finalidad de prevenirlas, tratarlas y combatirlas; capacitar al personal médico en materia de salud y derechos humanos, y; educar y facilitar la información de la enfermedad con la finalidad prevenir o combatirlas.[11]

Además de lo anterior, existen otros tratados internacionales que reconocen el derecho a la salud, tales como la Convención Internacional sobre la Eliminación de todas las Formas de Discriminación Racial, de 1965 (artículo 5); la Convención sobre la eliminación de todas las formas de discriminación contra la mujer, de 1979 (artículos 11 y 12), la Convención sobre los Derechos del Niño, de 1989 (artículo 24), y; el Protocolo adicional a la Convención Americana sobre Derechos Humanos en Materia de Derechos Económicos, Sociales y Culturales, de 1988 (artículo 10).

En lo que respecta a los organismos internacionales, la Organización Mundial de la Salud (OMS) es la encargada de revisar los temas de salud a nivel mundial. Así mismo, define a

---

10 *Observación General No.14…, op.cit., párrafo 43, pp. 12 y 13.*

11 *Observación General No.14…, op.cit., párrafo 44, incisos b, c, d y e, p. 13.*

la salud como "[...] un estado de completo bienestar físico, mental y social, y no solamente la ausencia de afecciones o enfermedades".[12] Además de ello, tiene presente que la salud es una condición para la paz y seguridad y que, para ello, se requiere de la cooperación tanto de las personas y los Estados.[13]

En lo que corresponde al sistema jurídico del Estado mexicano, en el artículo 4º, párrafo cuarto, de la Constitución Política de los Estados Unidos Mexicanos reconoce el derecho a la salud.[14] Dentro de la Ley Orgánica de la Administración Pública Federal, en su artículo 39, señala que la Secretaría de Salud es la encargada de la materia de salubridad general, servicios médicos, asistencia social, entre otros con excepción de la agropecuaria que no esté relacionado con la preservación de la salud humana;[15] adicionalmente la Ley General de Salud establece las funciones de la referida Secretaría.[16]

Cabe mencionar que las autoridades sanitarias del Estado mexicano son el presidente de la República mexicana; el Consejo de Salubridad General; la Secretaría de Salud, y los gobiernos de las entidades federativas, incluyendo el Gobierno de la Ciudad de México, según lo establecido en el artículo 4º de la Ley General de Salud.

---

12 OMS, Constitución, *s.f.*, https://www.who.int/es/about/governance/constitution (última consulta 20 de junio de 2023). Esta misma definición es retomada en el artículo 1º Bis de la Ley General de Salud.

13 Ídem.

14 Constitución Política de los Estados Unidos Mexicanos, *Diario Oficial de la Federación, 5 de febrero de 1917 (última reforma 06 de junio de 2023).* https://www.diputados.gob.mx/LeyesBiblio/pdf/CPEUM.pdf

15 Ley Orgánica de la Administración Pública Federal, *Diario Oficial de la Federación, 29 de diciembre de 1976 (última reforma 03 de mayo de 2023).* https://www.diputados.gob.mx/LeyesBiblio/pdf/LOAPF.pdf

16 Ley General de Salud, *Diario Oficial de la Federación, 7 de febrero de 1984 (última reforma 29 de mayo de 2023).* https://www.diputados.gob.mx/LeyesBiblio/pdf/LGS.pdf

A su vez, la Ley General de Salud, en su artículo 17 bis (fracciones II, V y XII), estipula que dicha Secretaría cuenta con la Comisión Federal para la Protección contra Riesgos Sanitarios (COFEPRIS), la cual es un organismo desconcentrado y tiene competencia en la materia, algunos de ellos son: proponer la política nacional de protección contra riesgos sanitarios así como la instrumentación de establecimientos de salud, medicamentos, dispositivos médicos y otros insumos para la salud; además de la expedición de los certificados oficiales de condición sanitaria de procesos, productos, métodos, instalaciones, servicios o actividades acorde a su competencia; participar en la instrumentación de las acciones de prevención y control de enfermedades (incluyendo la vigilancia epidemiológica).

3. ALGUNOS DILEMAS BIOÉTICOS EN LA COVID-19 Y DE DERECHOS HUMANOS.

A partir de que la OMS declaró la pandemia, diversos países comenzaron a adoptar medidas sanitarias acorde a la información científica que circulaba en medios verídicos con la finalidad de que el personal de salud, los jefes de Estados y la población comprendiera la situación. Sin embargo, la contingencia sanitaria de la COVID-19 visualizó diversos dilemas bioéticos en temas como el acceso a la información, el triaje médico, los medicamentos, la vacunación, entre otros.

Bajo ese tenor, la bioética principialista, propuesta por Tom L. Beauchamp y James F. Childress, en 1979, consiste en cuatro principios: autonomía, beneficencia, no maleficencia, y justicia.[17]

---

17 García, José Juan, "Bioética personalista y bioética principialista. Perspectivas", *Cuadernos de bioética, Asociación Española de Bioética y Ética Médica, España, vol. 24, núm. 1, enero-abril 2013, p. 69.*

A mayor abundamiento, el primer principio radica en la adopción de decisiones mediante el acceso y comprensión de la información sobre la salud del paciente o del tratamiento de este.[18] El segundo principio es que el actuar médico sea en beneficio del paciente; aunque acorde a José Juan García existe una problemática en el entendimiento entre los conceptos de beneficio o perjuicio.[19]

En lo corresponde al tercer principio, radica en no hacer daño a la persona.[20] Por último, el cuarto principio, referente a la justicia, versa sobre "[...] la obligación de igualdad en los tratamientos y, en lo que respecta al Estado a la equitativa distribución de recursos para la sanidad, los hospitales, la investigación, etc.".[21]

En otro aspecto, la Corte Interamericana de Derechos Humanos publicó la Declaración 01/20, el 9 de abril de 2020, titulado: "COVID-19 y derechos humanos: los problemas y desafíos deben ser abordados con perspectiva de derechos humanos y respetando las obligaciones internacionales", donde se consideran algunas observaciones para salvaguardar los derechos humanos ante la contingencia sanitaria.[22]

Por tal motivo, se orientó y enfatizó en garantizar el derecho al acceso a la información veraz y fiable (incluyendo al acceso al internet); el acceso a la justicia; la atención médica de

---

18 Idem.

19 Idem.

20 Idem.

21 Idem.

22 Corte Interamericana de Derechos Humanos, *Declaración de la Corte Interamericana de Derechos Humanos 1/20, 9 de abril de 2020, COVID-19 y derechos humanos: los problemas y desafíos deben ser abordados con perspectiva de derechos humanos y respetando las obligaciones internacionales* https://www.corteidh.or.cr/tablas/alerta/comunicado/declaracion_1_20_ESP.pdf

calidad y segura, y; la no discriminación; además de ajustar la limitación de los derechos humanos de manera proporcional y acorde a los criterios científicos y necesarios.[23]

Además, la Comisión Internacional de los Derechos Humanos elaboró la "Resolución 01/2020. Pandemia y Derechos Humanos en las Américas", el cual destaca la importación de salvaguardar los derechos humanos en el contexto de la COVID-19; así como procurar que las medidas sanitaria consideran a las personas que forman parte de algún grupo vulnerable, con la finalidad de que el Estado brinde y aplique perspectivas intersectoriales; así como prestar atención a estos grupos y el impacto diferenciado en ellos.[24]

Dicho lo anterior, en el contexto de la COVID-19, el 23 de marzo de 2020 se publicó el "Acuerdo por el que el Consejo de Salubridad General reconoce la epidemia de enfermedad por el virus SARS-CoV2 (COVID-19) en México, como una enfermedad grave de atención prioritaria, así como se establecen las actividades de preparación y respuesta ante dicha epidemia".[25]

Posteriormente, el 24 de marzo de 2020 se publicó en el DOF, el "Acuerdo por el que se establecen las medidas preventivas que se deberán implementar para la mitigación y control

---

23 Idem.

24 Comisión Internacional de los Derechos Humanos, *Pandemia y Derechos Humanos en las Américas. Resolución 01/2020, OEA, 10 de abril de 2020, pp. 5-7.* https://www.oas.org/es/cidh/decisiones/pdf/Resolucion-1-20-es.pdf

25 ACUERDO por el que el Consejo de Salubridad General reconoce la epidemia de enfermedad por el virus SARS-CoV2 (COVID-19) en México, como una enfermedad grave de atención prioritaria, así como se establecen las actividades de preparación y respuesta ante dicha epidemia, *Diario Oficial de la Federación, 23 de marzo de 2020,* https://dof.gob.mx/nota_detalle.php?codigo=5590161&fecha=23/03/2020#gsc.tab=0

de los riesgos para la salud que implica la enfermedad por el virus SARS-CoV2 (COVID-19)", aplicables a los sectores público, privado y social.[26] Algunas de ellas fueron:[27]

- Suspensión temporal de las actividades escolares.
- Suspensión temporal de las actividades que impliquen la concentración o traslado físico. No obstante, se puntualizó una salvedad para las actividades esenciales que resultaren necesarios para hacer frente a la pandemia (*vg.* hospitales, clínicas, farmacias, laboratorios, servicios médicos, financieros, telecomunicaciones, y medios de información, servicios hoteleros y de restaurantes, gasolineras, mercados, supermercados, entre otras).
- Suspensión temporal de eventos masivos y reuniones de más de 100 personas.
- Cumplir con las medidas básicas de higiene como lavado de manos, sana distancia y recuperación efectiva de las personas contagiadas de COVID-19.
- Evitar la asistencia a centros de trabajo, espacios públicos y otros lugares concurridos para las personas mayores de 65 años o más y a grupos de personas con riesgo al desarrollar enfermedad grave y/o morir, tales como:

  > [...] mujeres embarazadas o en periodo de lactancia, menores de 5 años, personas con discapacidad, personas con enfermedades crónicas no transmisibles (personas con hipertensión arterial, pulmonar, insuficiencia renal, lupus,

---

26 ACUERDO por el que se establecen las medidas preventivas que se deberán implementar para la mitigación y control de los riesgos para la salud que implica la enfermedad por el virus SARS-CoV2 (COVID-19), *Diario Oficial de la Federación, 24 de marzo de 2020,* https://dof.gob.mx/nota_detalle.php?codigo=5590339&fecha=24/03/2020#gsc.tab=0

27 Ibidem, artículo 2°.

> cáncer, *diabetes mellitus*, obesidad, insuficiencia hepática o metabólica, enfermedad cardiaca), o con algún padecimiento o tratamiento farmacológico que les genere supresión del sistema inmunológico [...].[28]

- Proporcionar y mantener informada a la población sobre la implementación de nuevas medidas que sean necesarias.

Al paso de los meses, se publicaron otros decretos en el Diario Oficial de la Federación, tales como el listado de las actividades esenciales,[29] la vacunación,[30] la metodología del

---

28 Ibidem, artículo 2°, inciso a).

29 Algunos de estos fueron: Acuerdo por el que se establecen acciones extraordinarias para atender la emergencia sanitaria generada por el virus SARS-CoV2, *Diario Oficial de la Federación, 31 de marzo de 2020,* https://www.dof.gob.mx/nota_detalle.php?codigo=5590914&fecha=31/03/2020&print=true ; Acuerdo por el que se establecen los criterios aplicables para la administración de los recursos humanos en las dependencias y entidades de la Administración Pública Federal para mitigar la propagación del coronavirus COVID-19, *Diario Oficial de la Federación, 31 de julio de 2020,* https://www.dof.gob.mx/nota_detalle.php?codigo=5597618&fecha=31/07/2020#gsc.tab=0

30 Algunos acuerdos son: Acuerdo por el que se da a conocer el medio de difusión de la Política Nacional de Vacunación contra el virus SARS-CoV-2 para la prevención de la COVID-19 en México, *Diario Oficial de la Federación, 08 de enero de 2021,* https://www.dof.gob.mx/nota_detalle.php?codigo=5609647&fecha=08/01/2021#gsc.tab=0 ; Acuerdo por el que se establece como una acción extraordinaria en materia de salubridad general, que los gobiernos de las entidades federativas en su calidad de autoridades sanitarias, así como las personas físicas y morales de los sectores social y privado, integrantes del Sistema Nacional de Salud, coadyuven con la Secretaría de Salud Federal en la implementación de la Política Nacional de Vacunación contra el virus SARS-CoV-2 para la prevención de la COVID-19 en México, *Diario Oficial de la Federación, 25 de enero de 2021,* https://www.dof.gob.mx/nota_detalle.php?codigo=5610327&fecha=25/01/2021#gsc.tab=0

semáforo epidemiológico,[31] entre otros. A continuación, se reflexiona brevemente algunas situaciones ocurridas en el Estado mexicano, tales como:

a) Acceso a la información y redes sociales.

El derecho al libre acceso a información plural y oportuna se encuentra estipulado en el artículo 6°, párrafo segundo, de la Constitución Política de los Estados Unidos Mexicanos; así mismo este involucra la búsqueda, recepción y difusión de información e ideas de toda índole por cualquier medio de expresión. Así mismo, con el acceso y uso de las Tecnologías de la Información y Comunicación (TIC) se facilita el acceso a la información;[32] sin embargo, ello puede dar cavidad a la recepción o difusión de información no verídica.

A mayor abundamiento, en lo que respecta a la difusión de la información a través de las redes sociales, se dio un fenómeno llamado infodemia, la cual fue definida por la OMS (ante el brote de la COVID-19) como "[...] una cantidad excesiva de información –en algunos casos correcta, en otros no– que dificulta que las personas encuentren

---

31 Algunos acuerdos son: Acuerdo por el que se establece una estrategia para la reapertura de las actividades sociales, educativas y económicas, así como un sistema de semáforo por regiones para evaluar semanalmente el riesgo epidemiológico relacionado con la reapertura de actividades en cada entidad federativa, así como se establecen acciones extraordinarias, *Diario Oficial de la Federación, 14 de mayo de 2021,* https://dof.gob.mx/nota_detalle.php?codigo=5593313&fecha=14/05/2020#gsc.tab=0

32 Reconocido en el artículo 6°, párrafo tercero, de la Constitución Política de los Estados Unidos Mexicanos.

fuentes confiables y orientación fidedigna cuando las necesitan [...]".[33]

Bajo ese tenor, según la OMS, la desinformación "[...] es la información falsa o incorrecta con el propósito deliberado de engañar [...]".[34] Por lo que en la contingencia sanitaria de la COVID-19 esta acción puede tener un impacto en la calidad de vida de las personas, específicamente en la salud mental, derivado de las "[...] historias falsas o engañosas se inventan y difunden sin comprobar su veracidad ni calidad [...]".[35] Ejemplo de ello se observó a través de la circulación de "[...] información inexacta y falsa sobre todos los aspectos de la enfermedad, como el origen del virus, la causa, el tratamiento y el mecanismo de propagación".[36]

En consecuencia, la OMS señaló el impacto que puede tener la infodemia en la contingencia sanitaria de la COVID-19, siendo algunos de ellos:[37]

- Dificulta que las personas, los encargados de tomar las decisiones y el personal de salud encuentren fuentes confiables y orientación fidedigna cuando las necesitan. Entre las fuentes figuran las aplicaciones para teléfonos móviles, las organizaciones científicas, los sitios web, los blogs y las personas influyentes, entre otras.

---

33 Organización Panamericana de la Salud, *Entender la infodemia y la desinformación en la lucha contra la COVID-19. Caja de herramientas: transformación digital | Herramientas de conocimiento, Organización Panamericana de la Salud-Organización Mundial de la Salud, 2020, p. 2.* https://iris.paho.org/bitstream/handle/10665.2/52053/Factsheet-Infodemic_spa.pdf (última consulta 21 de junio de 2023).

34 Idem.

35 Idem.

36 Idem.

37 Ibidem, p.3.

- Las personas pueden sufrir ansiedad, depresión, agobio, agotamiento emocional y sentirse incapaces de satisfacer necesidades importantes [...]. [38]

En ese sentido, durante la contingencia sanitaria de COVID-19, el Estado mexicano se aseguró de mantener informada a la población sobre las medidas sanitarias (*vg.* como el uso de cubrebocas, sana distancia, entre otras medidas), el programa de vacunación, entre otros aspectos. Como estrategia se implementó un espacio diario para transmitir la Conferencia COVID-19 cuyo propósito era informar sobre los avances de la pandemia en México.

Paralelamente, se fomentó la transparencia proactiva bajo la colaboración entre el Instituto Nacional de Transparencia y Acceso a la Información y Protección de Datos Personales (INAI), la Secretaría de Salud (SSA) y el Secretaría de Relaciones Exteriores (SRE), donde a través de las estrategias de gobierno abierto se habilitó un sitio web (https://coronavirus.gob.mx/) para concentrar la información respectiva al COVID-19 con la finalidad de que las personas estuvieran informadas y consultaran algunos documentos encaminados a los protocolos para mitigar y prevenir el contagio; la limpieza y desinfección de los espacios comunitarios; recomendaciones para el cuidado de la salud mental; recomendaciones para el duelo; disminuir el estigma y la discriminación al personal médico, entre otros.[39]

---

38 Ibidem, p.3.

39 Las referidas menciones pueden consultarse en el sitio web: Gobierno de México, "Documentos de consulta", 2020, https://coronavirus.gob.mx/documentos-de-consulta/ (última consulta 21 de junio de 2023).

Ante la situación de la infodemia ocurrida a través de las redes sociales, las compañías de las plataformas digitales implementaron la moderación automatizada para coadyuvar en identificar y eliminar el contenido no veraz sobre la COVID-19; sin embargo, este mecanismo puede tener efectos negativos como la censura.[40]

En lo que corresponde a la materia de datos personales, el INAI estableció algunas recomendaciones para los responsables y encargados de los sectores público y privado con la finalidad de que el tratamiento de los datos personales que realicen las actividades para la atención de casos de COVID-19 cumplan con los principios, deberes y obligaciones establecidas en el marco jurídico de la materia.[41]

El objetivo de ello radicaba en salvaguardar la privacidad de las personas ante una posible vulneración o lesión de un tratamiento inadecuado de la información.[42] Es decir, los datos relacionados a la salud de una persona es un dato personal sensible y es considerada como información confidencial; por lo que, ante una vulneración se pudiera poner en riesgo

---

40 Ruiz, Priscilla y Pruneda Gross, Pablo, "Libertad artificial. Discursos, redes y pluralidad. Impactos diferenciados en la moderación de contenidos en plataformas digitales", Artículo 19- IIJ UNAM-Cultivando Género, A.C.-Colectivo por la Protección de Todas las Familias en Yucatán, *s.f., pp. 23-30.* https://articulo19.org/wp-content/uploads/2022/10/A19_Netgain-LibertadArtificial.pdf

41 INAI, *Datos personales Seguros COVID-19,* https://micrositios.inai.org.mx/covid-19/ (última consulta 21 de junio de 2023).

42 INAI, *Tipos de vulneración de datos personales,* https://micrositios.inai.org.mx/covid-19/?page_id=155 (última consulta 21 de junio de 2023).

la integridad de la persona titular de ese dato, por lo cual puede ser objeto de discriminación o segregación.[43]

De tal manera que el INAI emitió una serie de recomendaciones para los responsables del sector público y privado para el tratamiento de los datos personales relacionados con el COVID-19. Algunos de estos son:[44]

- Contar con estrictas medidas de seguridad administrativas, físicas y técnicas para evitar cualquier pérdida, destrucción, robo, extravío, uso o acceso, daño, modificación o alteración no autorizada. [...]
- Proteger la confidencialidad sobre cualquier dato personal o personal sensible relacionado con cualquier caso de COVID-19, para evitar daño o discriminación de la persona afectada. [...]
- Toda comunicación que se realice en la organización sobre la posible presencia de COVID-19 en el lugar de trabajo, no debe identificar a ningún colaborador de forma individual.

---

43 INAI, *Datos personales..., op. cit.; Ley Federal de Transparencia y Acceso a la Información Pública, Diario Oficial de la Federación, 09 de mayo de 2016, última reforma 20 de mayo de 2021 (artículo 113, fracción I)* https://www.diputados.gob.mx/LeyesBiblio/pdf/LFTAIP_200521.pdf ; Ley General de Protección de Datos Personales en Posesión de Sujetos Obligados, *Diario Oficial de la Federación, 26 de enero de 2017 (artículos 3, fracción X, y; 7)* https://www.diputados.gob.mx/LeyesBiblio/pdf/LGPDPPSO.pdf , y; Ley Federal de Protección de Datos Personales en Posesión de los Particulares, *Diario Oficial de la Federación, 05 de julio de 2010 (artículo 3, fracción VI)* https://www.diputados.gob.mx/LeyesBiblio/pdf/LFPDPPP.pdf

44 INAI, *Responsables del Sector público y privado,* https://micrositios.inai.org.mx/covid-19/?page_id=163 (última consulta 21 de junio de 2023).

- El tratamiento de datos personales ante el COVID-19, debe ser informado y el titular debe conocer en todo momento las finalidades para las cuáles serán recabados y tratados sus datos personales. Previo al tratamiento, el responsable deberá poner a disposición del titular el aviso de privacidad correspondiente. [...]
- Evitar la difusión pública no autorizada de información y datos personales de casos -posibles o confirmados- de COVID-19.
- Proteger y evitar la difusión de datos personales de niñas, niños y adolescentes en casos -posibles o confirmados- de COVID-19. [...][45]

Como puede observarse, estas recomendaciones giran en torno a la no discriminación, por lo que fue necesario procurar la protección a la privacidad de estas ante el contagio de la COVID-19.

A mayor abundamiento, uno de los grupos vulnerables como objeto de discriminación fue el personal médico. En consecuencia, el gobierno de México publicó un documento titulado "Información para disminuir el estigma y discriminación durante la pandemia de COVID-19 al personal médico y paramédico", en el cual se resaltan tres aspectos: 1) la manera de transmisión de la COVID-19; 2) las medidas que adopta el personal sanitario para manejo de pacientes, y; 3) medidas para contrarrestar la estigmatización hacia el referido sector.[46]

---

45 Idem.

46 Gobierno de México, "Información para disminuir el estigma y discriminación durante la pandemia de COVID-19 al personal médico y paramédico", *s.f.,* https://coronavirus.gob.mx/wp-content/uploads/2020/06/SaludMental_EstigmaDiscriminacion.pdf (última consulta 21 de junio de 2023).

b) Triaje médico.

Camargo Rubio señala que: "El triaje mantiene siempre los criterios médicos, científicos y éticos aun en tiempos de excepción o urgencia sanitaria, como en la pandemia COVID-19 evitando injusticias, discriminaciones, vulneraciones o exclusiones de pacientes; respetando siempre el derecho fundamental a la salud y la vida".[47]

Por lo que, en México, el 7 de abril de 2020, se publicó la "Guía Bioética para Asignación de Recursos Limitados de Medicina Crítica en Situación de Emergencia", cuyo objetivo radica en "Ser una guía bioética que proporcione criterios para orientar la toma de decisiones de triaje cuando una emergencia de salud pública genera una demanda en los recursos de medicina crítica que no es posible satisfacer".[48]

Esta Guía señala que entraría en operación cuando: "[…] la capacidad existente de cuidados críticos en un determinado hospital está sobrepasada, o está cerca de ser sobrepasada, y no es posible referir pacientes que necesitan de cuidados críticos a otros hospitales donde puedan ser atendidos de manera adecuada".[49]

Así mismo, se consideraba que la asignación de los recursos escasos indivisibles no debía colocarse acorde al orden de

---

47 Camargo Rubio, Rubén Darío. "Triaje en la pandemia COVID-19: un abordaje con perspectiva de derechos humanos", *Acta Colombiana de Cuidado Intensivo, vol. 22, número 3, 2022, p. 182. doi:10.1016/j.acci.2021.09.003*

48 Consejo de Salubridad General, *Guía Bioética para Asignación de Recursos Limitados de Medicina Crítica en Situación de Emergencia, 7 de abril de 2020, p. 1,* http://www.csg.gob.mx/descargas/pdf/index/informacion_relevante/GuiaBioeticaTriaje_30_Abril_2020_7pm.pdf (última consulta 21 de junio de 2023).

49 Idem.

llegada dado que ello sería una desventaja para las personas foráneas que habitan en comunidades alejadas a los centros de salud; convirtiéndose tal situación en una discriminación geográfica para la recepción de la atención médica crítica.[50]

E incluso se consideraba, en la Guía, la desigualdad social por el acceso a las TIC ante el uso de los teléfonos inteligentes o equipo de cómputo con la finalidad de consultar la disponibilidad en los hospitales.[51] Cabe mencionar que el Estado Mexicano, una parte de la población no cuenta con acceso a las TIC (como el uso de los teléfonos inteligentes o computadoras) y/o no tienen acceso a la energía eléctrica e internet.[52]

Además de lo anterior se establece la integración y funciones de las personas integrantes del equipo de triaje; así como los mecanismos y procedimientos, entre otros aspectos.[53]

c) Medicamentos.

Otro aspecto que se relaciona a la escasez de los recursos médicos son los medicamentos. Como se mencionado, el derecho a la salud se relaciona con cuatro dimensiones: disponibilidad, accesibilidad, aceptabilidad y calidad, según lo establecido en la Observación General 14. De tal manera que las personas deben "[...] tener acceso efectivo

---

50 Ibidem, pp. 2-6.

51 Ibidem, pp. 5 y 6.

52 Instituto Federal de Telecomunicaciones e INEGI, *Encuesta Nacional sobre Disponibilidad y Uso de Tecnologías de la Información en los Hogares (ENDUTIH) 2021, 4 de julio de 2022, pp. 1-19.* https://www.inegi.org.mx/contenidos/saladeprensa/boletines/2022/OtrTemEcon/ENDUTIH_21.pdf ; García Ochoa, R., y Bracamonte Sierra, A. "Acceso a los servicios de energía. Una crítica a la Agenda 2030 de México", *Región y sociedad, año 31, e1146, 2019, pp. 1-26. doi: 10.22198/rys2019/31/1146*

53 Consejo de Salubridad General, *Guía Bioética para..., op. cit., pp. 6-13.*

a medicamentos, insumos y vacunas es esencial para prevenir, controlar, tratar y curar todo tipo de patologías que las personas pueden desarrollar a lo largo de su vida [...]".[54]

La escasez de los medicamentos durante la contingencia sanitaria de la COVID-19 tuvo un impacto en las personas con enfermedades como: cáncer, diabetes, hipertensión, las relacionadas con salud mental, entre otras.[55]

En ese sentido, en 2022, se publicó el documento titulado "Radiografía del desabasto. Informe de Transparencia en Salud 2017-2021", donde se presenta la complejidad del sistema de salud en México y un breve bosquejo del surtimiento de las recetas médicas en algunas instituciones de salud; así como los mecanismos a los que acuden las personas ciudadanas para ejercer la exigibilidad y justiciabilidad del acceso a los medicamentos ante el desabasto a través de los recursos de queja o amparo (dependiendo del caso en concreto) a diversos organismos como: la Comisión Nacional de los Derechos Humanos (CNDH), la Comisión Nacional de Arbitraje Médico (CONAMED), el Instituto Mexicano del Seguro Social (IMSS), el Instituto de Seguridad y Servicios Sociales de los Trabajadores del Estado (ISSSTE), el Instituto Nacional de Salud para el Bienestar (INSABI), la Secretaría de Salud, el Consejo de Salubridad General (CSG), la Suprema Corte de Justicia de la Nación (SCJN), entre otros.[56]

---

54 Castañeda Prado, A., Romay Hidalgo, F. y Manzo Romero, N. L., 2022, p. 15

55 Para mayor información puede consultar el documento: World Health Organization, *Access to NCD medicines: emergent issues during the COVID-19 pandemic and key structural factors*, World Health Organization, 2023, https://apps.who.int/iris/handle/10665/366528.

56 Castañeda Prado, Andrés, Romay Hidalgo, Frida y Manzo Romero, Nancy Lizett, *Radiografía del desabasto. Informe de Transparencia en Salud 2017-2021, Nosotr@s por la Democracia, 2022, pp.*

d) Vacunación.

Al inicio de la contingencia sanitaria, ningún país contaba con algún medicamento o vacuna adecuada para dar tratamiento a la enfermedad; sin embargo, en un tiempo exprés (casi al año) algunas empresas farmacéuticas desarrollaron y aprobaron algunas vacunas contra la COVID-19. Cabe señalar que estas vacunas fueron aprobadas en un estado de emergencia y que no habían completado en su totalidad las fases de investigación clínica que usualmente requieren los medicamentos.[57] Es aquí, cuando se observan ciertos dilemas antes y después del periodo de vacunación.

Al inicio, el dilema ético radicó sobre la vacuna a emplear pues, independientemente de las patentes, algunas no habían sido autorizadas o aprobadas por la OMS para aplicarse a la población. Dicho en otras palabras, la OMS aprobó algunas vacunas de emergencia a través de una rigurosa evaluación de los datos clínicos proporcionados por los fabricantes de las vacunas y evaluar los riesgo-beneficio de dicho producto.[58]

Además de lo anterior, se observó la escasez de las vacunas pues la producción no era suficiente para satisfacer la demanda de todos los países. Es decir, parte de la problemática radicó en la distribución de las vacunas; para ello, los Estados acordaron en la OMS establecer el mecanismo COVAX con la finalidad de garantizar el acceso a las vacu-

---

52-69. https://cdn-yeeko.s3.us-west-2.amazonaws.com/assets/Radiografia+desabasto+2017-2021.pdf

57 Sánchez, Delia M., "Nuevos y viejos dilemas y problemas éticos en época de pandemia", *Revista Uruguaya de Cardiología, volumen 36, número 3, 2021, p. 2.*

58 Idem. Para mayor detalle, consulte OPS-OMS, Vacunas contra la COVID-19, s.f., https://www.paho.org/es/vacunas-contra-covid-19 (última consulta 20 de junio de 2023).

nas sin discriminación alguna. Ahora bien, una vez que se tuvieron las primeras vacunas, los países desarrollados las adquirieron rápidamente; mientras otras naciones no tuvieron acceso inmediato a estas.[59]

En otro aspecto, la OMS estableció una serie de documentos para orientar el despliegue y la vacunación contra la COVID-19.[60] En la "Guía para elaborar un plan nacional de despliegue y vacunación para las vacunas contra la COVID-19", se recomendó que la asignación de vacunas debía establecerse por fases, donde la primera radicaba en vacunar al personal de salud (del sector público y privado); además de considerar a las personas mayores y a las personas con comorbilidades. Para que así, en la segunda fase se atendieran a los demás grupos.[61]

No obstante, se hace alusión a la soberanía de los Estados y que estos deben valorar su contexto nacional y manejarse bajo los principios de bienestar, equidad mundial, reciprocidad, respeto equitativo, equidad nacional y legitimidad.[62]

Otro dilema que ocurrió en algunos países fue la vacunación obligatoria. Independientemente de los argumentos que han girado en torno a las vacunas, la contingencia sanitaria puso a prueba el principio de la autonomía y la libertad individual contra la responsabilidad colectiva. Puesto que para controlar la propagación del virus de la COVID-19

---

59 Ibidem, p. 3.

60 Puede consultar OPS-OMS, Vacunas contra la COVID-19, s.f., https://www.paho.org/es/vacunas-contra-covid-19 (última consulta 20 de junio de 2023).

61 Organización Panamericana de la Salud, *Guía para elaborar un plan nacional de despliegue y vacunación para las vacunas contra la COVID-19*, OPS-OMS, Washington, D.C., 2021, pp. 21- 22.

62 Idem.

(incluyendo sus variantes) se tenía que lograr la inmunidad de la sociedad.[63]

A mayor abundamiento el Comité Internacional de Bioética publicó un documento titulado "Responsabilidad social y salud. Informe del Comité Internacional de Bioética de la UNESCO (CIB)", donde se explica el concepto de "responsabilidad social" refiriéndose a las obligaciones morales que tiene un grupo (sea una empresa o institución), dado que la responsabilidad se extiende de lo individual a lo colectivo, al compartirse actividades o intereses que pueden beneficiar o perjudicar a la comunidad. No obstante, se especifica que la responsabilidad social no puede ser impuesta por un agente externo a la persona (como otros individuos o el gobierno), dejándolo acorde a la voluntad del sujeto.[64]

En el caso del Estado mexicano, se implementó la Política Nacional de Vacunación contra el virus SARS-CoV-2 para la prevención de la COVID-19, en enero de 2021; así mismo se señaló que dicha política se daría a conocer a través del sitio web www.coronavirus.gob.mx.[65] Además, se

---

63 Sánchez, Delia M., "Nuevos y viejos dilemas y …", op. cit., p. 3.

64 Comité Internacional de Bioética, *Responsabilidad social y salud. Informe del Comité Internacional de Bioética de la UNESCO (CIB), CIB-UNESCO, 2017, pp. 19-20.* https://unesdoc.unesco.org/ark:/48223/pf0000372251

65 Acuerdo por el que se da a conocer el medio de difusión de la Política Nacional de Vacunación contra el virus SARS-CoV-2 para la prevención de la COVID-19 en México, *Diario Oficial de la Federación, 08 de enero de 2021,* https://www.dof.gob.mx/nota_detalle.php?codigo=5609647&fecha=08/01/2021#gsc.tab=0 ; Acuerdo por el que se establece como una acción extraordinaria en materia de salubridad general, que los gobiernos de las entidades federativas en su calidad de autoridades sanitarias, así como las personas físicas y morales de los sectores social y privado, integrantes del Sistema Nacional de Salud, coadyuven con la Secretaría de Salud Fe-

adoptó la postura de informar a la población sobre la aplicación de las vacunas y que la vacunación fuera voluntaria con la finalidad de no vulnerar los derechos humanos de las personas.

Un último aspecto, pero relacionado con las vacunas, se observó que las medidas sanitarias radicaban en disminuir los traslados de las personas no sólo a nivel nacional, sino que también a nivel internacional, dado que varios Estados cerraron sus fronteras con la finalidad de disminuir la transmisión del virus y algunos mantuvieron sus excepciones como puede ser la situación de refugiados, diplomáticos, entre otros.[66]

Tal situación dirige a la limitación del derecho al libre tránsito de las personas para poder dirigirse a algún lugar. Sin embargo, una vez que la vacunación fue avanzando algunos países, pusieron restricciones a las personas vacunadas para ingresar al territorio dado que, si la persona había sido vacunada con una vacuna distinta a la establecida, no podía ingresar al país hasta contar con la protección necesaria. Lo cual generó un tema de discriminación pues algunos países no tuvieron acceso a cierto tipo de vacuna o un grupo de la población fue vacunada con una vacuna determinada.

---

deral en la implementación de la Política Nacional de Vacunación contra el virus SARS-CoV-2 para la prevención de la COVID-19 en México, *Diario Oficial de la Federación, 25 de enero de 2021,* https://www.dof.gob.mx/nota_detalle.php?codigo=5610327&fecha=25/01/2021#gsc.tab=0

66 Sánchez, Delia M., "Nuevos y viejos dilemas y …", *op. cit., p. 2.*

4. CONCLUSIÓN

Se considera que la contingencia sanitaria de la COVID-19 evidenció las desigualdades sociales en diversas comunidades, la ausencia de infraestructura médica (incluyendo la farmacéutica) y de recursos humanos para poder atender a las personas contagiadas.

Además de que planteó la necesidad de nivelar la calidad de vida de las personas no sólo en lo que respecta al acceso a las TIC, al internet o a la electricidad, sino también considerar programas de contingencias que garanticen los derechos humanos de las personas con la finalidad de mitigar las desigualdades sociales en situaciones extraordinarias, pero para ello, se requiere trabajar y mejorar en las condiciones existentes.

En lo que respeta a la ciencia y tecnología, es necesario continuar fortaleciendo el desarrollo científico con la finalidad de obtener una respuesta oportuna y adecuada ante situaciones extraordinarias; así como contar con la infraestructura adecuada.

Por último, se requiere fortalecer e impulsar el uso de las TIC en los sectores públicos y privados dado que algunas actividades se detuvieron por la ausencia de infraestructura tecnológica; pero al mismo tiempo, se requiere analizar la regulación existente en materia de TIC con el fin de garantizar los derechos de las personas.

5. BIBLIOGRAFÍA

Acuerdo por el que el Consejo de Salubridad General reconoce la epidemia de enfermedad por el virus SARS-CoV2 (COVID-19) en México, como una enfermedad grave de atención prioritaria, así como se establecen las actividades de preparación y respuesta ante dicha epidemia, *Diario Oficial de la Federación*, 23 de marzo de 2020, https://dof.gob.

mx/nota_detalle.php?codigo=5590161&fecha=23/03/2020#gsc.tab=0

Acuerdo por el que se da a conocer el medio de difusión de la Política Nacional de Vacunación contra el virus SARS-CoV-2 para la prevención de la COVID-19 en México, *Diario Oficial de la Federación*, 08 de enero de 2021, https://www.dof.gob.mx/nota_detalle.php?codigo=5609647&fecha=08/01/2021#gsc.tab=0

Acuerdo por el que se da a conocer el medio de difusión de la Política Nacional de Vacunación contra el virus SARS-CoV-2 para la prevención de la COVID-19 en México, *Diario Oficial de la Federación*, 08 de enero de 2021, https://www.dof.gob.mx/nota_detalle.php?codigo=5609647&fecha=08/01/2021#gsc.tab=0

Acuerdo por el que se establece como una acción extraordinaria en materia de salubridad general, que los gobiernos de las entidades federativas en su calidad de autoridades sanitarias, así como las personas físicas y morales de los sectores social y privado, integrantes del Sistema Nacional de Salud, coadyuven con la Secretaría de Salud Federal en la implementación de la Política Nacional de Vacunación contra el virus SARS-CoV-2 para la prevención de la COVID-19 en México, *Diario Oficial de la Federación*, 25 de enero de 2021, https://www.dof.gob.mx/nota_detalle.php?codigo=5610327&fecha=25/01/2021#gsc.tab=0

Acuerdo por el que se establece una estrategia para la reapertura de las actividades sociales, educativas y económicas, así como un sistema de semáforo por regiones para evaluar semanalmente el riesgo epidemiológico relacionado con la reapertura de actividades en cada entidad federativa, así como se establecen acciones extraordinarias, *Diario Oficial de la Federación*, 14 de mayo de 2021, https://dof.gob.mx/nota_detalle.php?codigo=5593313&fecha=14/05/2020#gsc.tab=0

Acuerdo por el que se establecen acciones extraordinarias para atender la emergencia sanitaria generada por el virus SARS-CoV2, *Diario Oficial de la Federación,* 31 de marzo de 2020, https://www.dof.gob.mx/nota_detalle.php?codigo=5590914&fecha=31/03/2020&print=true

Acuerdo por el que se establecen las medidas preventivas que se deberán implementar para la mitigación y control de los riesgos para la salud que implica la enfermedad por el virus SARS-CoV2 (COVID-19), *Diario Oficial de la Federación,* 24 de marzo de 2020, https://dof.gob.mx/nota_detalle.php?codigo=5590339&fecha=24/03/2020#gsc.tab=0

Acuerdo por el que se establecen los criterios aplicables para la administración de los recursos humanos en las dependencias y entidades de la Administración Pública Federal para mitigar la propagación del coronavirus COVID-19, *Diario Oficial de la Federación,* 31 de julio de 2020, https://www.dof.gob.mx/nota_detalle.php?codigo=5597618&fecha=31/07/2020#gsc.tab=0

Bailón Corres, Moisés Jaime, "Derechos humanos, generaciones de derechos, derechos de minorías y derechos de los pueblos indígenas; algunas consideraciones generales", *Derechos Humanos México. Revista el Centro Nacional de Derechos Humanos,* año 4, núm. 12, 2009, pp. 103-128. *https://www.corteidh.or.cr/tablas/r28614.pdf* (última consulta: 14 de junio de 2021).

Camargo Rubio, Rubén Darío. "Triaje en la pandemia COVID-19: un abordaje con perspectiva de derechos humanos", *Acta Colombiana de Cuidado Intensivo,* vol. 22, número 3, 2022, pp. 182–190. doi:10.1016/j.acci.2021.09.003

Castañeda Prado, Andrés, Romay Hidalgo, Frida y Manzo Romero, Nancy Lizett, *Radiografía del desabasto. Informe de Transparencia en Salud 2017-2021,* Nosotr@s por la Democracia, 2022, 101 pp. https://cdn-yeeko.s3.us-west-2.amazonaws.com/assets/Radiografia+desabasto+2017-2021.pdf

Comisión Internacional de los Derechos Humanos, *Pandemia y Derechos Humanos en las Américas. Resolución 01/2020*, OEA, 10 de abril de 2020, pp. 1-22. https://www.oas.org/es/cidh/decisiones/pdf/Resolucion-1-20-es.pdf

Comité Internacional de Bioética, *Responsabilidad social y salud. Informe del Comité Internacional de Bioética de la UNESCO (CIB)*, CIB-UNESCO, 2017, 89 pp. https://unesdoc.unesco.org/ark:/48223/pf0000372251

Consejo de Salubridad General, *Guía Bioética para Asignación de Recursos Limitados de Medicina Crítica en Situación de Emergencia*, 7 de abril de 2020, pp. 1-17, http://www.csg.gob.mx/descargas/pdf/index/informacion_relevante/GuiaBioeticaTriaje_30_Abril_2020_7pm.pdf (última consulta 21 de junio de 2023).

Constitución Política de los Estados Unidos Mexicanos, *Diario Oficial de la Federación*, 5 de febrero de 1917 (última reforma 06 de junio de 2023). https://www.diputados.gob.mx/LeyesBiblio/pdf/CPEUM.pdf

Corte Interamericana de Derechos Humanos, *Declaración de la Corte Interamericana de Derechos Humanos 1/20, 9 de abril de 2020, COVID-19 y derechos humanos: los problemas y desafíos deben ser abordados con perspectiva de derechos humanos y respetando las obligaciones internacionales*, https://www.corteidh.or.cr/tablas/alerta/comunicado/declaracion_1_20_ESP.pdf

Escudero, Xavier, *et al.* "La pandemia de Coronavirus SARS-CoV-2 (COVID-19): Situación actual e implicaciones para México", *Archivos de Cardiología de México*, 90(Supl), 2020, pp. 7-14. DOI: 10.24875/ACM.M20000064

García Ochoa, R., y Bracamonte Sierra, A. "Acceso a los servicios de energía. Una crítica a la Agenda 2030 de México", *Región y sociedad*, año 31, e1146, 2019, pp. 1-26. doi: 10.22198/rys2019/31/1146

García, José Juan, «Bioética personalista y bioética principialista. Perspectivas», *Cuadernos de bioética*, Asociación Española de Bioética y Ética Médica, España, vol. 24, núm. 1, enero-abril 2013, pp. 67-76.

Gobierno de México, "Documentos de consulta", 2020, https://coronavirus.gob.mx/documentos-de-consulta/ (última consulta 21 de junio de 2023).

Gobierno de México, "Información para disminuir el estigma y discriminación durante la pandemia de COVID-19 al personal médico y paramédico", s.f., pp-1-6. https://coronavirus.gob.mx/wp-content/uploads/2020/06/SaludMental_EstigmaDiscriminacion.pdf (última consulta 21 de junio de 2023).

INAI, *Datos personales Seguros COVID-19*, https://micrositios.inai.org.mx/covid-19/ (última consulta 21 de junio de 2023).

INAI, *Responsables del Sector público y privado*, https://micrositios.inai.org.mx/covid-19/?page_id=163 (última consulta 21 de junio de 2023).

INAI, *Tipos de vulneración de datos personales*, https://micrositios.inai.org.mx/covid-19/?page_id=155 (última consulta 21 de junio de 2023).

Instituto Federal de Telecomunicaciones e INEGI, *Encuesta Nacional sobre Disponibilidad y Uso de Tecnologías de la Información en los Hogares (ENDUTIH) 2021*, 4 de julio de 2022, pp. 1-19. https://www.inegi.org.mx/contenidos/saladeprensa/boletines/2022/OtrTemEcon/ENDUTIH_21.pdf

Ley Federal de Protección de Datos Personales en Posesión de los Particulares, *Diario Oficial de la Federación*, 05 de julio de 2010. https://www.diputados.gob.mx/LeyesBiblio/pdf/LFPDPPP.pdf

Ley Federal de Transparencia y Acceso a la Información Pública, *Diario Oficial de la Federación*, 09 de mayo de 2016, última reforma 20 de mayo de 2021. https://www.diputados.gob.mx/LeyesBiblio/pdf/LFTAIP_200521.pdf

Ley General de Protección de Datos Personales en Posesión de Sujetos Obligados, *Diario Oficial de la Federación*, 26 de enero de 2017. https://www.diputados.gob.mx/LeyesBiblio/pdf/LGPDPPSO.pdf

Ley General de Salud, *Diario Oficial de la Federación*, 7 de febrero de 1984 (última reforma 29 de mayo de 2023). https://www.diputados.gob.mx/LeyesBiblio/pdf/LGS.pdf

Ley Orgánica de la Administración Pública Federal, *Diario Oficial de la Federación*, 29 de diciembre de 1976 (última reforma 03 de mayo de 2023). https://www.diputados.gob.mx/LeyesBiblio/pdf/LOAPF.pdf

Mireya Castañeda (compiladora), *Compilación de tratados y observaciones generales del sistema de protección de derechos humanos de Naciones Unidas*, Comisión Nacional de Derechos Humanos, México, 2015, 986 pp. https://www.corteidh.or.cr/tablas/r34177.pdf

Observación General No.14. El derecho al disfrute del más alto nivel posible de salud (Art 12 PIDESC), del Consejo Económico y Social, Comité de Derechos Económicos, Sociales y Culturales E/C.12/2000/4, del 11 de agosto de 2000.

OMS, Constitución, *s.f.*, https://www.who.int/es/about/governance/constitution (última consulta 20 de junio de 2023).

OPS-OMS, Vacunas contra la COVID-19, *s.f.*, https://www.paho.org/es/vacunas-contra-covid-19 (última consulta 20 de junio de 2023).

Organización Panamericana de la Salud, *Entender la infodemia y la desinformación en la lucha contra la COVID-19. Caja de herramientas: transformación digital | Herramientas de conocimiento*, Organización Panamericana de la Salud-Organización Mundial de la Salud, 2020, pp. 1-6. https://iris.paho.org/bitstream/handle/10665.2/52053/Factsheet-Infodemic_spa.pdf (última consulta 21 de junio de 2023).

Organización Panamericana de la Salud, *Guía para elaborar un plan nacional de despliegue y vacunación para las vacunas con-*

tra la COVID-19, OPS-OMS, Washington, D.C., 2021, 105 pp. https://iris.paho.org/handle/10665.2/53345

Ruiz, Priscilla y Pruneda Gross, Pablo, "Libertad artificial. Discursos, redes y pluralidad. Impactos diferenciados en la moderación de contenidos en plataformas digitales", Artículo 19–IIJ UNAM–Cultivando Género, A.C.–Colectivo por la Protección de Todas las Familias en Yucatán, *s.f.*, 90 pp. https://articulo19.org/wp-content/uploads/2022/10/A19_Netgain-LibertadArtificial.pdf

Sánchez, Delia M., "Nuevos y viejos dilemas y problemas éticos en época de pandemia", *Revista Uruguaya de Cardiología*, volumen 36, número 3, 2021, pp. 1-6 doi: 10.29277/cardio.36.3.19

Sosa Sacio, Juan Manuel, "Crítica a la dignidad humana y la noción de "necesidades básicas" como un posible mejor fundamento para los derechos", *THĒMIS-Revista de Derecho*, núm. 67, 2015, pp. 87-99.

World Health Organization, *Access to NCD medicines: emergent issues during the COVID-19 pandemic and key structural factors*, World Health Organization, 2023, 148p. https://apps.who.int/iris/handle/10665/366528

Protección de datos personales en el sector sanitario, en el contexto del derecho a la salud y de la digitalización impulsada por la pandemia COVID-19

CAROLINA LÓPEZ MEDINA
Abogada de Protección de Datos y Doctoranda en Derecho

1. INTRODUCCIÓN.

La generalización del uso de los medios digitales continúa avanzando a un ritmo sin precedentes en todos los ámbitos; centrándonos a lo largo del presente Capítulo en el sector sanitario, en el que la digitalización se ha ido instaurando de forma progresiva, acelerándose especialmente en estas últimas décadas y con el impulso de la crisis sanitaria derivada la pandemia COVID-19 y la situación excepcional de emergencia sanitaria en la que derivó a nivel global.

Digitalización que presenta múltiples ventajas con carácter general y en el ámbito de salud en particular, pero también diversos retos en múltiples áreas, poniendo el foco en aquellos en materia de protección de datos personales y privacidad, lo que se puso en evidencia en el contexto de la citada pandemia y las medidas y herramientas digitales que se desplegaron. Entre los citados desafíos tecnológicos se citan los derivados del metaverso, el ChatGPT, el Internet de las Cosas o IOT, la Inteligencia Artificial o IA, los denominados Chatbots[1] o la utilización de robots quirúrgicos para realizar operaciones a distancia.

Se parte de la premisa de que en el sector salud son objeto de tratamiento datos personales de la persona física de todo tipo, tanto información ordinaria -como pueden ser datos identificativos o de contacto-, como categorías especiales de datos o datos de carácter sensible, entre los que se comprenden los datos relacionados con la salud que son tratados por parte de todos los agentes que interactúan en este sector (profesionales sanitarios, hospitales, centros de salud, proveedores, usuarios o pacientes del sistema sanitario). Datos personales que, como es sabido, son considerados merecedores de una especial tutela por la propia normativa de protección de datos y por las Autoridades de Control en la materia, refiriéndonos de forma expresa a la Agencia Española de Protección de Datos (AEPD, en adelante), que en su labor lleva a cabo una tutela y control especial de las categorías especiales de datos.

Pues bien, teniendo en cuenta lo anterior, el presente Capítulo relaciona el derecho fundamental a la protección de datos consagrado en el artículo 18.4[2] de la Constitución Española de 1978 (CE, en adelante) en el ámbito sanitario en el marco del

---

1 La AEPD ha publicado recientemente un conjunto de recomendaciones para los usuarios en la utilización de Chatbots con Inteligencia Artificial, disponible en el siguiente enlace: https://www.aepd.es/es/documento/info-recomendaciones-chatbots-ia.pdf

2 Véanse el Considerando nº 1 RGPD en conexión con el art. 8, apartado 1 de la Carta de los Derechos Fundamentales de la UE y el art. 16.1. TFUE.

ordenamiento jurídico español, poniendo el foco en el impuso de la digitalización generado tras la pandemia COVID-19, que tuvo una gran y directa repercusión, así como también implicaciones en otros derechos fundamentales. Así, se pretende exponer en primer lugar, las principales particularidades del marco normativo del derecho a la protección de datos en el sector salud; y en segundo lugar, los principales hitos de digitalización y salud con referencia al impulso tras la pandemia COVID-19, así como poner en evidencia la evolución y el alcance de la telemedicina, sus principales ventajas y riesgos en materia de protección de datos.

Todo lo anterior, con el espíritu general de contribuir a la consolidación de una cultura global sobre protección de datos personales y en particular en el sector salud, dada su importancia y el carácter especial de los datos en él tratados. No solo como un derecho fundamental de la persona física, si no como un elemento esencial y clave, alrededor de cuya tutela ha de diseñarse todo proyecto, herramienta, proceso que se pretenda; con un especial enfoque del impacto de las medidas de la pandemia COVID-19.

2. PRINCIPALES PARTICULARIDADES DE PROTECCIÓN DE DATOS EN EL ÁMBITO SANITARIO.

2.1. Marco normativo de protección de datos en el sector sanitario.

Con caráter previo a exponer el marco normativo de protección de datos en el sector sanitario, es preciso recordar que en el ordenamiento jurídico español se reconoce el derecho a la protección de la salud como principio rector de la política social y económica española (artículo 43 CE). Teniendo lo anterior en cuenta, *"protección de datos personales"*[3] se puede definir como la facultad de las personas físicas de controlar el uso y destino de su información personal[4] por parte de terceros distintos del titular. Además de por su consideración como derecho fundamental, se caracteriza por ser transnacional y

---

3 Recordar que, a los efectos del RGPD, que los datos personales se definen como "toda información sobre una persona física identificada o identificable" ("el interesado") y persona física identificable es "toda persona cuya identidad pueda determinarse, directa o indirectamente, en particular mediante un identificador, como por ejemplo un nombre, un número de identificación, datos de localización, un identificador en línea o uno o varios elementos propios de la identidad física, fisiológica, genética, psíquica, económica, cultural o social de dicha persona". Señalar que los datos seudonimizados que habría atribuir a una persona física mediante la utilización de información adicional deben considerarse información también sobre una persona física identificable. Seudonimización es el tratamiento de datos de manera tal que ya no puedan atribuirse a un interesado sin utilizar información adicional, siempre que esta figure por separado y esté sujeta a medidas técnicas y organizativas destinadas a garantizar que los datos personales no se atribuyan a una persona física identificada o identificable. Anonimización y seudonimización son dos conceptos que se confunden, siendo una de sus diferencias las garantías que protegen los derechos de los interesados: mientras el conjunto de datos anonimizados no está bajo el ámbito de aplicación del RGPD, el conjunto de datos seudonimizados y la información adicional vinculada con dicho conjunto de datos sí. Más información en el siguiente enlace: https://www.aepd.es/es/prensa-y-comunicacion/blog/anonimizacion-y-seudonimización. Por último, el resto de datos se consideran no personales y entran en el ámbito de aplicación del Reglamento (UE) 2018/1807, relativo a un marco para la libre circulación de datos no personales en la Unión Europea (*Free Flow of non-personal Data*).

4 No es un concepto idéntico al de privacidad, concepto anglosajón más amplio y genérico, si no que es un concepto específico de la información concreta en el que el titular de los datos es el propio individuo.

transversal, independiente del derecho a la intimidad personal y familiar, así como distinto a su vez del concepto de privacidad más genérico. Se ha ido perfilando en su consideración hasta la concepción actual de protección de datos como derecho limitado y no absoluto, susceptible, por tanto, de ceder ante un interés o derecho constitucional[5] que sirve a la *"función de garantizar a la persona un poder de control del uso y destino sobre sus datos personales"* (Sentencia del Tribunal Constitucional nº 292/2000, de 30 de enero de 2000, Fundamento Jurídico 6).

A efectos de la actual normativa europea, dentro del concepto de datos personales al que se ha hecho referencia, es preciso distinguir entre los datos sensibles, datos relativos a la salud, datos genéticos y datos biométricos. Así, los datos relativos a la salud se refieren a la información personal relativa a la salud física o mental de una persona física, incluida la prestación de servicios de atención sanitaria que revelen información sobre su estado de salud (art. 4.15 RGPD) pasado, presente o futuro, mayor o menor de edad, identificada o identificable, por lo que se consideran dato sensible[6]. Es decir, comprenden cualquier dato de estado de salud física

---

5 (García-Atance, s.f.). Véase el Considerando nº 4 RGPD.

6 (Delgado Martín, 2019) Véase el Considerando 35 RGPD, que aclara que "se incluye la información sobre la persona física recogida con ocasión de su inscripción a efectos de asistencia sanitaria, o con ocasión de la prestación de tal asistencia, de conformidad con la Directiva 2011/24/UE del Parlamento Europeo y del Consejo; todo número, símbolo o dato asignado a una persona física que la identifique de manera unívoca a efectos sanitarios; la información obtenida de pruebas o exámenes de una parte del cuerpo o de una sustancia corporal, incluida la procedente de datos genéticos y muestras biológicas, y cualquier información relativa, a título de ejemplo, a una enfermedad, una discapacidad, el riesgo de padecer enfermedades, el historial médico, el tratamiento clínico o el estado fisiológico o biomédico del interesado, independientemente de su fuente, por ejemplo un médico u otro profesional sanitario, un

o mental e información relativa a una enfermedad discapacidad, incluso el riesgo de padecer enfermedades, el historial médico o el tratamiento clínico.

Los datos genéticos, en cambio, son toda información personal relativa a las características genéticas heredadas o adquiridas de una persona que proporcionen información única sobre la fisiología o la salud, obtenidos en particular del análisis de una muestra biológica. Son considerados una subcategoría de datos de salud, pues tal y como ponía de relieve PEREZ GÓMEZ, J.M.[7], pueden revelar información que trasciende de la información de dato relativo a salud ordinario, pudiendo tener carácter predictivo y afectar a la persona determinándola en la medida que permiten dar a conocer el linaje de procedencia de cada individuo, generando riesgos de sufrir discriminaciones. De ahí, que el Grupo de Trabajo del art. 29 de la Directiva derogada sobre protección de datos (el actual Comité Europeo de Protección de Datos – CEPD, en adelante)[8] consideraba que su correcta tutela "puede considerarse hoy como una condición previa para garantizar el respeto del principio de igualdad y para que el derecho de salud exista realmente"[9].

Por su parte, los datos biométricos son aquellos obtenidos a partir de un tratamiento técnico específico relativos a las características físicas, fisiológicas o conductuales que permitan o confirmen la identificación única de dicha persona. Pueden

---

hospital, un dispositivo médico, o una prueba diagnóstica in vitro". Véase también el Considerando nº 54 RGPD.

7 (Pérez Gómez, 2019).

8 Directiva 95/46/CE del Parlamento Europeo y del Consejo, de 24 de octubre de 1995, relativa a la protección de las personas físicas en lo que respecta al tratamiento de datos personales y a la libre circulación de estos datos. Derogada por el RGPD.

9 Documento de Trabajo sobre datos genéticos, adoptado el 17 de marzo de 2004.

referirse a características fisiológicas, como la huella dactilar, facial, el iris, la retina, el ADN; o conductuales o de comportamiento, como la voz, la firma, forma de andar o incluso la escritura en un teclado.

Aclarada dicha diferenciación, es notorio que en las bases de datos del sistema de salud, tanto públicos como privados, son objeto de tratamiento datos personales identificativos y toda la información sobre su estado de salud (pruebas diagnósticas, cirugías, medicamentos o antecedentes familiares), constituyendo la la Historia Clínica del paciente (HC, en adelante) el conjunto de toda la información personal y de salud, el conjunto de documentos que contienen "los datos, valoraciones e informaciones de cualquier índole sobre la situación y la evolución clínica de un paciente a lo largo del proceso asistencia" (L 42/2002 – básica reguladora de la autonomía del paciente y derechos y obligaciones en materia de información y documentación clínica", LAP en adelante)[10].

A modo de antecedentes respecto a la HC, anteriormente en el sistema español la información quedaba restringida a cada Comunidad Autónoma, lo que suponía un grave problema para la calidad asistencial cuando los ciudadanos se desplazaban a otra Comunidad Autónoma. Sin embargo, en la actualidad, funciona como un elemento fundamental de la asistencia y prestación sanitaria, dejando constancia de los datos que bajo criterio médico permitan ese conocimiento veraz y actualizado del estado de salud de la persona, esa in-

---

10 (Memento Derecho de las Nuevas Tecnologías, 2021) Esta ley es la norma básica, aunque téngase en cuenta que algunas Comunidades Autónomas como País Vasco, Andalucía, Cataluña o Galicia han desarrollado normas autonómicas, como se ponía de manifiesto anteriormente. Más información al respecto de la normativa autonómica en (Memento Derecho de las Nuevas Tecnologías 2021) y (AEPD, 2019, *Guía para pacientes y usuarios de la sanidad*).

formación considerada trascendental para el conocimiento veraz y actualizado del estado de salud del paciente. Permite elevar los estándares de calidad y agilizar las relaciones entre la administración sanitaria y los usuarios; permite que la información esté conservada de forma estructurada[11], accesos controlados y auditables, facilidad en el procesamiento de la información (actualización, rectificación), favorece el cumplimiento de los principios de exactitud de los datos; automatización de borrado y además, genera una mayor seguridad con carácter general. Es por ello que la aplicación de la tecnología en las Historias Clínicas se valora de forma muy positiva por los usuarios de la sanidad y se ha evidenciado ser muy positiva, considerándola incluso *"un arma fundamental para identificar todos los tratamientos y patologías del usuario, para la medicina preventiva, para desarrollar líneas epidemológicas, generar estadísticas de riesgos de amplios sectores poblacionales, para prevenir incidencias futuras en la salud de la población; y para planificar sistemas de atención primaria a corto, medio y largo plazo"*[12].

Teniendo en cuenta lo anterior y siguiendo con el marco normativo de protección de datos en el sector sanitario interesa referirnos, en primer lugar, a las particularidades de las bases legitimadores de aplicación para el tratamiento de datos de salud; y en segundo lugar, a las particularidades de los principios de protección de datos de aplicación.

En cuanto a las bases legitimadoras para el tratamiento de datos de salud, por regla general son de aplicación las mismas que con carácter general del art. 6 RGPD, entre las que se citan el consentimiento del interesado con las condiciones del art. 4 RGPD[13]; la ejecución de un contrato en el que el interesado

---

11 (AEPD, 2019, *Guía para pacientes y usuarios de la sanidad).*

12 (AEPD, 2019, *Guía para pacientes y usuarios de la sanidad*)

13 De hecho, normalmente, es el consentimiento, respecto al que el art. 4 RGPD especifica que ha de ser una manifestación de voluntad

sea parte, el cumplimiento de una obligación legal aplicable al responsable del tratamiento[14] o la protección de intereses vitales del interesado o de otra persona física. La particularidad radica en que el RGPD prevé una regla general de prohibición de tratamiento de los datos sensibles, entre los que se encuentran los datos de salud.

Así, el art. 9.1 RGPD expresa de forma literal: *"1. Quedan prohibidos el tratamiento de datos personales que revelen el origen étnico o racial, las opiniones políticas, las convicciones religiosas o filosóficas, o la afiliación sindical, y el tratamiento de datos genéticos, datos biométricos dirigidos a identificar de manera unívoca a una persona física, datos relativos a la salud o datos relativos a la vida sexual o las orientación sexuales de una persona física".*

Aunque, en el apartado 2 del mismo art. 9 RGPD, expresa una excepción a dicha regla expresando que lo anterior no será de aplicación cuando concurra una de las circunstancias en él reflejadas, entre las que destacan las siguientes: i) el consentimiento del interesado para el tratamiento de dichos datos con uno o más de los fines especificados, excepto cuando el Derecho de la Unión o de los Estados miembros establezca que

---

libre, específica, informada e inequívoca por la que el interesado acepte, ya sea mediante una declaración o una clara acción afirmativa, el tratamiento de datos personales que le conciernen. Además, el responsable del tratamiento deber ser capaz de demostrar que el titular del dato ha dado su consentimiento en tales condiciones (Considerando nº 42 RGPD), por el principio de responsabilidad proactiva que veremos más adelante. Véase respecto al consentimiento los articulos 7 y 9 RGPD regulan expresamente las condiciones para el consentimiento y cuando es de un menor de edad.

14 El responsable del tratamiento de los datos integrantes de la HC es el médico o centro sanitario, quienes tienen la obligación de elaborarla, custodiarla e implantar las medidas de seguridad para que no accedan a ella terceros no autorizados o no se pierda (AEPD, 2019, *Guía para pacientes y usuarios de la sanidad).*

la prohibición no puede ser levantada por el interesado; ii) que el tratamiento sea necesario para proteger intereses vitales del interesado o de otra persona física, en el supuesto de que el interesado no esté capacitado, física o jurídicamente, para dar su consentimiento; iii) que el tratamiento se refiere a datos personales que el interesado ha hecho manifiestamente públicos; o que iv) el tratamiento es necesario para fines de medicina preventiva o laboral, evaluación de la capacidad laboral del trabajador, diagnóstico médico, prestación de asistencia o tratamiento de tipo sanitario o social, o gestión de los sistemas y servicios de asistencia sanitaria y social, sobre la base del Derecho de la Unión o de los Estados miembros o en virtud de un contrato con un profesional sanitario[15].

Es decir, en su apartado 2 del citado artículo, prevé que se pueda excepcionar el derecho a la protección de datos en casos de interés público por cuestiones sanitarias, en el mismo sentido que la LOPDGDD 3/18 en su art. 9.2. Además, prevé otra excepción adicional en el art. 9.4. RGPD por la que: *"Los Estados miembros podrán mantener o introducir condiciones adicionales, inclusive limitaciones, con respecto al tratamiento de datos genéticos, datos biométricos o datos relativos a la salud"*[16]. En este punto se menciona que estas referencias sobre legislaciones de los Estados miembros tienen el efecto de que el RGPD no logre

---

15 Art. 9.3 RGPD: "Los datos personales a que se refiere el apartado 1 podrán tratarse a los fines citados en el apartado 2, letra h), cuando su tratamiento sea realizado por un profesional sujeto a la obligación de secreto profesional, o bajo su responsabilidad, de acuerdo con el Derecho de la Unión o de los Estados miembros o con las normas establecidas por los organismos nacionales competentes, o por cualquier otra persona sujeta también a la obligación de secreto de acuerdo con el Derecho de la Unión o de los Estados miembros o de las normas establecidas por los organismos nacionales Competentes".

16 Véanse los Considerandos nº 52, 53 y 54 RGPD.

de forma absoluta su afán de homogeneizar o armonizar con el que fue creado.

Cabe precisar en relación con la base legitimadora del consentimiento, que no es necesario que el responsable de tratamiento, médico o el centro sanitario solicite consentimiento al paciente para la recogida y utilización de sus datos cuando se vayan a utilizar para fines de medicina preventiva o laboral, evaluación de la capacidad laboral del trabajador, diagnóstico médico, prestación de asistencia o tratamiento de tipo sanitario o social, o gestión de los sistemas y servicios de asistencia sanitaria y social. Tampoco si el tratamiento se efectúa por razones de interés público en el ámbito de la salud pública, como la protección frente a amenazas transfronterizas graves para la salud o para garantizar elevados niveles de calidad y de seguridad de la asistencia sanitaria y de los medicamentos o productos sanitarios, o la inspección de reclamaciones de los ciudadanos.

Igualmente ocurre no siendo necesario el consentimiento al paciente cuando es necesario para proteger intereses vitales del interesado o de otra persona física, en el supuesto de que el interesado no esté capacitado, física o jurídicamente, para dar su consentimiento o cuando lo solicite un órgano judicial. Eso sí, las personas que traten los datos deben ser profesionales sujetos a la obligación de secreto profesional o que estén bajo su responsabilidad. Sí que se deberá pedir el consentimiento, por ejemplo, en el caso de que el odontólogo o el fisioterapeuta pretendan tratar los datos con fines de comunicaciones comerciales o publicidad[17], configurando otras finalidades distintas de aquellas para las que fueron recogidos, siendo necesario informar además en caso de que se pretendan.

---

[17] Guía para pacientes y usuarios de la sanidad, AEPD noviembre 2019. p. 6. Recuperado de: https://www.aepd.es/sites/default/files/2019-12/guia-pacientes-usuarios-sanidad.pdf.

De otro lado, en lo que respecta a los principios de protección de datos, con carácter general son de aplicación en el sector salud los mismos del art. 5 RGPD, así como los contemplados a lo largo de la normativa en otros preceptos, que se recuerda no deben aplicarse a información anónima o aquella que no guarda relación con una persona física identificada o identificable, toda vez que el RGPD no afecta al tratamiento dicha información anónima, inclusive con fines estadísticos de la investigación, y los de la especial legislación española, la LOPDGDD 3/18 (arts. 4 a 10).

Así, son igualmente de aplicación en el ámbito salud los principios de licitud, lealtad, transparencia[18]; y de limitación de la finalidad, por el que los datos han de ser recogidos con fines determinados, explícitos y legítimos, y no serán tratados ulteriormente de manera incompatible. Aunque se prevé que el tratamiento ulterior de los datos personales con fines de archivo en interés público, fines de investigación científica e histórica o fines estadísticos no se considerará incompatible con los fines iniciales. A modo de ejemplo, si se ha consentido en la utilización de los datos para fines de una concreta

[18] Respecto al principio de transparencia, se exige que que se informe por el responsable del tratamiento al interesado de la existencia de la operación de tratamiento y sus fines Así, el responsable del tratamiento debe facilitar al interesado toda la información complementaria sea necesaria para garantizar un tratamiento leal y transparente, habida cuenta de las circunstancias y del contexto específicos en que se traten los datos personales. También, se debe informar al interesado de la existencia de la elaboración de perfiles y de las consecuencias de dicha elaboración. A mayor abundamiento, véase el Considerando 58 nº RGPD respecto a la transparencia. Especial mención y tutela merecen los menores de edad, pues cualquier información y comunicación cuyo tratamiento les afecte debe facilitarse en un lenguaje claro y sencillo, que sea fácil entender como menores de edad, adaptado para proteger y que sean compresible para los menores.

investigación científica (por ejemplo, en relación con el cáncer de mama o de endometrio) se podrán utilizar para otras investigaciones oncológicas pero en ningún caso para otra finalidad distinta incompatible.

Otros de los principios que son de aplicación son el de minimización de datos, por el que los datos serán adecuados, pertinentes y limitados a lo necesario en relación con sus fines. Es decir, los datos mínimos necesarios para prestar la mejor asistencia sanitaria, aunque pueda ser ampliada dada la variedad de factores que pueden afectar a la salud del paciente (bebidas, antecedentes familiares, hábitos, deporte). Así mismo, se aplican los principios de exactitud de los datos, lo que es esencial en el ámbito de la salud porque puede tener altos riesgos en la vida de los pacientes; y de limitación del plazo de conservación, que implica como su propia denominación indica, que datos serán mantenidos de forma que se permita la identificación de los interesados durante no más tiempo del necesario para los fines de su tratamiento.

Respecto a este último, cabe mencionar que existe una particularidad en la *Ley 10/2010 de prevención del blanqueo de capitales y de la financiación del terrorismo*, que establece la obligación de conservación de los documentos en que se formalice el cumplimiento de las obligaciones durante diez años[19]. Además, que transcurridos cinco años desde la terminación de la relación de negocios o la ejecución de la operación, la documentación únicamente será accesible por los órganos de control interno del sujeto obligado y, en su caso, aquellos encargados de su defensa legal. Las copias de los documentos de identificación formal se han de guardar en soportes ópticos, magnéticos o electrónicos y en todo caso, el sistema de archivo de los sujetos obligados debe asegurar la adecuada gestión

---

19 (Memento Práctico Protección de Datos, 2019)

y disponibilidad de la documentación, para control interno, como para atención en tiempo y forma posibles requerimientos de autoridades.

Sin embargo, se permite que puedan conservarse durante períodos más largos siempre que se traten exclusivamente con fines de archivo en interés público, fines de investigación científica o histórica o fines estadísticos, de conformidad con el artículo 89, apartado 1 RGPD; sin perjuicio de la aplicación de las medidas técnicas y organizativas apropiadas que impone la normativa europea para proteger los derechos y libertades del interesado[20]. Respecto a la HC, en concreto, debe conservarse durante todo el tiempo que se va a prestar asistencia sanitaria para facilitarlo a los órganos judiciales, para efectuar estudios epidemiológicos, docencia e investigación. En este último supuesto, podrían pseudonimizarse y separar los datos identificativos del paciente de los de salud aunque puedan volver a asociarse si es necesario[21].

También, se aplican los principios de integridad y confidencialidad, por el que los datos serán tratados de tal manera que se garantice una seguridad adecuada de los mismos,

---

20 Según el Considerando nº 39 RGPD: "Ello requiere, en particular, garantizar que se limite a un mínimo estricto su plazo de conservación. Los datos personales solo deben tratarse si la finalidad del tratamiento no pudiera lograrse razonablemente por otros medios. Para garantizar que los datos personales no se conservan más tiempo del necesario, el responsable del tratamiento ha de establecer plazos para su supresión o revisión periódica. Deben tomarse todas las medidas razonables para garantizar que se rectifiquen o supriman los datos personales que sean inexactos. Los datos personales deben tratarse de un modo que garantice una seguridad y confidencialidad adecuadas de los datos personales, inclusive para impedir el acceso o uso no autorizados de dichos datos y del equipo utilizado en el tratamiento".

21 (AEPD, 2019, *Guía para pacientes y usuarios de la sanidad)*

incluida la protección contra el tratamiento no autorizado o ilícito y contra su pérdida, destrucción o daño accidental, mediante la aplicación de medidas técnicas u organizativas apropiadas. Adicionalmente, resulta de aplicación el principio de responsabilidad proactiva o *accountability* que no se regula de forma específica pero sí se hace referencia al mismo en todo el articulado del RGPD[22], como por ejemplo en el apartado segundo del art. 5 RGPD. Un principio muy relevante que en la práctica que supone que el responsable del tratamiento debe aplicar medidas técnicas y organizativas apropiadas a fin de garantizar y poder demostrar que el tratamiento es conforme con la normativa, lo que es esencial de cara a auditorías, a requerimientos de la AEPD pero también para cumplir con el espíritu de la normativa de tutela y correcto tratamiento de los datos personales.

Ello, teniendo en cuenta los mayores riesgos que podrían producirse en ciertos casos (LOPDGDD arts. 28.2 c y d y f), como pueden ser[23] un tratamiento no meramente incidental o accesorio de datos sensibles; que implique evaluación de aspectos personales de los afectados para crear o usar perfiles personales de los mismos, mediante el análisis o la predicción de aspectos sobre su rendimiento laboral, situación económica, salud, preferencias o intereses personales, fiabilidad o comportamiento, solvencia financiera, localización o movimientos: o un tratamiento masivo que implique gran número de afectados o conlleve recogida de gran cantidad de datos. En este sentido, se ha de valorar la procedencia de realizar

---

22 Por ejemplo, el Considerando nº 42 RGPD expresa que cuando el tratamiento se lleva a cabo con el consentimiento del interesado, el responsable del tratamiento debe ser capaz de demostrarlo, que aquel dio su consentimiento para ello.

23 (Memento Práctico Protección de Datos, 2019).

una evaluación de impacto y la consulta previa a la Autoridad de Control correspondiente de control en su caso.

A dichos principios se ha de añadir otro muy relevante que es el deber de información[24], que en el sector sanitario comprende de forma obligatoria una serie de cuestiones para el paciente, desde la identidad y los datos del responsable del tratamiento y, en su caso, de su representante; de contacto del Delegado de Protección de Datos (DPO, en adelante) en el caso de que sea obligatorio (como en los hospitales, centros de salud, centros de atención especializada o las clínicas de salud, excluyéndose en cambio, las consultas privadas de un profesional sanitario); hasta la información de los destinatarios o las categorías de destinatarios de los datos (como en las consultas de médicos a los que se acude a través de una aseguradora privada, se facilitarán los datos imprescindibles a la aseguradora para que le abone el servicio prestado); la intención de transferir datos personales a un tercer país u organización internacional o el plazo de conservación los datos o los criterios para determinarlo; los derechos del interesado en materia de protección de datos[25], entre otros aspectos del tratamiento.

Por último, el esencial el respeto del principio de privacidad desde el diseño y por defecto, que implica utilizar un enfoque orientado a la gestión del riesgo y de responsabilidad proactiva para establecer estrategias que incorporen la protección de datos a lo largo de todo el ciclo de vida del objeto o proyecto,

---

24 Véase el Considerando nº 61 RGPD.

25 Estas reclamaciones se presentarán en la AEPD o las autoridades de protección de datos catalana, vasca o andaluza, cuando el responsable esté integrado en la sanidad pública de estas Comunidades Autónomas.

entendido este como las fases por las que atraviesa este desde su concepción hasta su retirada[26].

A modo de conclusión, se puede afirmar que el tratamiento de datos de salud tiene un régimen especial de tratamiento tal y como se conciben en la normativa y cómo han sido tratados por la Autoridad de Control, precisando una mayor cautela en sí, no solo para evitar sanciones, sino por las graves consecuencias derivadas de su trato ilícito, que pueden ser del todo irreparables. Además tanto las bases de legitimación como los principios de protección de datos son los mismos en el sector salud que los de aplicación con carácter general, aunque con ciertas particulares por la especialidad del tratamiento de datos de salud, debiendo siempre a prestar atención al tratamiento en particular.

2.2. Digitalización y salud con especial referencia al impulso derivado de la pandemia COVID-19.

2.2.1. Evolución y alcance de la telemedicina.

La inclusión de la digitalización y las nuevas tecnologías ha transformando el sector de la salud y la atención médica, especialmente teniendo en cuenta el sistema sanitario tradicional y poco digitalizado hasta hace relativamente poco tiempo. El uso de Internet, las Tecnologías de la información y la Comunica-

---

26 Véanse la AEPD la Guía de "Privacidad desde el Diseño Recuperado de: https://www.aepd.es/sites/default/files/2019-11/guia-privacidad-desde-diseno.pdf. Y la Guía de Privacidad por defecto, recuperado de: https://www.aepd.es/sites/default/files/2020-10/guia-proteccion-datos-por-defecto.pdf.

ción (TIC, en adelante), el IoT[27] y la IA en el ámbito sanitario está en constante evolución, marcando un punto de inflexión en el aumento de su utilización la irrupción de la pandemia COVID-19, siendo notorio que con ella se incrementó exponencialmente la inversión en las TIC y en la tecnología por parte del sistema sanitario español, así como que durante la misma se publicó numerosa y diversa normativa por parte del Gobierno y de la AEPD, junto a todas las medidas tomadas por parte de las autoridades y profesionales competentes.

En este sentido, cabe recordar la aplicación o "app" de asistencia COVID-19 creada con la finalidad de evitar la obstrucción de los sistemas de información telefónica, en la que su uso y entrega de información era voluntaria pero su posterior tratamiento se legitimaría sobre la base de interés público (mientras permaneciese la emergencia sanitaria) y la protección de intereses vitales sin necesidad del consentimiento del titular. Además, la información era incorporada a la HC del paciente, por lo que debía conservarse y tratarse una vez concluida la situación de emergencia en los términos legalmente establecidos. Los datos de geolocalización por GPS del móvil al descargarse la aplicación solo se utilizarían para verificar que se encontraba en la Comunidad Autónoma en la que declaraba recibir asistencia sanitaria para evitar la propagación de la pandemia[28].

---

27 Respecto al IOT, se refiere a la interconexión de objetos cotidianos a internet y aplicado al sector salud se puede definir como el control constante de la salud de pacientes. Conexión constante de la salud de pacientes y conexión en tiempo real con el hospital o centro sanitario.

28 (Rubí, 2020).

En este punto, se trae a colación que la AEPD en su Comunicado inicial de 31 de julio de 2020[29] aclaró que los datos que se recogen, aunque estén relacionados con el control de la pandemia y su tratamiento sea al objeto de poder identificar posibles infectados, no son datos catalogados en el RGPD como "categorías especiales". También, que la obligación de tomar datos y cederlos a las autoridades sanitarias se fundamentaría, con carácter preferente, en la garantía de un interés público de controlar la pandemia (artículo 6.1.e) RGPD), indicando la necesidad de cumplir con los principios de protección de datos, de necesidad, así como la no existencia de otras medidas más moderadas para ese fin y cumplir con el principio de minimización y de limitación de la finalidad.

En cuanto a otras medidas adoptadas por las Administraciones para luchar contra la pandemia que afectaron al derecho fundamental de protección de datos, fueron la obligación exhibición del pasaporte COVID-19, que afecta a su vez al contenido esencial de derechos fundamentales (igualdad, intimidad). Al respecto, se trae a colación la evolución–vinculada a la evolución de la epidemia- de las decisiones judiciales y la jurisprudencia sobre los requisitos para la adopción de la medida sanitaria de obligada exhibición del pasaporte, desde una mayor rigidez a una laxitud respecto a la base jurídica, como a la aplicación del principio de proporcionalidad[30].

---

29 Recuperado de: https://www.aepd.es/es/prensa-y-comunicacion/notas-de-prensa/comunicado-sobre-la-recogida-de-datos-personales-por-parte-de-los-establecimientos.

30 Por todas, se citan la Sentencia de la Sección Cuarta de la Sala de lo Contencioso-Administrativo del Tribunal Supremo núm. 1112/2021, de 14 de septiembre y Sentencia de la Sección Cuarta de la Sala de lo Contencioso-Administrativo del Tribunal Supremo núm. 1412/2021, de 1 de diciembre.

En cuanto al conocido pasaporte COVID-19, desde la óptica constitucional, entre sus principales problemáticas destaca que la adopción de cualquier medida sanitaria que afecte al contenido esencial de los derechos fundamentales requiere regulación por Ley Orgánica y además, se respete el principio de proporcionalidad, necesidad, idoneidad o no sea demasiado intrusiva.

Además, se citan otras medidas que generaron debate como las aplicaciones de información voluntaria de contagios (COVapps[31]), las aplicaciones, webs o *chatbots* para autotest o cita previa, la geolocalización de móviles por los operadores de telecomunicaciones o a partir de redes sociales, las cámaras de infrarrojos para lecturas masivas de temperatura[32] o el reconocimiento facial en la realización de pruebas de evaluación online[33]. Al respecto de la toma de temperatura corporal se entiende que puede ser proporcionada según la finalidad, puede estar legitimado para proteger a los trabajadores y la comunidad a la que se presta el servicio; y se respetan los principios de minimización, limitación del plazo de conservación

---

31 Más información en (Martínez, 2020, Apps coronavirus y desconfianza ciudadana).

32 Más información sobre esta medida en el siguiente enlace: https://www.aepd.es/es/prensa-y-comunicacion/notas-de-prensa/comunicado-aepd-temperatura-establecimientos.

33 Respecto a este tratamiento, se trae a colación el Informe Jurídico N/REF 0036/2020, disponible en el siguiente enlace: https://www.aepd.es/es/documento/2020-0036.pdf. Fundamentalmente, considera que las técnicas de reconocimiento facial para identificación biométrica suponen un tratamiento de datos especiales para los que la normativa exige garantías reforzadas; el consentimiento del examinado solo puede ser considerado libre y, por tanto, válido cuando se haya ofrecido alternativa equivalente en cuento a duración y dificultad; así como si se opta por basarlo en interés público, se requeriría norma con rango de ley que lo habilitase y estableciera garantías especiales.

o la posibilidad de identificar a la persona fuese mínima y se disponen implantadas de las medidas de seguridad oportunas.

Dicho esto, interesa hacer referencia a otro punto importante y es la aplicación del IOT al sector salud, que como prácticamente todas las herramientas, configura una espada de doble filo pues entre sus ventajas se encuentran las de conllevar un más fácil acceso al sistema de salud, una mejor y más rápida atención y control del paciente. Además, es más rentable y genera menos costes, junto con una mayor calidad y mejores resultados, permite la conexión directa paciente-médico (lo que es recomendable teniendo en cuenta que el sistema de salud está cambiando y evolucionando) centrándose cada vez más en la atención en el hogar del paciente. De otro lado, es preciso tener cautelas pues pueden suponer el rastreo, geolocalización y seguimiento de una persona física; la elaboración de perfiles y la recogida de información para fines determinados, explícitos y legítimos; conservación de la información, los proveedores que facilitan esa tecnología en ocasiones conllevan Transferencias Internacionales de Datos.

Además, hay diferentes intervinientes (desarrolladores, app, conexión con otras apps, en los Smartphone, en los que se puede descargar aplicaciones, entre ellas, del sector sanitario), lo que implica un control y respeto por todos los agentes de la cadena de la normativa de protección de datos. En esta línea, el IOT puede suponer riesgos para la seguridad de la información y su acceso indebido por parte de terceros; así como el riesgo de los datos, muchos de ellos sensibles que los usuarios ceden a estas aplicaciones, como la toma de tensión, el pulsómetro, test variados de predicción de sufrir una determinada enfermedad.

Es preciso, por ello, el establecimiento de un sistema de garantías adicionales de protección de esos datos personales, así como del resultado del análisis de ciertos aspectos del individuo; para evitar consecuencias en los derechos fundamentales, especialmente el de protección de datos y de intimidad personal y familiar. Más aún, en el caso de datos de menores de edad, al considerarse más vulnerables y expuestos a los riesgos, y respecto a las aplicaciones móviles de diagnóstico, sobre todo de enfermedades genéticas[34].

En cuanto a la IA, entendida como la combinación de algoritmos planteados con el propósito de crear máquinas que presenten las mismas capacidades que el ser humano"[35], con el objetivo de facilitar la vida de las personas está presente en la vida cotidiana, por ejemplo, en el sistema de identificación facial de los móviles, en los asistentes virtuales de voz como "Siri" de Apple o "Alexa" de Amazon. Aplicada al sector de la salud, si bien es cierto que está facilitando el diagnóstico de enfermedades, tiene riesgos que es preciso tener en cuenta en materia de protección de datos.

Como requisitos para lograr una IA confiable se encontraría el respeto de la privacidad y protección de datos, en cuanto a que es el derecho por parte del titular o usuario de controlar sus datos de carácter personal. Se debe respetar el RGPD en las dos fases principales, tanto en la fase de concepción, elaboración y desarrollo del sistema de Inteligencia Artificial; como en la fase de explotación del sistema de IA (englobado en un tratamiento de datos personales más amplio). También, se debe tener claro el rol respecto al tratamiento de datos personales, si se tiene una posición como responsables de tratamiento en cada una de las fases (entrenamiento del sistema, toma de decisiones...) u otro distinto.

Cada vez es más frecuente la utilización de la IA en el ámbito sanitario y en concreto, para la identificación biométrica

---

34 (Ramón, 2017)

35 Recuperado de: https://www.iberdrola.com/innovacion/que-es-inteligencia-artificial.

de las personas físicas; definiéndose los sistemas de biometría por la "toma de datos con el objetivo de llevar a cabo un reconocimiento inequívoco, aplicando de manera automática una serie de técnicas sobre rasgos físicos o de conducta propios de cada persona"[36]. Es decir, las técnicas de tratamiento de datos biométricos se basan en recoger y procesar "rasgos físicos, conductuales, fisiológicos o neuronales de las personas mediante dispositivos o sensores, creando firmas o patrones que posibilitan la identificación, seguimiento o perfilado de las personas". Algunos de estos métodos requieren la cooperación del titular del dato, mientras que otros pueden capturar datos a distancia, sin requerir la cooperación del individuo y además, sin que pueda tener conciencia de ello. Por ello, su validación ha de realizarse desde el diseño y normalmente este tipo de tratamiento requerirá una evaluación de impacto como exige el art. 35 RGPD.

Por tanto, para ver el alcance del tratamiento se tendrán en cuenta, como recomienda la AEPD[37], el impacto que pueda tener en los individuos, que será mayor cuanto "mayor sea el ámbito del tratamiento en el que se incluya la operación biométrica, con relación al número de sujetos afectados, el volumen de parámetros biométricos utilizados, la extensión geográfica, la duración en el tiempo del tratamiento, la frecuencia de recogida de información biométrica o el periodo de conservación de los datos, entre otros. Precisa también la AEPD que para que las técnicas biométricas puedan tratar datos sensibles, "se tendrá que determinar una causa para levantar la prohibi-

---

36 Recuperado de: https://cuadernosdeseguridad.com/2021/11/biometria-inteligencia-artificial-europa-ana-marzo/.

37 Empleo de datos biométricos: Evaluación desde la perspectiva de protección de datos, en el siguiente enlace: https://www.aepd.es/es/prensa-y-comunicacion/blog/datos-biometricos-evaluacion-perspectiva-proteccion-datos.

ción para cada una de las categorías de datos especiales de las referidas en el artículo 9 del RGPD, sobre la que se pretenda realizar una operación de tratamiento. Si no hay una causa que permita el levantamiento de la prohibición que establece el artículo 9.1 del RGPD para cada una de las categorías objeto de tratamiento; el tratamiento no solo será intrusivo, sino que estará prohibido". Tal y como se vio en el apartado anterior en el marco normativo de protección de datos sensibles.

Adicionalmente, en el marco de un tratamiento, cualquiera de las distintas técnicas biométricas que se incluyan tienen que ser evaluadas de acuerdo con la adecuación, proporcionalidad y la necesidad, su finalidad, e impacto en los derechos y libertades de las personas físicas y los riesgos que conllevan, tanto para el individuo como para la sociedad.

Siguiendo a RICARD MARTINEZ MARTINEZ[38], se aprecian oportunidades y riesgos en las tecnologías y los procesos afectados por IA, siendo los más destacados identificados por el Grupo de Trabajo sobre "Inteligencia Artificial y Desarrollo Humano": el riesgo de discriminación digital derivado de las brechas digitales y discriminación laboral, por la desaparición de puestos sustituidos por máquinas. En cuanto a la aplicación de la IA, es esencial tener en cuenta que la realidad supera y adelanta a la ficción, en el sentido de que la tecnología y la IA avanza siendo necesario ir tomando decisiones estratégicas, sin perjuicio de la posterior regulación, basadas en asegurar un desarrollo de la tecnología que respete y tenga como límite los derechos fundamentales; garantizar que los procesos de desarrollo tecnológico tengan en cuenta el ordenamiento jurídico. Además, con una aproximación jurídica al desarrollo de IA con un enfoque coherente con los procesos de diseño y con una aproximación equilibrada de

---

38 (Martínez,2019, *Inteligencia Artificial desde el diseño. Retos y estrategias para el cumplimiento normativo*)

la tecnología[39]. Parafraseando a RICARD MARTINEZ MARTINEZ, nos encontramos con retos "descomunales" que han de ser abordados cuanto antes, encontrándonos ante un cambio de "paradigma que puede revolucionar nuestros pilares esenciales, desde el modo de entender conceptos claves como el de la personalidad jurídica o la dignidad humana" [40].

En virtud de lo anterior, a pesar de que se han dado grandes pasos dado hacia la plena introducción de las TIC y la digitalización en el ámbito sanitario, es preciso seguir implementando mejoras, especialmente respecto la interoperabilidad de los sistemas tecnológicos utilizados en las diferentes Comunidades Autónomas; así como formando y concienciando en la importancia de la privacidad y protección de los datos personales.

Por tanto, la digitalización en el sector salud ha impulsado el uso de las TIC en la vida cotidiana de los profesionales sanitarios y los pacientes; también, el incremento de la atención telefónica y online, incluso por correo; y la aceleración de las aplicaciones de salud. Todo ello, impulsado a partir de la pandemia COVID-19. Como se indicaba anteriormente, la revalorización de este derecho junto con otros derechos a raíz de la pandemia se ha reflejado en la jurisprudencia convencional y constitucional[41].

---

39 (Martínez, 2019, *Inteligencia Artificial desde el diseño. Retos y estrategias para el cumplimiento normativo*)

40 (Martínez, 2019, *Inteligencia Artificial desde el diseño. Retos y estrategias para el cumplimiento normativo*).

41 En el caso del TC español, ciertas sentencias al respecto contienen pronunciamientos sobre la "integración" del derecho a la salud en el derecho fundamental a la vida. Más información en RUIZ RICO-RUIZ, G., *Las dimensiones constitucionales de la crisis sanitaria en España. Dudas e incertidumbres presentes y futuras,* en Revista digital italiana: Saggi – DPCE online, 2020/2 ISSN:2037-6677, p. 1521.

La internacionalización y digitalización en el sector salud ha pasado a ser una realidad, siendo el objetivo una cultura y legislación global compartida de protección de datos. Sin embargo, también ha generado mayores retos para la protección especial de los datos de salud, de tal forma que los avances y herramientas fruto de la digitalización no pueden ser entendidas de forma aislada, sino siempre en el marco de un tratamiento con un objetivo definido que ha de implementar una estrategia global basada en evidencias científicas, evaluando su proporcionalidad en relación con su eficacia, eficiencia y teniendo en cuenta de forma objetiva los recursos organizativos y materiales necesarios.

Además, siempre teniendo presente que se han de cumplir los principios de protección de datos[42], lo que recordaba el Informe de la AEPD[43] cuando precisaba que los tratamientos de datos en situaciones de emergencia sanitaria siguen siendo tratados según la normativa sobre protección de datos, se aplican todos sus principios, incluidos los de el de licitud de tratamiento, lealtad y transparencia, así como de minimización.

Al hilo de lo anterior, se trae a colación el Informe jurídico del Gabinete jurídico de la AEPD, N/REF 0017/2022[44], en cuanto a que expresa que la normativa de protección de datos no debería utilizarse para obstaculizar o limitar las medidas que adapten las autoridades, especialmente las sanitarias, en la lucha contra la epidemia y que las bases jurídicas para los tratamientos en casos de epidemia pueden ser múltiples (interés público, el interés vital del interesado u otra persona física y sin perjuicio de otras posibles bases jurídicas como el cumplimiento de una obligación legal).

---

42 (AEPD, 2020, *El uso de las tecnologías en la lucha contra el covid19*)

43 Informe Gabinete Jurídico N/REF 0017/2020. Recuperado de: https://www.aepd.es/es/documento/2020-0017.pdf.

44 Recuperado de: https://www.aepd.es/es/documento/2020-0017.pdf.

2.2.2. *Principales ventajas y riesgos de la telemedicina en torno al derecho a la protección de datos.*

A pesar de la gravedad de las consecuencias de la vulneración de este derecho fundamental en todos los ámbitos, y en particular en el sanitario por el carácter especial de los datos que en él son tatados, se ha evidenciado que este sector también ha sido objeto de incidentes de seguridad y brechas de datos y por ende, de sanciones de las Autoridades de Control. Entre ellas, destacan la sanción de la AEPD en 2018 a un médico por importe de 5.000 euros por la pérdida de imágenes de una paciente en una operación; en el año 2021, con 50.000 euros a una empresa constructora por ceder datos de salud -entre los que se encontraban fechas de bajas médicas, motivos, y permisos- de un empleado a otra empresa sin el consentimiento[45]; o en el año 2022 con 20.000 euros a un centro médico por vulnerar la confidencialidad de las pruebas COVID-19 de una trabajadora al enviar los resultados de una prueba de una empleada al concejal del área de un Ayuntamiento, sin consentimiento[46].

De hecho, tal y como refleja el análisis de la AEPD, según *"los últimos datos del segundo semestre de 2021, el 15% de las notificaciones de brechas recibidas en la Agencia las realizaron responsables*

---

45 Resolución PS00324/2021, "La AEPD multa con 50.000 euros a una constructora que cedió datos de salud de un empleado sin su consentimiento". Recuperado de: https://confilegal.com/20211222-la-aepd-multa-con-50-000-euros-a-una-constructora-que-cedio-datos-de-salud-de-un-empleado-sin-consentimiento/.

46 Resolución PS/00323/2021, "AEPD sanciona con 20.000 euros a un centro médico por vulnerar la confidencialidad de las pruebas Covid de una trabajadora". Recuperado de: https://confilegal.com/20220509-aepd-sanciona-con-20-000-euros-a-un-centro-medico-por-vulnerar-la-confidencialidad-de-las-pruebas-covid-de-una-trabajadora/.

del tratamiento cuyo sector de actividad principal es el asistencial en el ámbito de la salud". Así, de media mensual se recibe en la AEPD al menos una brecha que ha afectado a más de 200.000 personas en el sector sanitario; porcentaje que llega al 25% si se tienen en cuenta las brechas en otros sectores de actividad que tratan datos en el ámbito de la salud, como por ejemplo el sector seguros. En definitiva, las brechas de datos personales se producen en tratamientos del sector salud con más frecuencia de la deseada y tienen un alto impacto personal y social[47].

En la misma línea, ocurre con la ciberdelincuencia, como por ejemplo, de tipo *ransomware*[48] (programa dañino supone el secuestro de archivos confidenciales, restringe el acceso a determinadas partes o archivos del sistema operativo y pide un rescate a cambio de quitar la restricción) se ha multiplicado en los últimos años afectando también a centros de salud, hospitales o entidades aseguradoras de sector salud.

Como se indicaba, dado el carácter especial de este ámbito y los datos sensibles que se tratan, los responsables del tratamientos de datos de salud han de tener en cuenta este contexto e incorporar medidas técnicas y organizativas que permitan

---

47 Última revisión 3 de Mayo de 2022, Brechas de datos personales en el sector de la salud, AEPD. Recuperado de: https://www.aepd.es/es/areas-de-actuacion/salud/brechas-de-datos-personales-en-el-sector-de-la-salud.

48 Se están produciendo brechas de confidencialidad en el sector salud por el acceso indebido de miembros de la organización a datos de la historia clínica de pacientes, el envío de documentación con datos de salud o datos genéticos a destinatarios incorrectos, la destrucción incorrecta de datos en formato papel o incluso el extravío de muestras biológicas. Recuperado de: https://es.malwarebytes.com/ransomware/.*Malware* es un término general para referirse a cualquier tipo de "malicious software" (software malicioso) diseñado para infiltrarse en su dispositivo sin su conocimiento. Recuperado de: https://www.avast.com/es-es/c-malware.

garantizar la disponibilidad de datos y servicios, minimizar el impacto personal y social, así como minimizar o evitar la exfiltración de datos[49].

En este punto, se traen a colación a continuación las consideraciones y cifras reflejadas en las Memorias que con carácter anual publica la AEPD[50], en relación con la Memoria de la AEPD anual de 2021[51], publicada el 21 de Marzo de 2022, junto con las precisiones más relevantes de la Memoria de la AEPD anual de 2022, última revisión el 25 de abril de 2023.

Así, en la Memoria de 2021 se ponía de manifiesto que el tratamiento de datos personales durante la pandemia COVID-19 ha continuado siendo uno de los principales hitos AEPD; mientras que en la Memoria anual de 2022 refleja que reclamaciones relativas a tratamientos de datos en el contexto de la pandemia han disminuido de 233 en 2021, a 157 en 2022 y se enfoca a que el desarrollo de las tecnologías ha hecho que los datos sean considerados el elemento fundamental en la transformación tecnológica, económica y social, en el convencimiento de que el acceso a una cantidad de información y su utilización intensiva son requisitos indispensables para el desarrollo de la economía digital. Informa además, de que se han presentado en la UE propuestas legislativas, como la Ley de Gobernanza de Datos o el Reglamento de inteligencia Artificial para mejorar el acceso y un mayor uso de los datos por entidades públicas y privadas, así como apoyar y regular el uso de tecnologías como la IA.

---

49 Última revisión 3 de Mayo de 2022, Brechas de datos

50 Recuperado e: https://www.aepd.es/es/la-agencia/transparencia/nformación-economica-presupuestaria-y-estadistica/memorias

51 Memoria AEPD 2021, https://www.aepd.es/es/documento/memoria-aepd-2021.pdf .

Otro aspecto clave a destacar que se refleja en las Memorias de la AEPD es que Sanidad se encuentra entre las top 10 áreas de actividad con mayor número de reclamaciones recibidas en la AEPD: Servicios de internet, video vigilancia, publicidad (excepto o correo no deseado), ficheros de morosidad, reclamación de deudas, Administración Pública, Sanidad, Comercios, transporte y hostelería, Entidades financieras/acreedoras y publicidad a través de email o móvil. En la Memoria de 2022 se mantienen las áreas en el mismo orden, salvo Comercios, transporte y hostelería que adelanta a la Administración Pública, y entran contratación fraudulenta y sanidad.

Se incide en este sentido en la obligación del responsable de tratamiento de conocer, primero, las categorías de datos que se tratan y los flujos de datos y, en caso de incidencias o brechas de datos, conocerlas para conocer el foco y tomar un plan de acción para no vuelvan a suceder. También, se pone de relieve la importancia de implicar a un DPO con recursos y conocimientos adecuados, especializados y la necesidad de plantear escenarios de brechas de datos para implantar las medidas técnicas y organizativas apropiadas al nivel de riesgo de los tratamientos destinadas a evitar y/o minimizar el impacto de las brechas. Así mismo, se considera esencial en este ámbito definir e implantar planes de contingencia destinados a evitar y/o minimizar el impacto de las brechas de seguridad[52].

A continuación, y en el contexto anterior de los retos de la digitalización en el ámbito de la salud, se exponen las principales particularidades de la evolución, alcance, ventajas y los principales riesgos de la telemedicina, cibermedicina, *eheatlh* o e-salud en materia de protección de datos, entendida como el uso de las TIC para la atención de salud, la vigilancia y la documentación sanitaria, así como para la educación los conocimientos y las in-

---

52 Última revisión 3 de Mayo de 2022, Brechas de datos.

vestigaciones en materia de salud[53]. Es decir, el uso de las TIC en la atención sanitaria en sus ámbitos asistencial, de investigación y formación; en materia de prevención, diagnóstico, tratamiento, seguimiento, así como en la gestión de la salud[54].

Engloba tecnologías que incluso están transformando el mundo de las TIC, como la interacción con el móvil o Smartphone, que ha generado el concepto de "mHealth" como una variante de ehealth -que acerca soluciones al paciente por medio de las aplicaciones-; el sistema *cloud computing*–que facilita compartir recursos e información entre profesionales sanitarios-; y el *big data*[55], considerado como básico en el sector salud ya que la asistencia sanitaria genera numerosos datos, ofreciendo posibilidades de análisis y optimización de procesos y recursos.

El sector sanitario, como se viene afirmando a lo largo del presete Capítulo, se encuentra inmerso en un proceso de adaptación a las nuevas tecnologías y a la IA, tanto los medios como todos los agentes que interactúan, desde los profesiona-

---

53 Recuperado de: https://es.wikipedia.org/wiki/ESalud.

54 La OMS define la telemedicina como "la prestación de servicios de atención de la salud, donde la distancia es un factor crítico, por todos los profesionales de la salud que utilizan tecnologías de la información y de la comunicación para el intercambio de información válida para el diagnóstico, tratamiento y prevención de enfermedades y lesiones, la investigación y la evaluación, y para la formación continuada de los profesionales de la salud, todo en aras de avanzar en la salud de los individuos y sus comunidades", en OMS. *Global Observatory for eHealth series-Volume 2: Telemedicine; opportunities and develop- ments in member States*. Washington. Por su parte, la Comisión Europea expresa que "el uso de las modernas tecnologías de la información y la comunicación para satisfacer las necesidades de los ciudadanos, pacientes, profesionales de la salud, proveedores de atención médico, así como los responsables políticos". Fuente: https://laesalud.com/que-es-esalud/.

55 (Memento Derecho de las Nuevas Tecnologías, 2021).

les sanitarios, hasta los pacientes; así como los nuevos modelos de negocio, sistemas de trabajo, herramientas y aplicaciones y además, los cambios organizativos. Se han abierto nuevas vías de comunicación, gestión e intercambio de información, mayor tratamiento de datos personales; y los agentes intervinientes en el ámbito salud han pasado a tener presencia activa y cotidiana en internet, aplicaciones móviles, además del acceso inmediato comunicación o acceso a información a través de la red de Internet.

Actualmente, la telemedicina incluye las tres dimensiones principales de i) Teleconsulta: entendida como la consulta a distancia a través de las nuevas tecnologías entre un paciente y un médico o entre profesionales sanitarios, que puede ser realizada en tiempo real (como puede ser por videoconferencia, *chat*) o sin coincidencia temporal. Esta última es aquella que puede producirse a través del correo electrónico, foros)[56], etc. ii) Telemonitorización: que es la monitorización de parámetros vitales a distancia (tensión, saturación de oxígeno en sangre, nivel de glucosa en sangre), recogidos por medios de un dispositivo en poder del paciente. Estos son enviados a través de las TIC de forma remota a un profesional sanitario con capacidad técnica suficiente para evaluarlos, controlarlos y generar las alarmas y actuaciones oportunas, permitiendo el seguimiento remoto del estado del paciente.

Por último, iii) la Teleformación: entendida como el uso de las herramientas TIC para la prestación de formación, tanto a profesional sanitarios como a pacientes que se encuentran ubicados en una localización distinta, esto es en remoto. Así, las TIC han generado herramientas necesarias para la provisión de servicios de salud de servicios de asistencia en remoto, de gestión administrativa y tramitación, así como servicios de

---

56 (Memento Derecho de las Nuevas Tecnologías, 2021)

telesalud no clínicos. Un ejemplo, son las aplicaciones en las nuevas tecnologías para mejorar la asistencia sanitaria.

El alcance de la telemedicina es cada vez más amplio y global, si bien no podemos olvidar que aún se encuentra con límites o retos, como la brecha digital o el acceso desigual a las TIC por parte de la población, especialmente por parte de mayores o personas necesitadas de especial protección o grupos metaexcluidos. No obstante, se evidencia que la tendencia actual es a la reducción de las desigualdades o brechas digitales en el uso y explotación de internet y de las TIC[57], tal y como recogió el espíritu de las garantías digitales de la LOPDGDD 3/18.

Otra limitación a la expansión de su alcance es la falta de marcos normativos uniformes entre diferentes países o los cambios en los flujos de trabajo. A estos límites, se unen los elevados costes (adaptación y mantenimiento de los sistemas de información sanitarios) y la tutela de la privacidad de los datos de los pacientes.

No obstante, resulta evidente que la medicina a distancia tiene múltiples beneficios en general, desde la digitalización de servicios tradicionales (como el diagnóstico y seguimiento, permitiendo y facilitando a más población con igualdad de condiciones el acceso a los sistemas sanitarios, a la salud); hasta un menor uso y consumo de papel, con el efecto en el medio ambiente; facilita la asistencia a distancia, mejora la conciliación y la calidad de vida. También, supone la reducción de los tiempos de espera y entre citas médicas, con la consiguiente descarga de trabajo; permite la simplificación de la gestión administrativa, una mayor comunicación entre profesionales de sector sanitario y el acceso a información completa e instantánea del paciente; la actualización inmediata de los datos, con la consecuente reducción del gasto o costes económicos

---

57 (García Almeida, Medina Sánchez y Castillo Singh, 2006)

destinados a este ámbito; y el acceso a servicios de atención médica especializada, donde es aplicable la asistencia en remoto, como por ejemplo, a través de fotografías de la zona afectada para diagnóstico o por atención a distancia.

Además, y especialmente en el contexto del COVID-19, la telemedicina ayudó en la prevención y a favor del control de la pandemia sanitaria. En este sentido, se indica que en España, siendo el Ministerio de Sanidad la autoridad responsable de hacer frente a la pandemia y garantizar la asistencia sanitaria, mantuvo un contacto permanente con la AEPD para que cada medida que tomada para hacer frente a la misma y buscar soluciones respetuosas con la protección de datos, tratando que este derecho fundamental estuviera garantizado.

En particular, y según los grupos de agentes que interactúan, la telemedicina tiene alcance y conlleva beneficios para los profesionales sanitarios (mayor eficiencia de su trabajo, ahorro de desplazamientos no necesarios y costes en general, permite el contacto inmediato entre profesionales y la posibilidad de tener una segunda opinión sanitaria, mejora del circuito de transmisión de la propia información y en general, más facilidades de acceso a adquisición y reciclaje de conocimientos); a los pacientes (elegir cuándo y dónde utilizar los servicios, facilitan los diagnósticos acordes a sus síntomas, reduce el número de pruebas y el acceso rápido a los profesionales, una mayor información, transparencia y disponibilidad, además del ahorro de costes y tiempo de desplazamiento).

También, la telemedicina ofrece ventajas respecto a los centros sanitarios, potencia una mayor comunicación y agilidad entre los distintos servicios, lo que se denomina la intercomunicación; la eficacia en el uso de equipos (humanos, tecnológicos y servicios médicos) y mayor economía de gastos, así como evitar duplicados de información y reducción del peligro de pérdida de la información (obligación de custodia de la Historia Clínica). Para los sistemas sanitarios, implica la utilización y el aprovechamiento de recursos, análisis científicos, mejora de la gestión de la salud pública y la formación de profesionales, entre muchos otros.

Ahora bien, como se indicaba, la telemedicina tiene también diversos retos o barreras en materia de protección de datos personales, también de ciberseguridad que es necesario controlar. En el caso de tratamientos de salud se presentan factores de riesgo que van más allá de que se traten categorías especiales de datos, y otros que dependerán de la naturaleza de los tratamientos de salud, del ámbito o extensión del tratamiento (categorías de datos de salud, población afectada, la vulnerabilidad de los colectivos tratados, etc.), en cuanto a los fines y el contexto del tratamiento[58].

Siguiendo a la normativa europea sobre protección de datos, las entidades que traten datos en el sector salud tendrán la obligación de adecuar medidas y garantías atendiendo al riesgo de sus tratamientos. Entre sus principales desventajas o barreras, destacan con carácter general, la concienciación, la formación y educación, la falta de interoperabilidad, los recursos económicos y financieros y la falta de legislación uniforme. A ellas se unen el actual desigual acceso y uso de las TIC, la brecha digital, a la que se hacía alusión anteriormente; junto con la falta de cultura tecnológica o sensibilización de profesionales sanitarios y pacientes.

De otro lado, otra barrera es la prácticamente inexistente regulación en la materia, de hecho, en España, la principal problemática es la ausencia de disposiciones legales específicas de protección de datos en el sector salud, así como a documentos sin carácter normativo, como Códigos de Buenas Prácticas. Existe normativa comunitaria (civil, penal, administrativa) y la

---

[58] (Agencia Española de Protección de datos, 2022, *Brechas de datos personales en el sector de la salud*).

normativa nacional de aplicación, como el RGPD, LOPDGDD y la LSSICE, pero no dedican un capítulo a esa materia específica, aunque numerosos artículos hacen referencia a las novedades y particularidades[59].

Aunque sí que han de tenerse en cuenta las particularidades propias del sector, a las que sí se refiere la LOPDGDD 3/18, que en su Exposición de Motivos regula en su Título II las posibles habilitaciones legales para el tratamiento, fundadas en la base legitimadora de cumplimiento de obligación legal del responsable del tratamiento, cuando lo prevea una norma de Derecho de la UE o una ley que podrá determinar las condiciones generales del tratamiento, los tipos de datos y las cesiones que procedan derivadas del cumplimiento de la obligación legal[60]. Siguiendo a la normativa nacional española, el artículo 34 LOPDPGDD 3/18 detalla los responsables y encargados que, en todo caso, han de proceder a la designación obligatoria de DPO, entre los que se encuentran de forma expresa las entidades aseguradoras y reaseguradoras. Esto supone una garantía para la tutela de este tipo de datos sensibles, si bien, la realidad es que existe una falta de marcos legales uniformes entre los diferentes países, siendo problemático en España la existencia de normativa autonómica propia configurando sistemas normativos.

Por otro lado, otra problemática es que la gran mayoría de proveedores de servicios, como las aplicaciones web o herramientas tecnológicas se encuentran fuera del Espacio Económico Europeo o incluso en EE.UU. suponiendo (a efectos de la normativa europea) Transferencias Internacionales de Datos que han de ser especialmente controladas y remediadas para que se cumpla en su totalidad con la normativa sobre protección de datos.

---

59 (Pérez, 2019)

60 (Memento Práctico Protección de Datos, 2019)

En este sentido, para cumplir con las obligaciones del RGPD, al igual que ocurre con relación a las brechas de datos, es esencial que el responsable del tratamiento tenga un control y plan de adecuación o remediación de las transferencias de datos personales más allá del Espacio Económico Europeo. Ello, no solo respecto a encargados de tratamiento sino también, en el caso de subencargados de tratamiento, para que durante toda la cadena y por todos los agentes que tratan los datos se cumpla con la normativa.

Para terminar este apartado, se pone de relieve que en el proceso de digitalización y adaptación en el ámbito sanitario se ha constatado la necesidad de seguir trabajando en la sensibilización y fomento de una cultura tecnológica por los profesionales que interactúan y los pacientes[61]. La telemedicina es clave para conseguir una atención sanitaria de alta calidad a un precio asequible, en aras del riesgo de insostenibilidad ante el crecimiento de enfermedades crónicas en relación con el crecimiento del gasto en salud con el Producto Interior Bruto[62].

Teniendo en cuenta que en el sector salud son objeto de tratamiento numerosos datos sensibles y es uno de los sectores de mayor riesgo según las Memorias de la AEPD 2021 y 2022, es preciso establecer mayores garantías y medidas tendentes a la tutela del derecho a la protección de datos personales, bajo los principios rectores de responsabilidad proactiva y de privacidad por diseño y por defecto. La tutela de los datos personales en el sector salud sigue inmerso en plena digitalización sigue configurando un reto en nuestros días y en adelante, en el que se desarrollan proyectos digitales con componentes de IA u otras herramientas como asistentes de voz destinados a colectivos concretos, como mayores o personas con enfermedades

---

[61] (Memento Derecho de las Nuevas Tecnologías, 2021)

[62] (Martínez, 2017, *Big data, investigación en salud y protección de datos personales* ¿Un falso debate?)

graves, capaces de monitorizar y recibir información periódica para realizar un seguimiento del paciente.

Por último, se advierte de la necesidad de incorporar cambios organizativos y nuevos modelos de negocio y de gestión para conseguir usar las TIC en este sector de forma productiva, aprovechando sus múltiples ventajas, pero también de la forma más segura para la tutela de los derechos y libertades de los intervinientes en el sector sanitario, en especial, del derecho a la protección de datos.

A modo de conclusión, se hace referencia a la importancia del cumplimiento de las exigencias y principios de protección de datos en todos los niveles de protección pues, como se ha referido, es un derecho transversal y transnacional; así como a la relevancia de establecer medidas de seguridad y salvaguardia, sin olvidar las medidas de control periódicos y auditorías. En este punto, se hace referencia al términos *compliance* o cumplimiento normativo entendido como el "conjunto de procedimientos y de buenas prácticas adoptados por las compañías, organizaciones, y demás personas jurídicas, a los efectos de poder identificar y clasificar los riesgos operativos y los de carácter legal a los que se enfrentan, y, así poder establecer mecanismos internos de prevención, gestión, control y reacción frente a los mismos"[63].

Es por ello que el *compliance* en el sector de protección de datos se refiere a esos procedimientos, medidas, buenas prácticas adoptadas por las compañías y organizaciones en general, con el objeto de poder identificar y clasificar los riesgos operativos y legales a los que están expuestos en este sector específico de protección de datos. Ello, para establecer el conjunto de mecanismos para prevenir, mitigar y reaccionar frente a estos

---

63 Recuperado de: https://confilegal.com/20200227-compliance-y-proteccion-de-datos-dos-caras-de-la-misma-moneda/

riesgos, como puede ser un incidente de seguridad o filtración de datos; o el incumplimiento de nombrar DPO en aquellos casos que según la norma es obligatoria. Es decir, la finalidad es prevenir y mitigar riesgos, no respecto a la normativa de prevención de capitales o penal, sino en este caso, respecto a riesgos del incumplimiento de la normativa sobre protección de datos.

3. CONCLUSIONES.

Los datos personales relacionados con la salud de una persona física tienen la consideración de categorías especiales de datos por la normativa europea actual de protección de datos y por ende, están sometidos a un régimen de tratamiento más estricto que los datos ordinarios–salvo en determinadas excepciones legales- requiriendo garantías adicionales para su tratamiento, aunque las bases de legitimación y los principios de protección de datos en el sector sanitario son los mismos que en el régimen general aunque con ciertas particulares.

El sector sanitario se encuentra inmerso en un proceso de adaptación a la digitalización, impulsada exponencialmente con la crisis sanitaria derivada de la pandemia COVID-19, tanto los medios como todos los agentes que en él interactúan. El uso de Internet, las TIC, el IOT y la IA en el ámbito sanitario y de atención a la salud está en constante evolución, marcando la irrupción de la pandemia COVID-19 un punto de inflexión en el aumento de su utilización y poniendo a prueba las garantías del derecho a la protección de datos y también a la intimidad personal y familiar.

La telemedicina, en sus tres dimensiones (teleconsulta, teleformación y telemonitorización) tiene múltiples ventajas para los pacientes, profesionales, centros y sistemas sanitarios; pero también, conlleva retos, como la falta de concienciación, formación, interoperabilidad, recursos económicos y financieros y legislación uniforme; el desigual acceso y uso de las TIC, la falta de cultura tecnológica o sensibilización de profesionales sanitarios y pacientes; la prácticamente inexistente regulación en la materia aplicada al ámbito sanitario, así como el hecho de que la mayoría de proveedores de servicios se encuentran fuera del Espacio Económico Europeo.

La aplicación de la tecnología en las Historias Clínicas se valora positivamente y se considera un arma fundamental para identificar, entre otras, todos los tratamientos y patologías del usuario, la medicina preventiva, el desarrollo de líneas epidemológicas, estadísticas de riesgos de amplios sectores poblacionales, prevenir incidencias futuras en la salud de la población; y para planificar sistemas de atención primaria. Aunque su uso también tiene ciertos riesgos que es preciso tener en cuenta y establecer cautelas, en particular para el respecto de la normativa sobre protección de datos.

El IOT en el sector salud tiene la ventaja de conllevar un más fácil acceso al sistema de salud, una mejor y más rápida atención y control del paciente, aumenta la rentabilidad, junto con una mayor calidad y mejores resultados, permite la conexión directa paciente-médico, entre otras muchas ventajas; aunque pueden suponer el rastreo, la geolocalización y seguimiento de una persona física o la elaboración de perfiles. Por ello, preciso establecer un sistema de garantías adicionales de protección de esos datos, hacer seguimiento de su implementación y establecer controles en un sistema de privacidad desde el diseño y por defecto y de responsabilidad proactiva.

A pesar de que se han dado grandes pasos dado hacia la plena introducción de las TIC y nuevas tecnologías en el ámbito sanitario, es preciso seguir implementando mejoras, especialmente respecto la interoperabilidad de los sistemas tecnológicos utilizados en las diferentes Comunidades Autónomas en el sistema sanitario español; así como fomentando y concienciando en la importancia de la privacidad y protección de los datos personales en todo los niveles.

La Pandemia COVID-19 supuso un impulso en la digitalización del sector sanitario, pero también la implementación de medidas que afectaron y pusieron a prueba la protección de datos de los ciudadanos y supusieron restricciones, como la toma de temperatura públicas, aplicaciones informáticas para rastrear contactos estrechos de los casos con contagiados basada en interés público de controlar la difusión de la pandemia y de garantizar la asistencia sanitaria. Se mantuvieron la regulación, la normativa europea sobre protección de datos, los principios constitucionales españoles y las normas que se desarrolla, pero ha cambiado la preocupación sobre el control de los datos y la percepción de los desafíos en materia de privacidad.

En la actualidad, tras la superación de la crisis sanitaria derivada de la Pandemia COVID-19, se han producido grandes avances en la tutela del derecho a la protección de datos relacionados con la salud en general, aumentando la conciencia de la importancia de la protección de los datos personales, pero su garantía sigue siendo un reto de carácter mundial, siendo necesario seguir ahondando en la salvaguarda de este derecho fundamental, así como en la promoción de una cultura global de protección datos, por seguridad jurídica y para evitar discriminaciones geográficas, pues la protección de datos es un asunto transnacional[64].

---

64 En conexión con lo anterior, procede señalar que los datos personales han llegado a ser considerados como un bien tóxico, una mercancía y más recientemente, como el petróleo o el oro del siglo XXI. Lo cierto es que, como afirmaba Brittany Kaiser en el documental "El Gran Hackeo", el valor de los datos ha sobrepasado al del petróleo: "Los datos son el recurso más valioso en la tierra y estas empresas son tan valiosas porque han estado explotando los recursos de la gente".

4. REFERENCIAS.

Álvarez Pallete, J.M., *Informe de la Sociedad de la Información en España 2016*, Fundación Telefónica 2006 y Editorial Ariel S.A., 2016.

Delgado Martín, J., *Reflexiones sobre la protección de datos personales en la Administración de Justicia*, Diario La Ley, Wolters Kluwer, ISSN 1989-6913, 2019, p. 3.

Fernández Acevedo, J., *Disposiciones relativas a situaciones específicas de tratamiento (Arts. 85-91 RGPD. Disposición adicional segunda y vigésimo segunda LOPDGDD)*, en La adaptación al nuevo marco de protección de datos tras el RGPD y la LOPDGDD, Wolters Kluwer, ISBN: 979-84-9090-345-2, 2019, pp. 715 y ss.

Cremades López de Teruel, F.J; Sancho Alonso, J., *Protección de Datos y Poder Judicial*, Diario La Ley, nº 9293, de 7 de noviembre 2018, Nº 9293, Wolters Kluwer.7 de nov. de 2018.

García Almeida, A., Medina Sánchez, N., Castillo, Singh, C., *La brecha entre el primer y el tercer mundo en la actualidad*, en Revista Información Científica, 50.2, 2006. p.3.

García-Atance J.M., *El derecho a la protección de datos de carácter personal, en Publicación digital* – Asociación Profesional de la Magistratura. TSJ de Aragón. Publicación digital, APM 3.9 (s.f.).

Guía para pacientes y usuarios de la sanidad, AEPD, noviembre 2019.

Guía Rápida Protección de Datos. Aplicación del RGPD, Francis Lefevre, ISBN: 978-84-17317-41-6, 2019, pp. 9 y ss.

Informe Indicadores de la Sociedad de la información por género, 2018, pp.13-14. http://www.ontsi.red.es/ontsi/.

Martínez Martínez R., *Los tratamientos de datos personales en la crisis del covid-19. Un enfoque basado desde la salud pública,* Diario La Ley, ISSN 1989-6913, Nº 9604, 2020.

Martínez Martínez R., *Cuestiones de ética jurídica al abordar proyectos de Big Data. El contexto del Reglamento general de protección de datos*, Dilemata, ISSN-e 1989-7022, Nº. 24, 2017, pp. 151-164.

Martínez Martínez R., *Inteligencia Artificial desde el diseño. Retos y estrategias para el cumplimiento normativo,* en Revista catalana de dret públic, ISSN-e 1885-8252, ISSN 1885-5709, Nº. 58, 2019 (Ejemplar dedicado a: L'Administració a l'era digital), pp. 64-81. Acceso: https://dialnet.unirioja.es/servlet/articulo?codigo=7005057 .

Memento Práctico Protección de Datos, Francis Lefebrve, ISBN: 978-84-17544-49-2, Edic. 14 de mayo de 2019.

Memento Derecho de las Nuevas Tecnologías 2022-2021, Francis Lefebvre, Capítulo 20 *ehealth,* ISBN: 978-84-18899-36-2, p. 463 y ss.

Miralles López, R., *Protección de datos desde el diseño y por defecto (Art 25 RGPD. Art 28 LOPDGDD)*,en La adaptación al nuevo marco de protección de datos tras el RGPD y la LOPDGDD, Wolters Kluwer, ISBN: 979-84-9090-345-2, 2019, pp. 401 y ss. Acceso: ttps://dialnet.unirioja.es/servlet/libro?codigo=731022.

Nota Técnica de la AEPD, Unidad de Evaluación y Estudios Tecnológicos: *El uso de las tecnologías en la lucha contra el covid19. Un análisis de costes y beneficios,* mayo 2020, p. 13. Acceso: https://www.aepd.es/es/documento/analisis-tecnologias-covid19.pdf

Pérez Gómez, J.M., *Especialidades en el sector sanitario,* en La adaptación al nuevo marco de protección de datos tras el RGPD y la LOPDGDD, Wolters Kluwer, 2019, ISBN: 979-84-9090-345-2, pp. 893 y ss. Acceso: https://dialnet.unirioja.es/servlet/libro?codigo=731022.

Ramón Fernández, F., *La protección de datos en las aplicaciones móviles de diagnóstico de enfermedades genéticas. Un estudio jurídico. Métodos de Información,* 8 (14). 2017.

Rubí Navarrete, J., *La protección de datos personales en la pandemia Covid-19*, en Comunicaciones en Propiedad Industrial y Derecho de la Competencia nº 90 (mayo-agosto 2020), ISNN 1579-3494.5.20, 7 julio 2020, p. 2. https://cefi.es/wp-contenido/uploads/2022/04/La-proteccion-de-datos-personales-en-la-pandemia-de-COVID-19.pdf.

Revista Ocronos. Vol. IV. Nº 10–Octubre 2021. Vol. IV; nº 10: p. 161. Acceso: https://revistamedica.com/historia-clinica-digital-sistema-salud/.

El género como factor de riesgo en tiempos de excepción

BLANCA RODRÍGUEZ RUIZ
Universidad de Sevilla

1. INTRODUCCIÓN: EXCEPCIÓN, MITOLOGÍAS ESTATALES Y GÉNERO.

Desde la instauración de la democracia liberal como modelo emblemático de convivencia en occidente, tras la segunda guerra mundial, la normativa de excepción no había tenido un protagonismo como el asumido para hacer frente al Covid-19. Si la relación entre excepción y normalidad democrática es, más que de tensión, de connivencia sistémica, si una y otra, más que excluirse, se retroalimentan (Agamben, 2005 [1995]), las restricciones a la movilidad introducidas para hacer frente al Covid-19 han llevado su connivencia y retroalimentación hasta niveles de intensidad y explicitud hasta entonces desconocidos (Agamben, 2021). Y si la excepción pone de manifiesto dónde reside efectivamente la soberanía, el poder, en una determinada colectividad (Agamben, 2005 [1995]: 19), dichas restricciones han dejado como nunca al descubierto las relaciones de poder que sustentan los sistemas que llamamos democráticos.

Ni siquiera las tensiones que en democracia impregnan la lucha antiterrorista, entre el mantenimiento de la seguridad como razón de ser del Estado y el disfrute de los derechos que nutren sus parámetros axiológicos, nos habían llevado tan lejos en la normalización de lo excepcional. Al fin y al cabo, en democracia la lucha antiterrorista se viene justificando como expresión de un compromiso de auto-preservación tanto física como axiológica, doble compromiso que nutre su normalización. Con la crisis sanitaria provocada por el Covid-19, en cambio, la vida humana se ha visto reducida a pura biología, y su preservación como tal se ha impuesto sobre toda otra consideración (Agamben, 2021). Es más, la gestión de la crisis sanitaria descansó sobre la idea de que es preciso optar entre la vida (biológica) y los principios que rigen la convivencia democrática, de que para preservar la primera hemos de situarnos más allá de los segundos, de que estos son inadecuados para ese fin. La excepcionalidad logró imponerse así con legitimidad naturalizada. Y al hacerlo puso al descubierto, desde fuera de las lógicas de la normalidad democrática, las dinámicas de poder que la sustentan, con frecuencia ocultas bajo el peso de su mitología fundacional.

Y es que el Estado, en línea con otros modelos de convivencia, descansa sobre un mito fundacional, un momento entre mágico y providencial que naturaliza la constitución de una determinada colectividad humana en colectividad política. Su mitología fundacional gira en torno al contrato o pacto social. Se trata sin duda de una mitología fundacional singular, por sus apelaciones a lo racional y por quererse en tal medida universal. Es, con esos rasgos, la mitología de que se nutre la modernidad política, la que la imbuye de contenido axiológico, comenzando por los principios de igualdad y libertad, míticas piedras de toque de la construcción política moderna.

En otro lugar me he detenido a deconstruir esta mitología originaria del Estado, a evidenciar tanto su carácter efectivamente mítico como su singularidad respecto de otros relatos fundacionales (Rodríguez Ruiz, 2022). Me detuve entonces a evidenciar su perfil sectario, que desmiente su pretendida universalidad e inclusividad: identificados con lo masculino (cis), lo heterosexual, lo caucásico, lo cristiano, lo urbano, lo burgués, lo mayor de edad, lo capaz de cuerpo y mente, los firmantes del pacto social y hacedores de los principios axiológicos que de él se desprenden naturalizan relaciones estructurales de poder, articuladas en torno a ejes (sexo, género, raza, religión, clase social, nacionalidad, edad, capacidad, entre otros) que se interseccionan y producen capas superpuestas de exclusión y discriminación. Y me detuve a evidenciar el papel central que en la mitología estatal juega el conocido como contrato sexual (Pateman, 1988), pacto de fraternidad (hetero)sexual (Wittig, 1992) que actúa como condición de posibilidad del mítico contrato social, y de sus míticos principios de libertad e igualdad. Con base en él, la construcción de la ciudadanía en el Estado se articula a través de un reparto sexuado de tareas, el previsto en el sistema sexo-género[1] que diseñó para sí la modernidad occidental. Con base en él, el sexo-género se convierte en un factor transversal de exclusión y discriminación dentro del Estado.

Lo que me interesa aquí no es volver a insistir en la carga de mitología que alimenta la normalidad del Estado y en sus sesgos; es subrayar hasta qué punto las situaciones de excepcionalidad exacerban esos sesgos y las dinámicas discriminatorias que provocan, sesgos que la normalidad pretende ocultar tras los alegatos universales de su mitología fundacional. Me interesa en concreto subrayar cómo el sexo-género informa esas dinámicas.

---

1 El "sistema de acuerdos sociales por el que la sexualidad biológica se transforma en productos de la actividad humana y en los que se da satisfacción a las necesidades sexuales que resultan de esa transformación" (Rubin, 1975: 159 –mi traducción).

2. UNIVERSALIDADES EXCLUYENTES. VISIONES DESDE LA EXCEPCIÓN.

A nadie se le escapa que la crisis sanitaria provocada por el Covid-19 vino a visibilizar y a acentuar dinámicas de exclusión preexistentes. Estas se pusieron de manifiesto en la desigual incidencia tanto de la pandemia, que por razones diversas se ensaña especialmente con zonas desfavorecidas (Baena Díez et al, 2020), como de las medidas introducidas para combatirla. En España. el Real Decreto 463/2020, de 14 de marzo, promulgado al amparo de la Ley Orgánica 4/1981, de 1 de junio, de los estados de alarma, excepción y sitio (LOAES), y que declaró el primer estado de alarma, impuso como medida estrella el confinamiento domiciliario de toda la población, con paralización de toda actividad económica presencial no esencial y prohibición de abandonar el domicilio salvo para la realización de actividades esenciales. Contra la conformidad constitucional de esta medida se interpuso recurso de inconstitucionalidad, que fue parcialmente estimado en la STC 148/2021, de 14 de julio. En ella (FJ 5), el confinamiento domiciliario previsto en dicho Real Decreto fue considerado contrario a los derechos a la libre circulación por el territorio del Estado y a la libre elección de residencia (artículo 19 CE). Su generalidad e intensidad, entendió el Tribunal, excedió los límites extraordinarios a que estos derechos pueden verse sujetos en el marco de un estado de alarma, constituyendo más bien un supuesto de suspensión de la misma, como tal no permitido en un estado de alarma, sino tan sólo en estados de excepción y de sitio (artículos 55.2 y 116 CE -*vid.* artículo 20.1 LOAES).

Lo que ni la STC 148/2021 ni ninguno de sus votos particulares analizó fue el contenido de esas medidas restrictivas de derechos, su proporcionalidad. No se cuestionó, esto es, si más allá de su falta de encaje formal en el estado de alarma, por su intensidad y su generalidad dichas medidas fueron o no constitucionalmente conformes con base en el principio de proporcional. No se analizó si podían considerarse idóneas para alcanzar el fin perseguido en ausencia de otras, en ausencia en concreto de medidas de protección de población de riesgo (el número de fallecimientos en residencias para la tercera edad sólo puede calificarse de escandaloso[2]). Tampoco se analizó si, más que restricciones imprescindibles de derechos, se impusieron restricciones de máximos; ni se analizó su proporcionalidad en sentido estricto, el coste relativo de cada medida para la salud (pensemos en el confinamiento casi absoluto de niñas y niños[3], o en la prohibición de realizar actividades físicas o deportivas en solitario al aire libre[4]). No se reparó, en fin, en que el diseño uniforme del confinamiento para todo el territorio y para todas las personas dentro del Estado, sin atención a circunstancias diferenciadoras, puede resultar contrario al principio de proporcionalidad. Es en esto en lo que me gustaría incidir aquí.

En sus aspiraciones de generalidad, el Real Decreto 463/2020 no atendió a la diversa incidencia territorial del Covid-19, más bien tomó como referencia la situación en la capital, a la cabeza de la misma. Y tampoco atendió a las diversas circunstancias socio-económicas y/o personales en juego, más bien tomó de nuevo como referencia un modelo concreto de

---

2 Según datos del IMSERSO, las muertes en residencias para la tercera edad por COVID-19 confirmado o con síntomas compatibles desde el 14 de marzo de 2020 hasta el 20 de septiembre de 2021 asciende a 30.644 personas, el 35,7% del total, y llegó a ser, durante la vigencia del Real Decreto 463/2020, de más del 70% (cifr. https://www.rtve.es/noticias/20210625/radiografia-del-coronavirus-residencias-ancianos-espana/2011609.shtml) [consulta: 24/09/2021].

3 Artículo 7 del Real Decreto 463/2020.

4 A esta prohibición puso fin la Orden SND/380/2020, de 30 de abril, sobre las condiciones en las que se puede realizar actividad física no profesional al aire libre durante la situación de crisis sanitaria ocasionada por el COVID-19.

ciudadanía: una ciudadanía de perfil urbano, de clase media y cierto estatus profesional, integrante de una familia nuclear clásica; y una ciudadanía, como veremos, masculina. No se atendió así a la situación en el mundo rural, con una incidencia mucho menor del Covid-19, donde las restricciones a la libertad de circulación podían acarrear más perjuicios que beneficios para la vida, incluso entendida como pura biología. Ni se atendió a las diversidades urbanas, a la realidad de zonas que albergan a población en riesgo de exclusión socio-económica, donde la densidad de convivientes por metro cuadrado de vivienda es significativamente superior a la media, ni al riesgo diferencial que un confinamiento domiciliario podía suponer para la salud física y psicológica de quienes habitan en ellas. No se valoró, en consecuencia, que en términos de proporcionalidad lo pertinente era imponer, al menos en estas zonas, medidas como el confinamiento perimetral y las restricciones de aforo. Tales medidas fueron precisamente las asumidas en el Real Decreto 926/2020, de 25 de octubre, por el que se declara a nivel estatal un segundo estado de alarma, y en el Real Decreto 956/2020, de 3 de noviembre, que lo prorrogó, medidas cuya constitucionalidad fue avalada por la STC 183/2021, de 27 de octubre. Lo fueron, en todo caso, no para atender a zonas concretas, sino en términos de nuevo universales, en un momento por lo demás en el que la incidencia del Covid-19 en algunos territorios era incluso superior a la que tuvo durante la vigencia del Real-Decreto 463/2020.

En la adopción de medidas excepcionales para hacer frente al Covid-19, nuestro aparato institucional (ejecutivo, parlamento, Tribunal Constitucional) no reparó pues en nuestra diversidad, ni territorial ni poblacional, más bien diseñó dichas medidas a partir del perfil de ciudadanía (urbana, burguesa, masculina) que en el Estado sirve de modelo para la universalidad. En la medida en que acentúa diferencias socio-económicas, tal indiferenciación resulta difícilmente excusable en términos democráticos, tanto más en un país que en 2019, y según Eurostat[5], contaba con un 25,3% de su población en riesgo de pobreza o exclusión social[6].

Y tal indiferenciación resulta difícil de justificar en términos jurídicos. Ciertamente, según el Tribunal Constitucional, el artículo 14 CE reconoce un derecho a la igualdad de trato que otorga a ésta presunción de constitucionalidad *iuris et de iure*, debiendo justificarse sólo cualquier trato diferenciador. Lo mismo se aplica al derecho a no sufrir discriminación, entendido como el derecho a no sufrir trato diferenciador, no a título personal, sino como parte de algún colectivo social. En esa interpretación, "el art. 14 CE no consagra un derecho a la desigualdad de trato" (STC 198/2012, de 6 de noviembre, FJ 3); como tampoco reconoce el derecho a no sufrir lo que se conoce como discriminación por indiferenciación (*ibídem*). Esta línea jurisprudencial ha suscitado críticas por sus efectos sustantivamente discriminatorios (Cobreros Mendazona, 2007). Se ha apuntado incluso a su contradicción con alguna sentencia del Tribunal Europeo de Derechos Humanos[7]. A solventarla, a nivel legislativo, ha venido la Ley 15/2022, de 12 de julio, integral para la igualdad de trato y la no discriminación, cuyo artículo 4.2 recoge "la denegación de ajustes razonables" como modalidad de discriminación. Su aplicación podría provocar un giro en la jurisprudencia constitucional en este punto.

---

5 Eurostat, Statistic Explained, *Living conditions in Europe – poverty and social exclusion*, octubre 2020. Disponible en: https://ec.europa.eu/eurostat/statistics-explained/index.php?title=Living_conditions_in_Europe_-_poverty_and_social_exclusion#Poverty_and_social_exclusion [consulta: 10/05/2023].

6 Oxfam Intermon, *Superar la pandemiay reducir la desigualdad.Cómo hacer frente a la crisis sin repetir errores*, 2021. Disponible en: https://oxfam.app.box.com/s/2izodgd8e3eeqg51cl20qx8pf3xyf78q [consulta: 10/05/2023].

7 Caso *Thlimmenos v. Greece*, recurso núm. 34369/97, Sentencia del TEDH de 6 de abril de 2000 -*cifr. ibídem.*

Con o sin un derecho fundamental a la diferencia de trato normativo, lo cierto es que el artículo 9.2 CE obliga a los poderes públicos a dispensar un trato diferenciado como instrumento al servicio de la libertad y la igualdad efectivas. Allí donde ese trato diferenciado no se dispense, *contra* artículo 9.2 CE, podemos encontrarnos ante supuestos de discriminación indirecta, un concepto, este sí, integrado dentro del artículo 14 CE, y que se refiere a la discriminación que deriva de la aplicación de parámetros normativos formalmente neutros, pero que producen perjuicios comparativos para determinados colectivos (por todas, STC 145/1991, de 22 de julio, FJ 2). En lógica de discriminación indirecta, llama la atención que el confinamiento domiciliario se impusiera de forma uniforme para proteger la vida y la salud sin atender a las necesidades diferenciales de tutela de algunos sectores poblacionales. Llama asimismo la atención que no se atendiera al impacto diferencial que la restricción de otros derechos tendría sobre esos mismos sectores. Y llama la atención que no se atendiera a su impacto diferencial de género, y a sus intersecciones, en dosis variables y con consecuencias distintas, con otros motivos de discriminación y exclusión social[8].

8 La expresión "discriminación interseccional", acuñada por Kimberlee Crenshaw a finales de la pasada década de los ochenta, hace referencia a dinámicas discriminatorias que afectan a colectivos en que se concitan varios motivos sospechosos de discriminación, que se encuentran en la intersección entre más de uno de esos motivos (Crenshaw, 1989). Su prohibición está expresamente recogida en la Ley 15/2022, de 12 de julio (artículos 4 y 6).

3. LA EXCEPCIONALIDAD CON PERSPECTIVA DE GÉNERO.

En un contexto donde la normalidad está anclada en un sistema sexo-género discriminatorio, la excepcionalidad va a tener un impacto diferencial de género reflejo de esa normalidad. En el caso de la excepcionalidad introducida por las medidas adoptadas contra el Covid-19, el impacto diferencial de género se ha hecho sentir al menos a dos niveles. El primero tiene que ver con la redefinición de los espacios de convivencia, con la posición central que la excepcionalidad atribuyó a lo doméstico, un espacio que el Estado feminizó y vinculó a la ética del cuidado, excluyéndolo de los parámetros de justicia que rigen en lo público (Gilligan, 1982). La excepcionalidad desplazó hacia este espacio el desarrollo de actividades habitualmente públicas, que pasaron a impregnarse de la lógica feminizada de cuidados que rige en su seno[9], y que los pone al servicio del funcionamiento de lo público. Ello trajo consigo para las mujeres una sobrecarga de trabajo y de responsabilidades, fruto tanto del incremento de tareas estrictamente domésticas como de la introducción en este espacio de otras tareas, laborales y/o educativas, normalmente exógenas, de cuya intendencia, si no de su desarrollo, pasó a responsabilizarse, por asimilación, también a ellas.

El segundo nivel tiene que ver con factores socio-económicos. Algunos, como la precariedad laboral, económica y social, la pobreza o la exclusión social, tienen un impacto diferencial de género en tiempos de normalidad que la excepcionalidad,

9 Según los datos del INE correspondientes a 2016, las mujeres asumimos 34 horas semanales más que los varones a tareas de cuidados doméstico. Datos disponibles en: https://www.ine.es/jaxi/Datos.htm?path=/t00/mujeres_hombres/tablas_1/l0/&file=ctf03002.px [consulta: 10/05/2023].

lejos de corregir, vino a exacerbar y a expandir[10]. Otros, como la feminización de las actividades profesionales de cuidado, y del sector servicios en general, provocaron que las restricciones excepcionales a la movilidad tuvieran un impacto diferencial de género, consecuencia directa de la necesaria presencialidad de dichas actividades. Hay que tener en cuenta, además, que ambas feminizaciones se interseccionan en modos diversos; y que ambas se interseccionan con la feminización de lo que se conoce como brecha digital.

3.1. Brecha digital, género y la esfera de lo doméstico

Las restricciones a la movilidad pusieron de manifiesto los efectos excluyentes de la brecha digital. Esta nueva fuente de exclusión social, que ha venido a superponerse a otras, se manifiesta a tres niveles: el acceso a dispositivos digitales adecuados, el acceso a una conectividad adecuada y la adquisición de competencia digital. Cada uno de estos niveles produce sus propios efectos excluyentes, que se alían además entre sí para excluir especialmente a colectivos en situación socio-económica precaria[11]. Los tres se dejaron sentir en la gestión de la pandemia, especialmente durante el confinamiento domiciliario, especialmente, aunque no de forma exclusiva (pensemos en la población rural, y/o mayor, y/o con diversidad funcional), entre esos colectivos. Y se hicieron sentir en terrenos donde resulta urgente implementar políticas de inclusión: baste pensar en el acceso

---

[10] *Vid.* los datos del Instituto Nacional de Estadística (https://www.ine.es –consulta: 10/06/2021); *Vid.* Instituto de la Mujer, *La perspectiva de género, esencial en la respuesta a la COVID-19.* Disponible en: https://www.inmujeres.gob.es/diseno/novedades/IMPACTO_DE_GENERO_DEL_COVID_19_(uv).pdf [consulta: 10/05/2023].

[11] https://www.ine.es/jaxi/Datos.htm?path=/t25/p450/base_2011/a2020/l0/&file=09001.px [consulta: 10/05/2023].

a ayudas públicas, incluido el Ingreso Mínimo Vital, del que se hablará más adelante, en un contexto de creciente digitalización de las relaciones con las administraciones públicas. Y baste pensar en el acceso a la educación.

Por su relevancia ciudadana (STC 236/2007, de 7 de noviembre, FJ 8), el derecho fundamental a la educación (artículo 27 CE) merece aquí mención especial. La suspensión de las clases presenciales y su sustitución por actividades virtuales tuvo un impacto diferencial sobre distintos sectores poblacionales. El ejercicio del derecho se vio directamente condicionado por la disponibilidad de recursos digitales (de dispositivos, de conectividad, de competencias). Ello tuvo efectos excluyentes en algunos sectores poblacionales, especialmente en zonas socio-económicamente desfavorecidas, en un país que cuenta con bajos resultados escolares a nivel internacional y con cifras de fracaso escolar de las más altas en la Unión Europea, especialmente en dichas zonas[12]. Esos efectos estuvieron impregnados de género, consecuencia no sólo de la feminización de la pobreza, sino de las dinámicas de género que impregnan la organización de lo doméstico, y que condicionan que, allí donde los recursos digitales son escasos, jerarquías de género explícitas o implícitas y la sobrecarga de tareas domésticas que soportan mujeres y niñas tienden a excluir prevalentemente a éstas del acceso a los mismos.

En su STC 148/2021, el Tribunal Constitucional afirmó la constitucionalidad de la suspensión de clases presenciales. La "excepción temporal" de la enseñanza presencial, afirma, "no conlleva, por sí sola, una incidencia en la ordenación constitucional de la enseñanza, pues el artículo 27 CE 'no consagra directamente el deber de escolarización', entendido como asis-

---

12 OECD, *PISA Results* [consulta: 10/05/2023]. Disponible en: https://www.educacionyfp.gob.es/inee/publicaciones.html. *Vid.* también Soler et al, 2021).

tencia personal del alumno al centro docente, ni excluye, por tanto, 'otras opciones legislativas que incorporen una cierta flexibilidad al sistema educativo y, en particular, a la enseñanza básica' (STC 133/2010, de 2 de diciembre, FJ 9)" (FJ 8). Olvida el Tribunal Constitucional que, como él mismo sigue afirmando en el párrafo de la STC 133/2010 aquí citado, ese margen de discrecionalidad del legislador no le permite "dejar de dar satisfacción a la finalidad que ha de presidir su configuración normativa (art. 27.2 CE) así como a otros de sus elementos ya definidos por la propia Constitución (art. 27.4, 5 y 8 CE)" (FJ 9). Y olvida que entre esos elementos se encuentra la capacidad de exigir el acceso a una plaza educativa, tanto en la enseñanza básica, obligatoria y gratuita (artículo 27.4) como en la no obligatoria (vid. por todas STC 86/1985, de 10 de julio, FJ 3). Olvida, en fin, que dicho acceso no puede ser meramente nominal, no puede agotarse en la atribución sin más de una plaza educativa; ha de abarcar también la posibilidad de disfrutar de dicha plaza, y la obligación de los poderes públicos de procurar que así sea (STC 86/1985, FJ 3). Todo ello en el contexto de un derecho que, según dispone el artículo 27.2 CE, "tendrá por objeto el pleno desarrollo de la personalidad humana en el respeto a los principios democráticos de convivencia y a los derechos y libertades fundamentales". Entre estos principios y derechos se encuentran la igualdad y la interdicción de discriminación (artículo 14 CE), así como la obligación de los poderes públicos de promover las condiciones que permitan la efectividad de ambas, y de remover los obstáculos que la impidan.

La STC 148/2021 no analiza hasta qué punto la suspensión de clases presenciales tuvo una incidencia diferencial en el disfrute del derecho a la educación por parte de sectores poblacionales distintos, especialmente como consecuencia de la brecha digital, y en términos diferenciales de género. No se detiene pues a analizar en qué medida esa incidencia diferencial afecta especialmente a sectores que ya sufren mayores porcentajes de fracaso escolar y de exclusión socio-económica, viniendo a profundizar en uno y en otra. La incidencia diferencial de la suspensión de clases presenciales en términos socio-económicos, y su intersección con el género, es algo en lo que no repararon pues ni el legislador de excepción ni el Tribunal Constitucional; o es algo que ambos asumieron con naturalidad como efecto colateral de medidas restrictivas de derechos fundamentales cuya finalidad es, después de todo, proteger la vida humana entendida como pura biología.

Todo ello pone en evidencia el modelo de ciudadanía con que operan los poderes públicos también, o especialmente, en momentos de excepción, un modelo cuyo perfil responde al de un individuo urbano y burgués. Y pone de manifiesto en qué medida ese individuo tiene rasgos masculinos. En la gestión del Covid-19, nuestros poderes públicos no asumieron el impacto diferencial de género de las medidas restrictivas del derecho a la educación, ni en el acceso a ella ni en las tareas necesarias para su desarrollo en el ámbito doméstico, consecuencia de su digitalización, cuyo reparto es crónicamente desfavorable para las mujeres. No asumieron, en definitiva, el impacto diferencial que el confinamiento domiciliario tendría en los usos del tiempo y en la salud física y mental e mujeres y varones. Como no repararon en las consecuencias que sobre éstas tendría el previsible aumento del riesgo de violencia de género. Ciertamente, se adoptaron medidas para atajar la violencia de género en tiempos de confinamiento domiciliario[13]. Estas, sin embargo, no pudieron alterar la mayor exposición a la misma que ese confinamiento impuso a las mujeres, frente a alternativas como el confinamiento perimetral y/o restricciones de aforo (Ruiz-Pérez y Pastor-Moreno, 2021; Vives-Cases et al, 2021).

---

13 *Vid.* https://violenciagenero.igualdad.gob.es/informacionUtil/covid19/home.htm [consulta: 10/05/2023].

3.2. Excepcionalidad, género y exclusión social

Sabemos que pobreza y postergación social se retroalimentan (Fraser, 2003). Y sabemos que las dos, en sus diversas intersecciones, tienen perfil de mujer[14], que en su retroalimentación intervienen factores que se interseccionan a su vez con el género.

Una mirada interseccional nos obliga a poner en cuestión el compromiso expresado por el Ministerio de Igualdad de incluir a todas las mujeres en la gestión de la crisis sanitaria. Pese al lema *#NingunaMujerDesprotegida*, los colectivos con mayor precariedad socio-econóimica, especialmente golpeados por la pandemia, son colectivos altamente feminizados. Pensemos que tanto el sector de los cuidados como el de los servicios, en los que no cabe el teletrabajo, cuentan con una sobrerrepresentación de mujeres, especialmente de mujeres inmigrantes, que en general presentan niveles mayores de desempleo[15] y que presentaron niveles también mayores de contagios Covid-19 (el 14,2%)[16]. Y pensemos sobre todo en sectores que se mueven en

---

14 "Aunque las mujeres realizan el 66% del trabajo en el mundo y producen el 50% de los alimentos, solo reciben el 10% de los ingresos y poseen el 1% de la propiedad", según datos de Amnistía Internacional [en línea] y son más susceptibles de sufrir otros tipos de violencia institucional. Disponible en: https://www.es.amnesty.org/en-que-estamos/blog/historia/articulo/la-pobreza-tiene-genero/ [consulta: 10/05/2023].

15 La tasa de desempleo entre mujeres extranjeras (30,99%) es superior tanto a la de varones extranjeros (21,64%) como a la de mujeres nacionales (16,06%) (https://www.ine.es/jaxiT3/Datos.htm?t=4249) [consulta: 10/05/2023].

16 Gobierno de España, *Estudio ENE-COVID: Cuarta Ronda. Estudio nacional de sero-epidemiología de la infección por sars-cov-2 en España*, 15 de diciembre de 2020. Disponible en: https://www.mscbs.gob.es/gabinetePrensa/notaPrensa/pdf/15.12151220163348113.pdf [consulta 15/07/2021]

los márgenes de nuestro sistema socio-económico, sectores también feminizados que sufren altos niveles de abandono normativo y social, en los que el género interactúa con otros factores de exclusión, como la nacionalidad, la raza o etnia, la posición socio-económica, la orientación sexual y/o la identidad de género. El comercio ambulante, el trabajo agrícola temporero, el de camareras/os de piso, el trabajo doméstico, o el trabajo sexual, son algunos de ellos. La situación de abandono público en que se encuentran estos sectores se puso de manifiesto, tanto en las medidas de confinamiento y restricción de derechos y libertades introducidas para hacer frente a la pandemia, como en el marco de las ayudas articuladas para contrarrestar las consecuencias socio-económicas de esas medidas.

a) Camareras de piso

Según un informe de Comisión Obreras[17], antes de la crisis sanitaria los hoteles empleaban en España a casi 400.000 personas, de ellas a un 35% como personal de pisos, la inmensa mayoría, unas 140.000, mujeres. Estas camareras de piso, popularmente conocidas como las *kellys* ("las que limpian"), padecen una situación de deterioro sanitario crónico, fruto de la falta de reconocimiento como enfermedades profesionales de algunas dolencias específicas resultantes de su actividad (es el caso del síndrome del túnel carpiano por comprensión del nervio mediano en la muñeca, que produce entumecimiento, hormigueo, debilidad, o daño muscular en la mano y dedos), y que no se mencionan en el Decreto 1299/2006, de 10 de noviembre (por el que se aprueba el cuadro de enfermedades profesionales en el sistema de la Seguridad Social y se establecen criterios para su notificación y registro). Pese a que,

---

17 Disponible en: https://www.ccoo.es/noticia:375646 [consulta: 10/05/2023].

como el Tribunal Supremo recordó en su STS 725/2020, de 11 de febrero (Sala 4ª), este Decreto recoge una lista meramente ejemplificativa de enfermedades; y pese a que el 30 de agosto de 2018 el Gobierno acordó con Comunidades Autónomas y agentes sociales el reconocimiento como enfermedades profesionales propias de las *kellys* todas las "relacionadas con determinados movimientos repetitivos en brazos y manos propios de su trabajo"; pese a todo lo anterior, la falta de inclusión legislativa expresa de las enfermedades profesionales de las *kellys* viene impidiendo que éstas sean objeto de reconocimiento uniforme por parte de las aseguradoras. Ello deriva en altos niveles de automedicación, y a una mayor vulnerabilidad en términos de salud[18].

En su desprotección normativa inciden los altos niveles de precariedad laboral de las *kellys*, fruto de bajos salarios y de altos niveles de fraude en la contratación. Éste resulta tanto del encadenamiento fraudulento de contratos como de altos niveles de externalización de su actividad. Ésta última se produce, no sólo pese a que se trata de un servicio estructural en la hostelería, cuya subcontratación autorizó la reforma laboral de 2012, sino también pese a que es la empresa principal la que en todo momento planifica la mayor parte de la organización y gestión de la actividad contratada, limitándose la empresa contratada a poner mano de obra a disposición de la cesionaria; lo cual apunta a la ilegalidad de dicha externalización (STS 873/2019, de 17 de diciembre, Sala 4ª). Para atajarla, las *kellys* vienen reivindicando una reforma de la Ley del Estatuto de los Trabajadores que expresamente la prohíba. A la espera de la misma (por lo demás no incluida en la reforma laboral introducida por el Real Decreto-ley 32/2001, de 28 de diciem-

---

18 Disponible en: https://www.ccoo.es/noticia:375646; *vid.* también https://www.ccoo-servicios.es/html/44170.html [consulta: 10/05/2023].

bre –*vid.* Cañada y Alabao, 2021), la externalización dejó a muchas *kellys* fuera de los Expedientes de Regulación Temporal de Empleo (ERTE) a que en el contexto de gestión de la crisis sanitaria se acogieron los hoteles en que trabajaban.

b) Trabajadoras domésticas

No es mejor la situación de quienes se dedican al trabajo doméstico, entendiendo por tal el desarrollo de tareas remuneradas de mantenimiento de un domicilio ajeno. Según datos de la Unión Sindical Obrera (USO)[19], de las personas que desarrollan actividades de trabajo doméstico en España (unas 600.000), el 96% son mujeres. Estas actividades no se incluyen en el Régimen General de la Seguridad Social, sino en el Sistema Especial para Empleados del Hogar introducido por el Real Decreto-ley 29/2012, de 28 de diciembre, y cuyas características específicas fomentan la precariedad de quienes las desempeñan. Especialmente llamativas resultan medidas como la previsión de despido por desistimiento de la persona empleadora, la menor indemnización por despido, o la ausencia de prestación por desempleo. Esta falta de seguridad laboral se hizo sentir durante la pandemia, que las castigó además especialmente: según el estudio de seroprevalencia llevado a cabo a nivel estatal, las trabajadoras dedicadas a las tareas de limpieza están entre los colectivos (feminizados) que más contagios acumularon (13,9%), después del personal sanitario (un 16,8%) y de las cuidadoras a domicilio (un 16,3%) (en el momento del estudio de referencia, la incidencia en el conjunto de la población era del 9,9%)[20].

---

19 https://www.uso.es/el-subsidio-para-empleadas-de-hogar-solo-3-millones/ [consulta: 10/05/2023].

20 Gobierno de España, *Estudio ENE-COVID: Cuarta Ronda. Estudio nacional de sero-epidemiología de la infección por sars-cov-2 en España*, 15 de

Se estima, además, que entre un tercio y la mitad de quienes realizan trabajo doméstico por cuenta ajena carecen de afiliación a la Seguridad Social, y por ende de protección por parte del Estado. Esta exclusión supuso, durante la gestión de la crisis sanitaria, la exclusión de estas trabajadoras como beneficiarias del subsidio extraordinario por falta de actividad previsto en el Real Decreto-Ley 11/2020, de 31 de marzo, por el que se adoptan medidas urgentes complementarias en el ámbito social y económico para hacer frente al Covid-19. Su artículo 30 vino a cubrir situaciones de cese de actividades, total o parcial, temporal o por despido, de quienes estuvieran de alta en el Sistema Especial de Empleados del Hogar del Régimen General de la Seguridad Social antes la entrada en vigor del Real Decreto 463/2020, de 14 de marzo. A la tardía llegada de este Decreto-Ley, y a su escasa dotación económica (tres millones de euros en total, que según USO se traducen en 100 euros para cada trabajadora), hemos de añadir la exclusión de quienes no tuvieran formalizada su relación laboral, quienes más necesitaban pues el mencionado subsidio.

Posteriormente, el Tribunal de Justicia de la Unión Europea condenó a España por incurrir en discriminación indirecta por razón de género en la regulación del trabajo doméstico (C-389/20, Sentencia de 24 de Febrero de 2022), en concreto en materia de protección contra el desempleo. A resultas de esta Sentencia se promulgó el Real Decreto-ley 16/2022, de 6 de septiembre, para la mejora de las condiciones de trabajo y de Seguridad Social de las personas trabajadoras al servicio del hogar. En él se equipara el régimen laboral y de Seguridad Social de este colectivo al del resto de personas trabajadoras por cuenta ajena, eliminándose diferencias injustificadas, fun-

---

diciembre de 2020. Disponible en: https://www.mscbs.gob.es/gabinetePrensa/notaPrensa/pdf/15.12151220163348113.pdf) [consulta: 15/07/2021].

damentalmente en dos puntos: el cese de la relación laboral, eliminando la figura del desistimiento y equiparando la indemnización por desempleo a la del resto de personas trabajadoras por cuenta ajena; y la seguridad y salud en el trabajo, equiparando también aquí la regulación a la general.

c) Trabajadoras del sexo

La exclusión estructural del sistema es la nota que caracteriza a quienes se dedican al trabajo sexual. A ella hay que sumar el estigma que acompaña a esta actividad, y que determina que, aun sin ser objeto de prohibición en nuestro sistema jurídico, carezca de reconocimiento, situándose por ende fuera de las redes institucionales de protección social[21]. Que la prestación de servicios sexuales no tenga reconocimiento jurídico, que no quepa pues entablar una relación laboral que tenga dicha prestación por objeto, no significa que en la práctica no existan relaciones que encajan en este perfil. Más bien se traduce en la desprotección de las trabajadoras del sexo en el marco de dichas relaciones y frente a un eventual "despido" de las mismas. Esta situación contrasta con la plena regularización, como espacios de ocio o de hospedaje, de los clubes de alterne en que muchas trabajadoras del sexo prestan sus servicios, bajo la presunción de que no lo hacen como empleadas de los mismos (STS de 27 de noviembre de 2004, Sala 4ª).

Lo cierto, con todo, es que con frecuencia lo son, que con frecuencia además los clubes les alquilan sus habitaciones en condiciones abusivas para que en ellas presten sus servicios,

---

21 La STS 584/2021, de 1 de junio (Sala 4ª, pleno), al reconocer la licitud del sindicato OTRAS, da un paso hacia el reconocimiento del trabajo sexual en sus distintas modalidades como actividad lícita cuando se realiza de forma voluntaria, en el caso de la prostitución cuando ésta se ejerza de forma además autónoma.

para algunas además la única solución habitacional disponible. Lo hacen sin asumir obligaciones patronales, pudiendo imponer condiciones laborales también abusivas y "despedirlas" a voluntad, lo que con frecuencia implica también su desahucio habitacional. Ante esta situación hay sentencias que reconoce la existencia de relación laboral entre un club de alterne y una trabajadora del sexo que residía y prestaba sus servicios en él, reconociendo en consecuencia la existencia de despido en caso de extinción unilateral de dicha relación por parte del club (STSJ Madrid 104/2019, de 18 de febrero, Sala 4ª, confirmada por el Tribunal Supremo, Sala 4ª, en su Auto de 9 de marzo de 2021). En todo caso, los clubes que hoy por hoy se nutren de facto de un trabajo sexual jurídica y socialmente no reconocido gozan, ellos sí, de reconocimiento jurídico y social. En coherencia con ello pudieron acogerse a las ayudas económicas por cierre de negocios decretadas para la protección del sector del ocio y el hospedaje en el marco de la gestión de la crisis sanitaria. Mientras, las trabajadoras del sexo que en ellos prestaban sus servicios quedaron en situación de desprotección. Algunas se quedaron incluso sin vivienda, consecuencia del cierre de clubes de alterne que el Ministerio de Igualdad solicitó el 21 de agosto de 2020 a las Comunidades Autónomas como medida sanitaria, y al que se acogieron comunidades autónomas como Castilla La Mancha, Cataluña, La Rioja, País Vasco o Extremadura, sin atención a la situación laboral y habitacional de las trabajadoras del sexo que en ellos trabajan (Medina, 2020).

Estos y otros colectivos feminizados vienen encontrando además dificultades para acceder al Ingreso Mínimo Vital (IMV), introducido por el Decreto-Ley 20/2020, de 29 de mayo, y recogido en la Ley 19/2021, de 20 de diciembre. Éstas afectan, para empezar, a las personas menores de 23 años, edad mínima exigida, para ser titular del mismo a título individual, y no como parte de una unidad de convivencia (Decreto Ley 20/2020, artículo 5.2; Ley 19/2021, artículo 4.1).

Afectan también a las personas que se encuentran en situación irregular en nuestro país, que constituyen un porcentaje importante dentro de sectores feminizados y desregularizados como el del trabajo sexual, y que aparecen expresamente excluidas del ámbito de cobertura del IMV. Para acceder a él, Decreto Ley 20/2020 exigía (artículo 7), y la Ley 19/2021 sigue exigiendo (artículo 10.1), haber residido de forma legal e ininterrumpida en España durante al menos el año anterior a la presentación de la solicitud. En uno y otro caso hay, ciertamente, excepciones. Se exime así del cumplimiento del requisito de edad y del de residencia a las víctimas de violencia de género y a las víctimas de trata de seres humanos y explotación sexual. No se hace lo propio, sin embargo, con quienes voluntariamente ejercen el trabajo sexual. Ello es así pese a que, en su Plan de Contingencia contra la violencia de género ante la crisis del Covid-19, presentado el 21 de abril de 2020, el Ministerio de Igualdad presentó medidas adicionales dirigidas, no sólo a víctimas de trata y explotación sexual, sino también a mujeres en contextos de prostitución (apartado 3.3), es decir, a quienes la ejercen de forma voluntaria. Parecía pues, en esa fecha temprana, que en la gestión de la crisis se tendrían en cuenta las necesidades especiales de tutela de este colectivo. Lo cual parecía augurar que se facilitaría su acceso al IMV. En el diseño definitivo de éste, sin embargo, las condiciones de edad y de residencia para acceder a él se flexibilizaron para las mujeres víctimas de violencia de género y víctimas de trata y explotación sexual, pero no para las trabajadoras del sexo que no lo sean, pese a que ello afecta a las más desprotegidas, y por ende más vulnerables, dentro de un colectivo ya enormemente postergado.

Difícil de satisfacer para muchas trabajadoras del sexo, especialmente para aquellas sin residencia regularizada en España, es también el requisito de haber estado en situación de alta durante al menos un año en cualquiera de los regímenes que integran el sistema de la Seguridad Social. Este requisito se impone a quienes teniendo menos de treinta años pretenden acceder al IMV al margen de una unidad de convivencia. Para hacerlo, estas personas deben acreditar haber vivido de forma independiente en España durante un periodo que inicialmente era de tres años (Decreto-Ley 20/2020, artículo 7.2), y que luego pasó a ser de dos (Ley 19/2021, artículo 10.2), siempre inmediatamente anteriores a la fecha de solicitud del IMV; y deben acreditar que en dicho periodo permanecieron al menos doce meses, continuados o no, en situación de alta en cualquiera de los regímenes que integran el sistema de la Seguridad Social, incluido el de Clases Pasivas del Estado, o en una mutualidad de previsión social alternativa al Régimen Especial de la Seguridad Social de los Trabajadores por Cuenta Propia o Autónomos. Se trata de un requisito difícil de satisfacer para un colectivo, el de las trabajadoras del sexo, cuya actividad carece de reconocimiento jurídico y para el que no siempre resulta fácil darse de alta como trabajadoras autónomas.

Súmese a todo lo anterior el impacto diferencial que la brecha educacional, la brecha informativa y la brecha digital tienen en este y otros colectivos postergados, y el resultado es una situación de abandono por parte de los poderes públicos exacerbada en tiempos de excepción Ello supone el incumplimiento de la obligación constitucional de éstos de adoptar medidas que fomenten las condiciones de participación de toda la ciudadanía (artículo 9.2 CE), además de un fracaso en términos de salud democrática.

4. REFLEXIONES DE CIERRE: REPENSANDO MITOS FUNDACIONALES.

La excepcionalidad provocada por el Covid-19 puso de relieve las dinámicas de discriminación y exclusión estructural que rigen en la normalidad. La imposición, en concreto, de un confinamiento domiciliario generalizado y uniforme descansó sobre una imagen mítica del ciudadano que lo identifica con el varón urbano de clase media, integrado en una familia nuclear, con condiciones habitacionales en las que hacer frente al confinamiento en términos sostenibles. Resultado de tanta uniformidad fue su impacto diferencial sobre distintos colectivos, con la intensificación de dinámicas de discriminación estructural con base en factores de género además de socioeconómicos, entre otros, y en sus diversas intersecciones.

Existe el riesgo obvio de normalización de lo excepcional, de su incorporación como parte del marco cotidiano de convivencia. Alternativamente, al magnificar dinámicas de poder y discriminación, la excepcionalidad puede actuar como espejo de carencias democráticas que en tiempos de normalidad aparecen naturalizadas, ofreciéndonos una ocasión para repensarlas, para corregirlas. Hacerlo pasa por asumir la idea de que la democracia requiere el trato diferenciado de situaciones diferentes, de que sólo así es posible incluir en ella a sectores generalmente postergados, tanto que con frecuencia pasan por debajo del radar de las políticas sociales, y cuyo perfil se feminiza a medida que se intensifica su nivel de exclusión. Pasa pues por encarar la inclusión social con perspectiva transversal de género. Pasa, en definitiva, por que nos tomemos en serio la obligación de los poderes públicos de articular políticas que permitan garantizar a todas las personas, con independencia de los grupos en que se integren, similares posibilidades de participación, de integración ciudadana (artículo 9.2 CE).

5. BIBLIOGRAFÍA CITADA.

- Agamben, Giorgio (2021). *A che punto siamo?*. Macerata: Quodlibet

- Agamben, Giorgio (2005 [1995]). *Homo sacer. Il potere sovrano e la nuda vita.* Torino: Piccola Biblioteca Einaudi.

- Baena-Díez, José Miguel; Barroso, María; Cordeiro-Coelho, Sara Isabel; Díaz, Jorge L. & Grau, María (2020). "Impact of COVID-19 outbreak by income: hitting hardest the most deprived", *Journal of Public Health*, vol. 42, núm. 4, pp. 698–703.
- Cañada, Ernest y Alabao, Nuria (2021). "La nueva reforma laboral cierra la puerta a 'las kellys'", *Revista Contexto*, núm. 279. Disponible en: https://ctxt.es/es/20211201/Politica/38247/Nuria-Alabao-Ernest-Canada-reforma-laboral-precariedad-kellys-convenio.htm [consulta: 10/05/2023].
- Cobreros Mendazona, Edorta (2007). "Discriminación por indiferenciación: estudio y propuesta", *Revista Española de Derecho Constitucional*, núm. 81, pp. 71-114.
- Crenshaw, Kimberlee W. (1989), "Demarginalising the intersection of race and sex», *University of Chicago Legal Forum*, pp. 139-167.
- Fraser, Nancy (2003). "Social Justice in the Age of Identity Politics: Redistribution, Recognition and Participation", en Nancy Fraser & Axel Honneth, *Redistribution or Recognition? A political-philosophical exchange.* London-New York: Verso pp. 7-109.
- Gilligan, Carol (1982). *In a Different Voice: Philosophical Theory and Women's Development*, Cambridge, MA: Harvard University Press.
- Medina Martín, Rocío (2020). "Desahuciar a las prostitutas en nombre del feminismo", *Revista Contexto*, nº 264.
- Pateman, Carole (1988). *The Sexual Contract.* Stanford, CA: Polity Press.
- Rodríguez Ruiz, Blanca (2022). "¿Libres e iguales? Sobre los mitos fundacionales del estado y sus efectos jerarquizantes y excluyentes", *Revista General de Derecho Público Comparado*, (Sección Monográfica: *Pensamiento crítico en Derecho: Desmontando mitos jurídicos*, Blanca Rodríguez Ruiz coord.), pp. 1-34.

- Rubin, Gayle (1975). "The Traffic in Women: Notes on the 'Political Economy' of Sex", en *Toward an Anthropology of Women* (ed. R. Reiter ed.), New York: Monthly Review Press, pp. 157-210.
- Medidas de contención de la violencia de género durante la pandemia de COVID-19Ruiz-Pérez, Isabel y Pastor-Moreno, Guadalupe (2021). "Medidas de contención de la violencia de género durante la pandemia de COVID-19", *Gac Sanit* 35(4): 389–394 (https://www.ncbi.nlm.nih.gov/pmc/articles/PMC7181996/) [consulta: 10/05/2023].
- Soler, Ángel, et al. (2021). *Mapa del abandono educativo temprano en España. Informe general,* Madrid: Fundación Europea Sociedad y Educación. Disponible en: https://www.sociedadyeducacion.org/site/wp-content/uploads/INFORME-GENERAL-AET_WEB_23032021.pdf [consulta: 10/05/2023].
- Vives-Cases, Carmen; La Parra-Casado, Daniel; Estévez, Jesús F.; Torrubiano-Domínguez, Jordi; Sanz-Barbero, Belén (2021). "Intimate Partner Violence against Women during the COVID-19 Lockdown in Spain", *Int J Environ Res Public Health,* May; 18(9): 4698 (https://www.ncbi.nlm.nih.gov/pmc/articles/PMC8125103/) [consulta: 10/05/2023].
- Wittig, Monique (1992). "On the Social Contract", *The Straight Mind and other Essays,* Boston: Beacon Press, pp. 33-45.

El género como un factor determinante en el aumento del riesgo en el marco de la pandemia por COVID-19.

ERIKA MARTÍNEZ APARICIO
Catedrática en UNAM y URC

INTRODUCCIÓN

La importancia de la protección social se vuelve relevante ante la diversidad de contingencias, siendo un claro ejemplo la pandemia por Covid 2019, contingencia que se atendió de inmediato, la gravedad pandémica implico llevar a cabo políticas publicas emergentes para contrarrestar el cuadro patológico y preventivo de carácter emergente, sin embargo, otra de las contingencias fue la violencia de género que aumento exponencialmente a partir de las restricciones domiciliarias,

Por lo que, en el contexto del año 2020 México atravesó por la situación pandemica del virus de COVID-19, por ello las consecuencias fueron graves en diferentes ámbitos; económico, laboral, escolar, familiar, etc. Las altas cifras de personas muertas por dicho virus fueron devastadoras, se tuvieron que suspender actividades, cierres de comercios acompañados de desempleo. Por el confinamiento al que se que recurrió para evitar los contagios, dicha situación aumentó la violencia dentro de los hogares en contra de mujeres y menores de edad.

Por pandemia la violencia emocional, psicológica, verbal, física, económica y sexual contra las mujeres aumentó, muchos de estos casos terminaron en feminicidio en el año 2020 se registraron en México.

Es por ello que el Estado Mexicano fue garante de la Seguridad Social, a través de su pluralidad de Instituciones encargadas de la protección social, sin embargo, desde hace algunas décadas había permanecido estático en su marco legal, quedando manifiesto la falta de armonización de los Derechos Humanos.

PERSPECTIVA DE LOS DERECHOS HUMANOS Y SU ARMONIZACIÓN.

La Constitución Política de los Estados Unidos Mexicano debiendo ser garante del Derecho Social y a los medios de subsistencia, quedando de manifiesto que las leyes de Seguridad Social no tenían una armonización adecuada, violentando las garantías de igualdad de género.

Observándose así que las debilidades identificadas, son debido a la falta de líneas de acción y desconocimiento de los actores responsables las cuales están situadas en la política de igualdad de género.

Desarrollare un enfoque proteccionista de igualdad de género concretamente en lo referente al sistema de protección social que actualmente las Instituciones de protección desde hace algunas décadas habían permanecido estáticas en su marco legal, actualmente se está implementando una adecuación al contexto internacional, quedando de manifiesto que las leyes de Seguridad Social deben proteger el derecho humano de igualdad.

En primera instancia es conveniente analizar el concepto de Seguridad Social y su problemática actual para seguir con el método comparado en el contexto mundial.

La seguridad social es la rama del derecho social que de acuerdo con el tratadista Briceño, A. (2018, p,30) tiene por finalidad garantizar el derecho a la salud, la asistencia médica, la protección de los medios de subsistencia y los servicios sociales necesarios para el bienestar individual y colectivo, así como el otorgamiento de una pensión que, en su caso y previo cumplimiento de los requisitos legales, será garantizada por el Estado.

La seguridad social puede contribuir de varias maneras al bienestar de una nación. Al profundizarse en las razones por las cuales se considera tan importante a la seguridad social en los procesos de desarrollo de los países, es particularmente relevante destacar algunos argumentos como los siguientes;

"Un estado de salud deficiente es una de las principales causas de baja productividad laboral en muchos países en vías de desarrollo. Las mejoras en salud favorecen el crecimiento económico en al menos cuatro formas: reducen las pérdidas en producción derivadas de la enfermedad de los trabajadores; permiten la utilización de recursos que serían total o prácticamente inaccesibles debido a enfermedades; incrementan la matrícula escolar de los estudiantes, que en el futuro aportarán sus conocimientos y liberan el uso de recursos para atención de enfermedades, hacia otros rubros" (OIT, 2003, 9)

El sistema de protección social ayuda a facilitar la salida de los trabajadores de la fuerza laboral cuya productividad ha decaído; especialmente puede mencionarse el caso de los trabajadores de más edad.

Las prestaciones monetarias y el descanso durante una enfermedad contribuyen a la recuperación de los trabajadores, ya que eliminan la presión física, emocional y financiera que significaría tal condición, y a la vez evitan que el resto de los trabajadores vean afectada su productividad por contagio.

El seguro de maternidad es de particular importancia para poder contar con una futura fuerza laboral saludable y para propiciar el buen estado de salud de las madres trabajadoras.

La forma más antigua y amplia de seguridad social existente es, sin duda, la de los esquemas de accidentes laborales, los cuales han desempeñado un papel muy importante en la prevención de riesgos en el trabajo. Las actividades planteadas por estos esquemas son relevantes para la productividad, dado que se evita también la pérdida de días laborales como consecuencia de enfermedad o accidentes de trabajo.

Las prestaciones otorgadas durante períodos de desempleo proporcionan al trabajador en tal condición un espacio para encontrar un nuevo puesto laboral, que le permita desarrollar plenamente su capacidad productiva, y a la sociedad reasignar los distintos tipos de trabajadores a los empleos en los que serían más productivos, minimizando el costo del ajuste.

Las prestaciones en dinero otorgadas al trabajador por el hecho de tener hijos, ayudan a asegurar un ingreso suficiente para proporcionar una alimentación adecuada y un ambiente saludable a la familia, en la contingencia por Covid 19, la Ley Federal del Trabajo determina que los trabajadores deben recibir un salario mínimo como una contraprestación de la relación laboral, aun y cuando exista una interrupción de suspensión por medidas sanitarias.

La seguridad social cumple también con una función redistributiva, no solamente entre grupos de una misma generación sino también entre distintas generaciones. Esta redistribución inter e intra generacional es inherente a cualquier tipo de régimen que funcione ya sea según el principio del seguro o el de la solidaridad entre el trabajador sano y el enfermo, entre el trabajador en actividad y el jubilado, o entre el que tiene hijos y el que no tiene ninguno.

Además de lo establecido, la protección social es un derecho inalienable de la persona humana, y una obligación del estado como promotor del bien común de una sociedad, y garante del desarrollo integral de todos y cada uno de sus miembros.

IGUALDAD DE GÉNERO

Diversos tópicos que ponen de manifiesto todos los prejuicios y estereotipos que como sociedad mexicana en la que vivimos actualmente nos permite justificar las diferencias de género, es decir, hay que hacer lo necesario para llegar a un equilibrio que permita actuar libremente sin prejuicios y continuar ejerciendo las actividades humanas, sin embargo, tenemos que comprender que tanto el hombre cómo la mujer son personas con igual dignidad, aunque con diferencias biológicas, las cuales no deben confrontarse, más bien, hay que buscar complementarse para alcanzar un mejoramiento mutuo.

Para ilustrar acerca del tema La ONU Mujeres (2015) en su artículo "La igualdad de género" destaca los conceptos relevantes del estudio: igualdad de género y la no discriminación, al mismo tiempo conlleva a su construcción, siendo observados por los instrumentos internacionales a favor de la igualdad entre hombres y mujeres. Se mencionan: Carta de las Naciones Unidas, La Declaración Universal de los Derechos del Hombre, etc.

El instrumento internacional más amplio en materia de derechos de las mujeres corresponde a la Convención sobre la Eliminación de Todas las Formas de Discriminación contra la Mujer (CEDAW), siendo un vínculo importante para todos aquellos estados que la han ratificado.

El papel que juega la mujer ha ido cambiando al transcurrir el tiempo, un ejemplo, es la conquista que se observa en la figura transcendental como es la familia, así también la educación, en la sociedad, lo cual le ha otorgado cambios positivos en el ámbito laboral y sin dudarlo en el entorno de la política, etc. dirigiéndose a obtener el reconocimiento en el camino de la igualdad con el hombre, por ende, ya se presta atención a los diversos eventos que demuestran que el término de igualdad de género está orientado a ser consolidado a través de equiparar al ser humano en sus derechos civiles, sociales y políticos sin importar el sexo al que pertenezcan.

Resulta necesario reconocer la diferencia entre hombres y mujeres aunado a su función y rol social que tiene cada uno, con ello se fueron justificando todas aquellas razones culturales; no obstante a lo largo de la historia, las mujeres han sido objeto de discriminación, se mantuvo por años tipificado su clásico rol de ama de casa, la cual es una tarea muy sacrificada y nunca remunerada, y lo más conveniente para el hombre es que dependía económicamente de él.

Otra aportación que llevó a cabo se destaca en el texto "ONU en acción. Para la igualdad de género en México" (2018), en donde se resalta la oportunidad histórica que se ha observado en México con respecto al avance educativo de las mujeres con acciones afirmativas, destacando la participación del Plan Nacional de Desarrollo 2019-2024 donde incorpora por primera vez una estrategia transversal destacando la igualdad sustantiva en los programas sectoriales cuyo liderazgo lo ejerce la Administración Pública Federal.

Puntualiza la suma de esfuerzos que llevan a cabo junto con la renovación de voluntades de todos los que participan en lograr la igualdad de género, representando un progreso para las mujeres en la sociedad.

Por ello es importante citar que la igualdad de género se establece lo siguiente:

"...en sentido ontológico, referida a la dignidad de todos compartimos, pero también entendida como capacidad para participar en los asuntos sociales, y acceder a las oportunidades de desarrollo" (Ramírez y Pallares, 2017, 154)

Por cuanto hace al termino desigualdad las personas convivimos en una sociedad que a la vista podemos coincidir en ciertos aspectos y tener semejanzas en común, sin embargo, no somos iguales, quizá mucho tenga que ver los estereotipos de los que estamos rodeados, quienes han provocado juicios o pensamientos erróneos, los cuales hacen caer en discrepancias conducentes a generar descontento y frustración en la gente por las diferencias o acciones cometidas en el ambiente en que nos desenvolvemos.

Al analizar a la palabra desigualdad nos enfocamos en el contexto social el cual es diferente en cada país, todo ello ha provocado diversos problemas que conllevan a optar por cambios radicales, observándose la diferencia entre una nación con respecto a la otra; al mismo tiempo los extractos sociales son generadores de las diferencias entre los pobladores, es decir, se observa que no tienen el mismo salario, estatus, condiciones de salud, etc., creándose un ambiente de descontento generado por la misma humanidad quienes asumen las consecuencias debido a la práctica indebida de las costumbres negativas que han sido impuestas por la sociedad.

Por ello nos referiremos al concepto de desigualdad en el que;

"la cualidad de ser una cosa diferente de otra, o de distinguirse de otra por tener características, valores o rasgos que la hacen diferente. Puede referirse a la falta de equidad o igualdad entre dos o más personas, cosas, hechos o realidades" (Csigo, s/f)

No podemos dejar de mencionar otro concepto que es el exclusión que se encuentra también incluido cuando hablamos de cierta agrupación de personas, es la palabra exclusión, refiere de manera específica a una situación de marginación o separación que afecta a un conjunto de personas dentro de un contexto social.

Cuando insinuamos dicho término nos indica que existe un número determinado de personas que se encuentran en desventaja por no tener las mismas oportunidades, dígase laborales, formativas, culturales o políticas, con relación a uno o varios grupos sociales que se encuentran en una posición digna y privilegiada.

Todo ello causa un malestar en el ser humano por la negativa de incumplir con sus expectativas, si bien, por citar un ejemplo es cuando no se ha conseguido un trabajo con mejor remuneración, arrojando como consecuencia una situación económica deplorable; por otra parte, al referirnos a la exclusión en el aspecto social se visualiza a través de la pobreza, causada por aquellos sistemas de valores o códigos enraizados que obligan a las dichas personas a vivir en condiciones de desventaja al ser rechazadas o apartadas, de tal manera que no es posible disfrutar plenamente de su condición de ciudadano y al mismo tiempo gozar de sus derechos como tal.

El concepto de exclusión el autor (Ramírez y Pallares, 2017, 156), refiere lo siguiente:

"es un proceso, que ocurre en una serie de eventos que conducen a que una persona, familia o grupo social llegue a vivir situaciones que les impiden participar y realizar el ejercicio pleno de su ciudadanía, en términos de sus derechos y deberes, tiene múltiples causas y se presenta en muy diversas dimensiones"

De conformidad con lo antes analizado, exclusión es un término vinculado con la discriminación, que impide participar o ejercitar un derecho, ya que en materia de protección constitucional es inaceptable.

Por cuanto hace al tema de discriminación, la historia es la que ha dado pauta a conocer todos aquellos hechos atroces al mundo entero los cuales son vinculados con todas las violaciones, persecuciones, abusos y sometimiento que han vivido las diversas sociedades durante muchos años; por tal motivo, se continúa manteniendo la lucha por la necesidad de conseguir el reconocimiento y defensa de los Derechos Humanos en el mundo.

No omitiendo, que se observan grandes logros, uno de ellos se puede vislumbrar a través de conseguir beneficios con respecto a los derechos de las mujeres, quienes anteriormente eran discriminadas, por mencionar algunas circunstancias, éstas no contaban con derecho al voto, ni participaban en la política, etc. Fue con el paso del tiempo junto con la cooperación de la ciudadanía que se consiguió defender la igualdad de género, reconociéndose así sus derechos fundamentales, sosteniendo que los hombres y las mujeres son iguales, tienen los mismos derechos y deben ser tratados de la misma manera.

Con lo acontecido con respecto al concepto ilustrativo llamado discriminación es importante destacar que se ha invitado a la mayoría de los países del mundo a firmar la Declaración Universal de los Derechos Humanos, y a pasar de su existencia, no es posible asegurar que se cumplan y respeten de verdad en todas partes dichos derechos, un claro ejemplo es nuestro país, México. La prioridad es asumir y tener el valor de denunciar todas aquellas violaciones de los Derechos Humanos que son enfocados en las mujeres, los niños y las personas indefensas; si bien, sabemos que es una labor muy difícil, más no imposible, el compromiso de cada persona es generar el ímpetu de valorar su dignidad y ser respetado en el contexto donde se desenvuelve.

El concepto de discriminación se entiende como;

"...toda distinción, exclusión, restricción o preferencia, el idioma, la religión, la opinión política o de otra índole, el origen nacional o social, y que tengan por objeto o por resultado anular o menoscabar el reconocimiento, goce o ejercicio, en condiciones de igualdad, de los derechos humanos y libertades fundamentales de todas las personas" (Ramírez y Pallares, 2017, 156)

Por otra parte en el contexto del año 2020 México atravesó por la situación pandemica del virus de COVID-19, por ello las consecuencias fueron graves en diferentes ámbitos; económico, laboral, escolar, familiar, etc. Las altas cifras de personas muertas por dicho virus fueron alarmantes, se tuvieron que suspender actividades, cierres de comercios acompañados de desempleo. Por el confinamiento al que se tuvo que recurrir para evitar los contagios, dicha situación aumentó la violencia dentro de los hogares en contra de mujeres y menores de edad.

Según datos del INEGI durante la pandemia hubo un aumento de violencia familiar del 5.3%. Cabe señalar que del millón 856 mil 805 delitos registrados en 2020, 220 mil 609 fueron de violencia familiar, averiguaciones previas iniciadas, investigaciones y carpetas de investigación abiertas. (INEGI, 2022)

Por la pandemia la violencia emocional, psicológica, verbal, física, económica y sexual contra las mujeres aumentó, muchos de estos casos terminaron en feminicidio en el año 2020 en México, según datos del INEGI (INFOBAE, 2022) durante la pandemia la violencia familiar en contra de las mujeres aumentó 5.3%.

CONTRIBUIR A LA IGUALDAD DE GÉNERO

La mayor parte de los sistemas de seguridad social estaban en un principio estructurados para responder a las necesidades de las familias cuyo sostén principal era el sexo masculino. Como resultado de la evolución de los estilos de vida, las expectativas y estructuras de la familia, una importante proporción de la población no vive actualmente en familias de este tipo, lo que ha contribuido a aumentar la necesidad de plasmar la igualdad de género.

Parte del reto de la seguridad social consiste en responder a estos cambios garantizando la igualdad de trato entre hombres y mujeres y, al mismo tiempo, introducir paulatinamente medidas de equiparación, por ejemplo, en lo que respecta a la edad de jubilación y las prestaciones de sobrevivientes. Otro reto consiste en utilizar la protección social, como por ejemplo los servicios de guardería y otras prestaciones sociales para los padres y los hijos, para alcanzar una mayor igualdad de género y un reparto más equitativo de las responsabilidades en el hogar y en el trabajo.

La ampliación de la protección social requerirá un incremento de la financiación nacional, así como nuevas formas de financiación a nivel local y mundial. En el plano nacional, la financiación podría incrementarse a través de una mejor recaudación de las cotizaciones y de los impuestos existentes en materia de seguridad social.

La financiación por distribución, sería probablemente más adecuada para las prestaciones a corto plazo, tales como las prestaciones por enfermedad y las prestaciones de maternidad. En el caso de las prestaciones de vejez, está visto que la financiación por distribución y la capitalización anticipada son vulnerables a los cambios demográficos. A nivel local, se debería dar mayor importancia a los recursos de que disponen los gobiernos locales, así como a la utilización de la capacidad contributiva de los trabajadores de la economía informal a los regímenes de microseguro.

La sostenibilidad financiera de estos regímenes puede reforzarse mediante diversos mecanismos, tales como el establecimiento de un fondo común, el reaseguro y algún tipo de afiliación a sistemas de seguro social obligatorio. A nivel mundial, se podrían buscar nuevas fuentes para financiar algún tipo de protección social básica para todos y adoptar medidas para hacer frente a las consecuencias de las crisis.

GLOBALIZACIÓN, EL DERECHO LABORAL Y GÉNERO

La mundialización, sola o en combinación con los cambios tecnológicos, expone a menudo a las sociedades a una mayor inseguridad de los ingresos. Los estudios realizados en los países desarrollados indican que las transferencias de ingresos tienden a ser más importantes en las economías que son simultáneamente muy abiertas y que están sujetas a importantes riesgos en cuanto a los precios en los mercados mundiales.

Otros observadores afirman que las reducciones en la seguridad de los ingresos y la protección social se deben a los intentos de los gobiernos de promover la competitividad y atraer la inversión extranjera directa. Asimismo, algunos prevén que la competencia fiscal dará lugar a mayores reducciones tributarias, especialmente en lo que respecta al rendimiento del capital, y disminuirá la capacidad de los gobiernos de financiar la protección social.

Las políticas de ajuste estructural que se han venido aplicando en la mayor parte de los países en desarrollo han contribuido frecuentemente a que se viera reducido el pequeño porcentaje de la población activa ocupada en el sector formal. La afluencia sucesiva de programas de ajuste estructural ha dado lugar asimismo a recortes salariales en los sectores público y privado, con lo que se ha degradado la base financiera de los regímenes del seguro social obligatorio. Simultáneamente, muchos de estos regímenes en los países en desarrollo se han resentido de la mala administración y gobierno, que a menudo ha traído consigo una disminución de la confianza de los afiliados al sistema.

Además, con frecuencia los programas de ajuste estructural han traído como consecuencia importantes recortes presupuestarios en el plano social. En Benin, por ejemplo, la parte del presupuesto gubernamental total destinada a los gastos de salud disminuyó del 8,8 al 3,3 por ciento entre 1987 y 1992. Como la mayoría de los gobiernos ya no pueden garantizar el acceso a la enseñanza y a los servicios de salud gratuitos, aparte de los regímenes nacionales, existe una mayor demanda de mecanismos internacionales y locales para la financiación y organización de estos servicios sociales.

Uno de los tópicos es el *trabajo decente* cuyas características esenciales del enfoque del trabajo decente es que todo el mundo tiene derecho a una protección social básica. El derecho a la seguridad social para todos se estipula ya en el artículo 9 del Pacto Internacional de Derechos Económicos, Sociales y Culturales.

Una estrategia del *trabajo decente* aspira a la universalidad de la cobertura, que ahora se concretiza en el objetivo oficial del Sector de Protección Social: realzar el alcance y la eficacia de la protección social para todos. Como ya se mencionó, este objetivo dista mucho de haberse alcanzado.

Es de considerarse que no todas las sociedades pueden permitirse el mismo nivel de seguridad social. Sin embargo, es inhumano en todas partes vivir y trabajar en una inseguridad permanente, que constituye una amenaza para la seguridad material y la salud de los individuos y las familias. Un mundo esencialmente rico puede ofrecer una seguridad mínima para todos sus habitantes.

Por último, la confianza pública en los sistemas de seguridad social es fundamental con miras a alcanzar y mantener una amplia cobertura. Para ello, no sólo es necesario contar con una administración eficaz y normas de primer orden de probidad financiera, sino también con un elevado grado de compromiso por parte del propio gobierno para garantizar el buen funcionamiento del sistema a largo plazo. Cuando no existe esta confianza, la gente siempre encontrará formas de evitar cotizar, aunque tenga gran necesidad de protección social.

Estrategias para ampliar la protección social, básicamente existen cuatro vías para ampliar la protección social: Ampliar los regímenes de seguro social; promover el microseguro; introducir prestaciones o servicios universales financiados mediante los ingresos generales del Estado; establecer o ampliar prestaciones o servicios supeditas a una comprobación de los recursos *asistencia social* también financiados mediante los ingresos generales del Estado.

La contribución de la *igualdad de género* la mayor parte de los sistemas de seguridad social estaban en un principio estructurados para responder a las necesidades de las familias cuyo sostén principal era el sexo masculino. Como resultado de la evolución de los estilos de vida, las expectativas y estructuras de la familia, una importante proporción de la población no vive actualmente en familias de este tipo, lo que ha contribuido a aumentar la necesidad de plasmar la igualdad de género.

La protección social integral, es decir, que abarque todas las ramas de la seguridad social por lo menos en un nivel mínimo de prestaciones, como las que se garantizan en el Convenio sobre la seguridad social 1952 (núm. 102), "no es una realidad para la gran mayoría de la población mundial. Una minoría cuenta con una cobertura parcial de la seguridad social, esto es, en algunas de sus ramas. El objetivo último de todas las normas de la OIT es brindar una protección integral a tantas personas como sea posible; el objetivo intermedio es brindar a toda la población por lo menos un nivel básico de protección. Ese Piso de Protección Social, garantizaría al menos un nivel básico de seguridad de los ingresos en todas las etapas del ciclo de vida, así como el acceso a los servicios básicos de salud"[1]

---

1 www.ilo.org/global/standards/subjects-covered-by.../**social**.../lang—es/

En casi todos los países existe algún nivel de protección de la seguridad social, aunque sólo en una minoría se otorga protección en todas las ramas. En muchos países, la cobertura se limita a unas cuantas ramas, y solo una minoría de la población tiene, de hecho y de derecho, acceso a los regímenes existentes. Cada país brinda alguna forma de protección social de la salud, lo que facilita el acceso al menos a un ámbito limitado de servicios de salud. Éstos comprenden algunos servicios públicos gratuitos de atención médica, además de otros servicios prestados a través del seguro de enfermedad por lo menos a algunos grupos de población.

Solo una tercera parte de los países del mundo a los que corresponde el 28 por ciento de la población mundial cuentan con sistemas de protección social integral en los que están comprendidas todas las ramas de la seguridad social, como se definen en el Convenio núm. 102 de la OIT. Sin embargo, la mayoría de esos sistemas cubren sólo a quienes tienen un empleo formal como trabajadores asalariados o a sueldo, grupo que constituye menos de la mitad de la población económicamente activa a nivel mundial, pero más del 70 por ciento en los países con sistemas de seguridad social integral. Si se tiene en cuenta a las personas que no son económicamente activas, se estima que apenas el 20 por ciento aproximadamente de la población mundial en edad de trabajar (y sus familias) tiene acceso efectivo a esos sistemas de seguridad social integral.[2] (OIT, 2022)

El desafío de la cobertura está muy relacionado con la noción de adecuación. Las prestaciones otorgadas han que ser adecuadas para que la cobertura pueda ser significativa. La adecuación de las prestaciones no se refiere únicamente a su nivel o generosidad, sino que tiene que ver también con otras

---

2 https://www.ilo.org/global/lang—es/index.htm, consulta 21/sep/2022

nociones más amplias de ese concepto, en que intervienen sus aspectos económicos y sociales. Se puede considerar que las prestaciones de seguridad social son adecuadas:

1. Si contribuyen al logro de los resultados previstos en materia de política social por ejemplo, la satisfacción de las necesidades de las personas que tienen que los niveles de las prestaciones y los impuestos y/o las cotizaciones que se hayan pagado durante la edad activa adecuación laboral.

2. Si funcionan en sinergia con los instrumentos de empleo y con las políticas fiscales y otras políticas económicas y no acarrean consecuencias económicas no deseadas adecuación económica.

La adecuación de las prestaciones de seguridad social es una cuestión que se ha abordado en numerosos debates de ámbito nacional y mundial. Se consideran adecuadas si no son demasiado bajas, ni demasiado altas. Se les considera demasiado bajas cuando a los beneficiarios no les alcanza para vivir de ellas o cuando perciben que la «rentabilidad» de sus cotizaciones es demasiado baja. Cabe considerar que las prestaciones monetarias son demasiado altas si dan lugar a niveles de gastos o comportamientos que van en detrimento del bien común o de la aceptación del propio régimen por parte del público.

La evaluación de la adecuación de las prestaciones otorgadas por conducto de los sistemas nacionales de protección de la salud es más compleja aún, ya que el concepto abarca aspectos que tienen que ver con las necesidades individuales y el suministro de bienes y servicios médicos disponibles en un país. Lo que determina la adecuación es la disponibilidad de los servicios necesarios y la ausencia de obstáculos financieros para acceder a esos servicios.

Hemos reflexionado sobre los grandes retos sobre la transmisión de conocimientos del derecho social y de la seguridad social en México, somos partidarios de una visión integral y holística de la educación jurídica. Nuestro interés radica en la construcción de una filosofía y una antropología de nuevo tipo en la enseñanza de la educación jurídica.

LÍNEAS DE ACCIÓN EN EL INSTITUTOS SOCIALES, APLICANDO LA EQUIDAD DE GÉNERO.

Al hablar del concepto que ha causado impacto en la sociedad, nos referimos a la igualdad de género, observándose que los seres humanos siempre buscaran beneficiarse dentro del contexto donde se desenvuelven, por tal motivo se requiere de primera instancia llevar a cabo cambios en la mentalidad de las personas quienes se encuentran inmersas en las Instituciones Públicas, dando paso a la implementación de diversas políticas públicas las cuales nos ayudarán a trascender en acciones reales en nuestro país.

Comenzare por mencionar que el objetivo que persiguen las políticas públicas va encaminado a promover un cambio positivo obteniéndose como resultado nuevas leyes que eviten la discriminación y la eliminación de la violencia contra los varones; es así como surge la iniciativa de impulsar ciertas labores que vayan dirigidas a transformar el contexto actual del Estado, cuya parte medular es la Administración Pública Federal; por lo tanto hago hincapié en el curso de acción que ha hecho resaltar la ardua participación de la labor llevada a cabo el Instituto Mexicano del Seguro Social, teniendo la encomienda de crear el Departamento de Igualdad de Género y Derechos Humanos quien puso en marcha el Proyecto de Fortalecimiento a la política pública de igualdad de Género, creándose el programa de capacitación institucional que sirve como apoyo para sensibilizar el tema de los Derechos Humanos aplicados a los servidores públicos así mismo motivarlos para que participen voluntariamente en su aplicación.

No obstante, se requiere de gente con experiencia en este rubro para obtener mejores resultados, lo que implica cambios e innovación en los objetivos que vayan en busca de lograr mejoría en la estructura de la organización así también renovar la cultura que garantice la igualdad de género.

Por lo tanto, al hablar de la incorporación de la perspectiva de género a través de la conceptualización que hoy viene ejecutándose con la desigualdad, por lo tanto, es aquí donde se visualiza la integración de la política pública: igualdad de género, repercutiendo en innovaciones que se han convertido en opciones públicas más equitativas enfocadas a orientar en la corrección de las diferencias a través de nuevas estrategias eficaces que escudriñen el fortalecimiento de la participación ciudadana y coadyuven en mejorar la gestión pública.

Seguidamente debemos hacer énfasis que el recurso más importante de cualquier dependencia, llámese o también conocido como el personal que colabora y presta sus servicios aunado a que su conducta o rendimiento, son determinantes en influenciar directamente en la calidad y optimización de los servicios que brindan.

Con ello destaco lo siguiente, que si las personas se encuentran motivadas se podrían lograr exitosamente los objetivos planeados; y será a través de fomentar una excelente actitud por medio del reconocimiento e importancia de ser consideradas como la fuerza interna más valiosa que se encuentra inmersa dentro de la organización; entonces, debemos acceder a bridar un buen trato, lo que provocará una reacción positiva en el cumplimiento del trabajo en equipo y en la misma línea de acción, el ambiente laboral facilitara la ejecución eficaz de las funciones delegadas para cada individuo.

Ahora, debemos destacar también que hay que involucrar la capacitación con la finalidad de ir en busca de mejorar el comportamiento y actitud de las personas involucradas en el contexto laboral dando cumplimiento de manera satisfactoria al objetivo con calidad y dando paso al desempeño eficiente de la política pública: igualdad de género. (Buquet, 2015)

A continuación, se mencionan las contribuciones que han llevado a cabo a través de otras instituciones que pueden tomar como referencia de programas que podrían apoyan de manera continua la mencionada capacitación de los servidores públicos del IMSS:

a) Programa educativo a distancia, CONAPRED:

La Administración Pública Federal está preocupada por los servidores públicos así también por la sociedad en general, por tal motivo propuso a través de otra Institución se elaboren cursos que induzcan al conocimiento en materia de Derechos Humanos en el tema de la igualdad de género con el objetivo de prevenir las causas de la discriminación dentro del entorno laboral, social y familiar.

b) CDMX Inclusivo digital: aprender para la igualdad

La finalidad que pretende el curso de capacitación es encausar a los servidores públicos a sensibilizarse con el término igualdad de género al ser observado en el ejercicio de sus funciones respaldado en el ámbito de los Derechos Humanos con perspectiva de género.

c) Educa CNDH:

La página da cumplimiento al siguiente objetivo ofrecer la oferta educativa de forma presencial y a distancia quien busca crear una cultura de Derechos Humanos para facilitar su comprensión y aplicación dentro del cualquier ámbito donde se desenvuelve la sociedad.

d) Nuevas masculinidades:

Nuevas masculinidades como una política pública de los centros educativos, actualmente en Ciudad de México, es la implementación de una materia transversal, denominada teorías de género, en donde se instruye a los alumnos la deconstrucción, en torno a lo que se debe entender como masculinidad, en donde los varones son corresponsables con los deberes de la paternidad y crianza compartida, así como el respeto irrestricto a la personas.

PROSPECTIVA DE LA SEGURIDAD SOCIAL

Con prospectiva nos referimos a la construcción del futuro o futurología, se orienta a la manera de buscar cómo crear o producir escenarios de futuro, susceptibles de ser construibles sobre la base de que sean probables, factibles y deseables. Antes de optar por alguna conclusión, método o camino, conviene considerar el juego e interacción de los distintos *actores*, factores, circunstancias y perspectivas como variables, como lo establece Samuel Huntington "Dentro de la teoría prospectiva, no nos interesa el hombre particular sino los seres humanos agrupados en colectivos que podríamos llamar actores sociales Teóricamente los actores sociales se pueden agrupar en cuatro familias: El Estado, los medios de producción de bienes y de servicios, la academia y la sociedad, cada uno de ellos obra siempre en defensa de sus intereses y para ello se sirve del grado de poder con que cada uno cuenta" (Huntington , 2000, 117)

La ampliación de la cobertura personal de protección social. La primera cuestión que se ha de tratar es el carácter de la administración de un país. Entre las economías de mercado, la experiencia demuestra que, con contadas excepciones, tiende a haber una relación directa entre el nivel de democracia y el grado de protección social. Para dar respuesta a las necesidades en materia de asistencia sanitaria y seguridad de los ingresos básicos de la mayor parte de los miembros más vulnerables de la población, es esencial que éstos logren al menos hacer oír sus voces. Una democracia que no garantiza la protección social adecuada tiene pocas probabilidades de sobrevivir a largo plazo.

La segunda cuestión que ha de considerarse es la situación macroeconómica y el estado del mercado de trabajo. Es probable que el ámbito de la protección social se amplíe de forma natural (las vías mediante las cuales esto puede lograrse se exponen más adelante) siempre y cuando el mercado de trabajo sea sólido y únicamente en ese caso. Mientras la demanda de trabajo siga siendo débil, pocas personas obtendrán trabajos decentes y la mayoría dependerá de trabajos no protegidos y mal pagados en la economía informal.

Por el contrario, si la demanda de trabajadores aumenta, serán más los trabajadores que podrán esperar obtener empleos mejor pagados y, por lo general, más protegidos en la economía estructurada. No obstante, es muy poco probable que la economía informal en sus muchas manifestaciones desaparezca de manera natural o rápida, por lo que es de suma importancia que los gobiernos se esfuercen por lograr establecer políticas de protección social, que deben ser tanto innovadoras como imaginativas, que fomenten la mejora de las condiciones en beneficio de dichos trabajadores.

En tercer lugar, cabe decir que los sistemas de seguridad social no deberían ser sometidos a demandas excesivas. No pueden sustituir las políticas macroeconómicas, regionales, educativas y de vivienda apropiadas, y no se puede esperar que por sí solos logren una distribución justa de los ingresos. Muchos sistemas de seguridad social efectúan una redistribución cuyo sentido va de los ricos a los pobres, pero éste no es su principal objetivo. El objetivo por excelencia es ofrecer seguridad a los enfermos, discapacitados, desempleados, jubilados, etc.

Los regímenes que en la práctica tienen las mayores posibilidades de lograr índices elevados de cumplimiento, es decir, de garantizar que las leyes que contemplan una amplia cobertura se apliquen realmente, son aquellos que representan un valor razonable con respecto al dinero de *todos* los asegurados. La seguridad social es sólo una parte si bien importante del programa más amplio de medidas necesarias para reducir la pobreza y mejorar la distribución de los ingresos.

Por último, la confianza pública en los sistemas de seguridad social es fundamental con miras a alcanzar y mantener una amplia cobertura. Para ello, no sólo es necesario contar con una administración eficaz y normas de primer orden de probidad financiera, sino también con un elevado grado de compromiso por parte del propio gobierno para garantizar el buen funcionamiento del sistema a largo plazo. Cuando no existe esta confianza, la gente siempre encontrará formas de evitar cotizar, aunque tenga gran necesidad de protección social.

PRESTACIONES EN DINERO Y EN ESPECIE, ANTE CONTINGENCIAS.

Las prestaciones monetarias y el descanso durante una enfermedad contribuyen a la recuperación de los trabajadores, ya que eliminan la presión física, emocional y financiera que significaría tal condición, y a la vez evitan que el resto de los trabajadores vean afectada su productividad por contagio.

La forma más antigua y amplia de seguridad social existente es, sin duda, la de los esquemas de accidentes laborales, los cuales han desempeñado un papel muy importante en la prevención de riesgos en el trabajo. Las actividades planteadas por estos esquemas son relevantes para la productividad, dado que se evita también la pérdida de días laborales como consecuencia de enfermedad o accidentes de trabajo.

Las prestaciones otorgadas durante períodos de desempleo proporcionan al trabajador en tal condición un espacio para encontrar un nuevo puesto laboral, que le permita desarrollar plenamente su capacidad productiva, y a la sociedad reasignar los distintos tipos de trabajadores a los empleos en los que serían más productivos, minimizando el costo del ajuste.

Las prestaciones en dinero otorgadas al trabajador por el hecho de tener hijos, ayudan a asegurar un ingreso suficiente para proporcionar una alimentación adecuada y un ambiente saludable a la familia.

En algunos países, estos beneficios son un instrumento que ayuda a evitar el trabajo infantil con la causa de desventajas que conlleva para el armónico y pleno crecimiento de los niños, y de esta manera, contribuir a incrementar la matrícula escolar. Además, a largo plazo permitirá obtener una fuerza laboral con altos niveles de productividad.

La seguridad social cumple también con una función redistributiva, no solamente entre grupos de una misma generación sino también entre distintas generaciones. Esta redistribución inter e intra generacional es inherente a cualquier tipo de régimen que funcione ya sea según el principio del seguro o el de la solidaridad entre el trabajador sano y el enfermo, entre el trabajador en actividad y el jubilado, o entre el que tiene hijos y el que no tiene ninguno.

Pero, más allá de lo citado, la protección social es un derecho constitucional inalienable de la persona humana, y una obligación del estado como promotor del bien común de una sociedad, y garante del desarrollo integral de todos y cada uno de sus miembros.

Una de las características esenciales del enfoque del trabajo decente es que todo el mundo tiene derecho a una protección social básica el denominado trabajo decente en relación con el derecho a la seguridad social para todos se estipula ya en el artículo 9 del Pacto Internacional de Derechos Económicos, Sociales y Culturales.

Artículo 9 Los Estados Partes en el presente Pacto reconocen el derecho de toda persona a la seguridad social, incluso al seguro social. (ONU, 1966)

Una estrategia del trabajo decente aspira a la universalidad de la cobertura, que ahora se concretiza en el objetivo oficial del Sector de Protección Social: realzar el alcance y la eficacia de la protección social para todos. Como ya se mencionó, este objetivo dista mucho de haberse alcanzado. Es evidente que no todas las sociedades pueden permitirse el mismo nivel de seguridad social. Sin embargo, es inhumano en todas partes vivir y trabajar en una inseguridad permanente, que constituye una amenaza para la seguridad material y la salud de los individuos y las familias. Un mundo esencialmente rico puede ofrecer una seguridad mínima para todos sus habitantes. Este mínimo puede abarcar desde los servicios básicos de salud y los derechos básicos en materia de alimentación, vivienda y educación en los países más pobres hasta sistemas de seguro más complejos contra pérdidas de ingresos en los países industrializados. Todas las personas en edad de trabajar tienen la responsabilidad de contribuir al progreso socioeconómico de la comunidad o el país en el que viven y deberían disfrutar de la posibilidad de hacerlo y, a su vez, todos tienen derecho a una parte justa de los ingresos y la riqueza de dicha comunidad o país.

En el contexto de la mundialización, en el cual las personas están cada vez más expuestas a los riesgos económicos mundiales, hay cada vez mayor conciencia de que una amplia política nacional de protección social puede amortiguar considerablemente muchos de los efectos sociales negativos de las crisis. Sin embargo, ese tipo de política tendría que complementarse probablemente con nuevos mecanismos de financiación internacional y posiblemente mundial, como se propuso en el reciente período extraordinario de sesiones de la Asamblea General de las Naciones Unidas «Cumbre Social que tuvo lugar en Ginebra. Entre las propuestas figuran el posible establecimiento de un fondo mundial de solidaridad (voluntario), el establecimiento de medios apropiados de cooperación internacional en la esfera de los impuestos, el alivio de la deuda, el cumplimiento de los compromisos de ayuda al desarrollo y proporcionar financiación[3]

Los mecanismos mediante los cuales la protección social influye en el desarrollo socioeconómico se refieren al comportamiento de la gente, como trabajadores y personas que buscan trabajo, ahorran e invierten en valores y como miembros de la sociedad civil, así como a las decisiones de las empresas y al funcionamiento de los mercados, incluida la determinación de los salarios y de los precios.

En el caso del mercado de trabajo, la protección social influye sobre la proporción de la población que interviene en él. Las prestaciones pueden contribuir a que la gente abandone la población activa, por ejemplo, cuando existe la posibilidad de la jubilación anticipada.

A la inversa, la protección social puede incitar a participar en la economía estructurada debido al derecho a percibir pensiones y otras prestaciones. La protección social puede tener también efectos en el empleo. A ese respecto cabe formularse diversas preguntas.

---

3 https://www.ilo.org/global/lang—es/index.htm. Consulta 30/Sep/2022

POLÍTICA DE IGUALDAD DE GÉNERO EN LAS INSTITUCIONES GUBERNAMENTALES

En atención a la aplicación de la política de igualdad de género que se llevó a cabo las instituciones gubernamentales; cabe mencionar, que no podríamos aseverar que los resultados obtenidos han sido los idóneos, o bien, antes de haber tomado la decisión de ponerlo en práctica dentro la Institución, se debió constatar que la implementación fuera cumplida integralmente por el Departamento de Igualdad de Género y Derechos Humanos; por ello, es conveniente evaluar sí todos los elementos dentro del campo de acción colaboraron en su totalidad para obtener cómo resultado que los servidores públicos se involucraran en el proyecto.

Por lo tanto, es necesario elaborar un diagnóstico que lleve a la obtención de pruebas que conlleven a examinar las funciones y características, las cuales permitan estudiar con precisión si la aplicación de los componentes fueron los correctos, o sugerir la implementación de nuevas líneas de acción.

CONCLUSIÓN

Tenemos un constructo legal muy completo, es muy importante seguir materializando en las políticas públicas, no se podrá alcanzar el objetivo común al que aspiramos para vivir respetando la igualdad, falta mucho que hacer, algunos sectores de la sociedad, nos estamos involucrando en los temas de género.

Podemos asumir que no es justificable el carecer de innegables conocimientos con respeto a los Derechos Humanos, lo cual ha permitido visualizar que hay muchas razones para ir en busca de un crecimiento en nuestro país, por lo tanto, debemos impulsar la iniciativa de crear nuevos caminos que conduzcan a ser una mejor sociedad a través de alcanzar el desarrollo en todos los aspectos que requiere cada persona en su vida.

Ahora bien, tenemos que priorizar las líneas de acción que ayuden a comprender su estudio así mismo la relevancia que tiene la incorporación de la política pública de igualdad de género en diversas dependencias gubernamentales.

Se deben fortalecer las bases del estudio que comenzaría a profundizar, a cerca de conocer las generaciones de los Derechos Humanos localizando el punto medular de diferenciar todos aquellos conceptos involucrados con respecto a la perspectiva de género en los contextos político y social cuya efectiva participación hará que se involucre la ciudadanía para hacer posible un cambio de mentalidad positiva y que actúe de manera contundente, ante las discrepancias o injusticias que nos rodean dentro de los lugares de trabajo, hogar, familia y sociedad.

Existen muchos programas que hoy nos ayudan estudiar el Derecho Humano lo que ha dado resultado tomando la iniciativa de investigar cada uno de los conceptos que nos ayudan a garantizar su aplicación eficiente y a ponderar y armonizar los derechos de las personas.

No obstante, para justificar un cambio es fundamental conocer todas aquellas leyes internacionales y nacionales que son la base para dar sustento a todo ese bagaje de información encaminado a la aplicación objetiva los Derechos Humanos.

Es necesario implementar de manera eficaz, seguir implementando la transversalidad de la perspectiva de género en cada una de las Instituciones que involucra el Plan Nacional de Desarrollo en México, cuya función está dirigida a implementar la política pública de igualdad de género.

Un referente debe ser el cambio de paradigmas dentro del contexto institucional, porque si bien es cierto los Derechos Humanos seguirán existiendo y aprendiéndose toda la vida, por tal motivo debemos de actualizarnos en este ámbito, no omitiendo, que las nuevas generaciones implican un reto, o tarea el provocar su participación de éstas, ser creativos y críticos de su propia realidad para que se transformen en ciudadanos libres, responsables e informados, capaces de ejercer y fomentar su seguridad y salvaguardar todos sus derechos.

Por lo que se requiere fortalecer las propuestas normativas a través de los cursos de capacitación institucionales desarrollando la logística pertinente y se alcance una armonización de derechos, las personas en su reflexión sobre este tema por medio de diversificar los módulos del Modelo educación para la paz e igualdad, al hacer énfasis en el empoderamiento de la perspectiva de género y los Derechos Humanos.

REFERENCIAS

1. Álvarez, E. (2009) *Los derechos humanos en México.* Nostra Ediciones. México.
2. Briseño, A. (2013) *Derecho de la Seguridad Social.* Editorial Oxford. México.
3. Correas, O. (2015) *Acerca de los derechos humanos Apuntes para un ensayo.* Ediciones Coyoacán. México.
4. Ferrer. E. (Coord) (2011) *El Control Difuso de Convencionalidad, Diálogo entre la Corte Interamericana de Derechos Humanos y los jueces nacionales.* Funda. Guatemala.
5. Guerrero, J. (2015) *Programa de Capacitación en Inteligencia Emocional con Técnicas Cognitivo-conductuales para los Directivos de Educación.* Tesis Doctoral. Venezuela
6. Moreno, P. (2008) *La Seguridad Social en México.* IIJ. México.
7. Huntington, S. (2000) *El choque de las civilizaciones.* Editorial Paidos. Argentina.
8. Muñoz, E. (2018) *Principios Rectores de los Derechos Humanos y sus Garantías.* Flores Editor y Distribuidor. México

9. O. Paganini, M. (1992) *La Seguridad Social y el Estado Moderno.* Instituto Mexicano del Seguro Social (IMSS). México.
10. Oppenheimer, A. (2007) *Basta de Historias.* Editorial Debate. México.
11. Pastor, J. (1997) *Las Naciones Unidas y la codificación del derecho internacional: aspectos jurídicos y políticos.* Las Naciones Unidas y el derecho internacional. Ariel. España.
12. Quintana, C. y Sabido, N. (2016) *Derechos Humanos.* Porrúa. México.
13. Ramírez, H., Pallares, P. (2017). *Derechos Humanos.* OXFORD. México.
14. Salas, A. (1999) Declaración de la Federación Internacional de la Vejez sobre los Derechos y Responsabilidades de las personas de edad. En *Derecho* de *la Senectud.* Porrúa. México.
15. Koontz, H., Weihrich, H. y Cannice, M. (1998) *Administración una perspectiva global.* McGrawHill. México.

Cibergrafía

16. Bonnafé, J. y Corral, E. (Coord) (2015) *La Organización de las Naciones Unidas en Acción. "Para la igualdad de género en México".* ONU MÉXICO. México. https://mexico.unwomen.org/sites/default/files/Field%20Office%20Mexico/Documentos/Publicaciones/2015/01/IGUALDAD%20DE%20GENERO%20web.pdf
17. Csigo, N. (S/F) Gestionar en pos de acortar las brechas de desigualdad social. Universidad Nacional Arturo Jauretche. Argentina. Consultado el 29/06/23 https://www.unaj.edu.ar/pueblo/revista-pueblo-7/colaboraciones-nacionales/gestionar-en-pos-de-acortar-las-brechas-de-desigualdad-social/
18. S/A. (16 de marzo del 2022). INEGI: durante la pandemia la violencia familiar en contra de las mujeres aumentó

5.3%. INFOBAE. https://www.infobae.com/america/mexico/2022/03/16/inegi-durante-la-pandemia-la-violencia-familiar-en-contra-de-las-mujeres-aumento-53/

19. Organización Internacional del Trabajo. (29 de junio del 2023). OIT. Página principal. https://www.ilo.org/global/lang—es/index.htm,consulta

Legisgrafía

1. Constitución Política de los Estados Unidos Mexicanos, que reforma a la de 5 de febrero de 1857 (última reforma de 06-06-2023), en Diario Oficial de la Federación (DOF), 5 de febrero de 1917.
2. ONU. (1981). Convención sobre la Eliminación de todas las Formas de Discriminación contra la Mujer (CEDAW). http://www.unicef.org/panama/spanish/MujeresCo_web.pdf
3. Gobierno de México. (29 de junio del 2023). El Consejo Nacional para Prevenir la Discriminación: CONAPRED. México.
4. Gobierno de México. (20 de octubre del 2022). Instituto Nacional para la Educación de los Adultos. México.
5. Ley de la Comisión Nacional de los Derechos Humanos, que reforma el 29 de junio de 1992 (Última reforma 25 de junio de 2018). En Marco Normativo de la CNDH. https://www.cndh.org.mx/sites/all/doc/normatividad/Ley_CNDH.pdf
6. Ley General para la Igualdad entre Mujeres y Hombres, que reforma el 2 de agosto de 2006 (Última reforma 31 de octubre del 2022). En Diario Oficial de la Federación.
7. Ley del Seguro Social, que reforma el 21 de diciembre de 1995 (última reforma 20 de enero del 2023). En diario oficial de la federación. https://www.imss.gob.mx/sites/all/statics/pdf/leyes/LSS.pdf
8. Ley Federal para Prevenir y Eliminar la Discriminación, que reforma el 11 de junio del 2003 (Última reforma 19 de ene-

ro del 2023). En Diario oficial de la federación. https://www.diputados.gob.mx/LeyesBiblio/pdf/LFPED.pdf

Consulta: 20-octubre-2022.

https://www.conapred.org.mx/index.php?contenido=pagina&id=38&id_opcion=15&op=15 Consulta: 14-abril-2022.

https://www.gob.mx/inea

www.ordenjuridico.gob.mx/Documentos/Federal/pdf/wo17106.pdf

Diagnosis y propuestas para una posible reforma de la ley del Defensor del Pueblo Andaluz

GERARDO RUIZ-RICO RUIZ
Universidad de Jaén

SUMARIO: 1.- Sobre la naturaleza y funciones esenciales del Defensor del Pueblo Andaluz (DPA). 1.1.- Sobre la forma correcta de nombrar la institución.1.2.- La función basilar de la defensoría. 1.3.- Otras posibles intervenciones y competencias. 2.- A propósito del sistema de nombramiento del Titular y las Adjuntías: la regulación jurídica de una cuestión en clave política. 2.1.- La elección del titular de la Defensoría. 2.2.- El establecimiento en la ley de unos criterios (vinculantes) para la designación del DPA. 2.3.- Sobre las causas de cese 2.4.- En relación con la duración del mandato y la posibilidad de reelección. 2.5.- El sistema de incompatibilidades como mecanismo indirecto en favor de la autonomía del DPA. 2.6.- La protección de la independencia del DPA desde el establecimiento de un régimen de prerrogativas. 3.- Las Adjuntías: funciones, sistema de nombramiento y dimensiones problemáticas. 4.- La necesidad de revisar la dimensión funcional contenida en la Ley del DPA. 4.1.- Nuevas modalidades de actuación en la protección de los derechos de la ciudadanía. La –necesaria- inclusión en la esfera legal de los métodos alternativos de resolución de conflictos (MASC). 4.2.- Una excepción de necesaria previsión legal: las causas de inadmisión de las quejas. 4.3.- El Defensor como colaborador de la función legislativa del Parlamento: una indirecta–e impropia (?)- iniciativa legislativa. 5.- La obligación de colaboración como elemento clave de la efectividad de la intervención del DPA. Las consecuencias de la falta de colaboración. 6.- La importancia y alcance de una regulación legislativa de los informes. 7.- Las relaciones del DPA con otras instituciones (estatales, autonómicas y locales) en el ejercicio de sus funciones propias y como expresión de una colaboración interinstitucional. 7.1.- Las relaciones de colaboración con las entidades locales de la Comunidad Autónoma. 7.2.- La relación del DPA con instituciones de la Administración periférica del Estado. 7.3.- La ampliación de las relaciones del DPA a otras esferas institucionales de reciente creación. 7.4.- Sobra la modalidad legislativa idónea para delimitar las competencias del DPA en las relaciones inter-institucionales. 7.5.- Un balance final sobre las relaciones de colaboración del DPA y la intervención de órganos de la Administración del Estado. 8.- El estatuto jurídico del titular y de las adjuntías. 9.- Algunos interrogantes sobre otras posibles funciones y modalidades de actuación del DPA sobre entidades jurídico privadas. 10.- Bibliografía de referencia

1. LA NATURALEZA Y FUNCIONES ESENCIALES DEL DEFENSOR DEL PUEBLO ANDALUZ (DPA)

1.1. Sobre la forma correcta de nombrar la institución

Una de las primeras cuestiones que deberían abordarse en cualquier estudio preliminar sobre una futura reforma de la Ley del DPA (Ley 9/1983 de 1 de diciembre, del Defensor del Pueblo Andaluz) sería su acomodación a un posible lenguaje "inclusivo", desde el cual se pueda actualizar la denominación de la institución. Ciertamente la "variable de género" se ha convertido actualmente en un criterio de referencia a la hora de revisar la nomenclatura de muchas de las instituciones públicas fundamentales (constitucionales y estatutarias).

Desde esa perspectiva, cabría apuntar ya una preliminar sugerencia para una eventual modificación normativa, sobre la denominación la institución. Sin cambiar ni sustraer de la original nomenclatura la adjetivación esencial que la identifica ("del pueblo"), sí que parece necesario dejar en evidencia lo que resulta obsoleto en la fórmula de designación estatutaria y legislativa vigentes.

La oportunidad de hacer esta operación, que en absoluto consideramos de simple "maquillaje" o figurativa, se hace más patente aún, frente a una posición todavía excesivamente "clásica" o tradicional como la que se implanta en el nuevo Estatuto de Autonomía del 2007 (EAA). Su artículo 128, que encabeza un Capítulo (VI), dentro del Título general (IV) sobre la "Organización institucional de la Comunidad Autónoma", repite el sustantivo y adjetivo primitivos, teóricamente neutros (*Defensor* del Pueblo *Andaluz*); una decisión la del legislador estatuyente que contiene sin duda un componente implícitamente sexista.

En relación con el uso de un lenguaje inclusivo en una norma institucional básica o fundamental existe un previo pronunciamiento de la Real Academia de la Lengua (2020) que aporta sin duda un parámetro de valoración importante, pero no forzosamente vinculante para el legislador. El dictamen que sobre este debate realiza el organismo más competente en materia lingüística en nuestro país fija unas coordenadas que –a nuestro juicio- avalarían la modificación terminológica de la figura del Ombudsman (u *Ombudsperson*) en la esfera estatutaria y legislativa autonómica; para en consecuencia optar por una doble formulación –que nos parece más correcta hoy- en función del género de su titular (Defensor, Defensora).

En aquel Informe de la Real Academia sobre el lenguaje inclusivo en la Constitución (CE) elaborado en el año 2020, se vino a poner de relieve una postura, moderada y no demasiado "militante", respecto de la necesidad de conversión de las expresiones nominales que en la norma fundamental habían optado siempre por el uso del "masculino singular" para definir las altas instituciones del Estado (el Presidente del Congreso, del Senado, el Defensor del Pueblo, el Fiscal General del Estado) . Resalta el Informe que su valor inclusivo hay que medirlo "*en función del contexto sintáctico*", concluyendo en este punto que "*aunque estos títulos, cargos o puestos pueden aplicarse a las mujeres usados en masculino o en femenino, se puede aludir expresamente en femenino a los cargos únicos y dignidades unipersonales (Presidenta del Gobierno, Defensora del pueblo, por ejemplo)*"[1].

---

[1] Argumentaba también la RAE que "*estas denominaciones no vienen impuestas ni por razones jurídicas ni lingüísticas sino por razones políticas o sociológicas en cuanto el alto valor simbólico y representativo de la Constitución hace esperar de ella que establezca de manera firme y categórica la absoluta igualdad de hombres y mujeres en el acceso a cualquier puesto de responsabilidad, e incluso que enfatice dicho compromiso, como ley fundamental del Estado, de la forma más visible que la sintaxis del texto permita*".

Entre las orientaciones que propuso la RAE en esta línea, de cara una hipotética reforma de la CE, destaca el sincretismo con el que recomienda conciliar los diferentes argumentos en juego (jurídicos, lingüísticos y políticos), con un doble objetivo. O bien desdoblando "ocasionalmente" las expresiones -masculinas de partida- de los cargos públicos mencionados en la CE; o bien procediendo a su sustitución por otras fórmulas genéricas que no harían referencia al género de su titular (presidencia, persona).

Sin dejar de tener en cuenta la advertencia que hizo la RAE sobre el riesgo de una aplicación en exceso reiterativa de la alternativa del "desdoblamiento", lo cierto es que no parece haber inconvenientes ni objeciones desde el punto de vista lingüístico para incluir una u otra alternativa en una nueva Ley del DPA. No obstante, la principal dificultad –si es que realmente existe- se encuentra en la decisión que adoptó el estatuyente andaluz en el 2007, a la hora de optar por una fórmula de identificación institucional (art.128, EAA), reproduciendo la denominación originaria (Defensor del Pueblo); algo que contrasta por otra parte con la inclusión en otro precepto del Estatuto (art.41) del criterio que asume la variable de género (defensor o defensora) en el ejercicio del cargo, pero sólo para el cumplimiento de la función primordial que le corresponde (garantías de los derechos estatutarios).

Se trata probablemente, de una muestra de inseguridad o indecisión, más que de indeterminación consciente o voluntaria, que debería ser superada en una futura ley. Esta última podría fijar de una manera ya definitiva un sustantivo con el que identificar esta institución en su acepción general (Defensoría), a pesar de que no cuente con una cobertura estatutaria explícita. Algo que sí sucedería –y por tanto no debería haber inconvenientes de esa naturaleza- al "personalizar" esa nomenclatura en función del género de la persona (Defensor o Defensora) designada para desempeñar esta alta responsabilidad orgánica en la Comunidad Autónoma[2].

1.2. La función basilar de la defensoría

En relación a las competencias fundamentales de la Defensoría se hace patente sin duda la necesidad de definir de forma más precisa las que le fueron atribuidas por mandato estatutario y legal. Es conveniente por tanto reconocer en la esfera normativa idónea la ampliación de competencias que se ha producido de hecho, con otro tipo o modelo de intervenciones que se han consolidado –o están en fase de consolidación– en la praxis institucional desde su puesta en funcionamiento; a lo largo de un proceso de actualización o *aggiornamento* de aquella finalidad originaria y principal para la que fueron creados estos Comisionados parlamentarios (la protección de los derechos constitucionales).

Partiremos así en este examen del parámetro regulativo de referencia sobre el que se fundamenta el ámbito funcional de la Defensoría. El vigente Estatuto de Autonomía (art. 41) delimita de manera genérica cuál es su atribución fundamental, al dejarla enmarcada en el bloque de preceptos que regulan los sistemas e instrumentos de garantía (Capítulo IV, Título I) de los derechos estatutarios. Sintetiza así, en el encabezado o

---

2 Sintonizaría así con la elección ya consolidada, en esta línea, por otras CCAA a la hora de denominar a los comisionados parlamentarios: *Sindic-Sindica, Valedor-Valedora*. Sin embargo, la regla no es unánime. Por ejemplo, en Aragón mantiene la “masculinidad” a efectos nominativos (el Justicia de Aragón). Con la intención de “neutralizar” el componente de género implícito en la denominación del primer Estatuto de Canarias (1982) y de la Ley de desarrollo de la institución (2001), la reforma estatutaria aprobada en 2018 se refiere a “la Diputación del Común”, para identificar al comisionado parlamentario y otorgarle “relevancia estatutaria”.

presentación del artículo mencionado (defensa de los derechos), el sentido último de la misión que le confiere el Estatuto: "*Corresponde al Defensor o Defensora del Pueblo Andaluz velar por la defensa de los derechos enunciados en el presente Título, en los términos del artículo 128*".

Ese objetivo clave se reitera posteriormente en el artículo 128: "*El Defensor del Pueblo Andaluz es el comisionado del Parlamento, designado por éste para la defensa de los derechos y libertades comprendidos en el Título I de la Constitución y en el Título I del presente Estatuto, a cuyo efecto podrá supervisar la actividad de las Administraciones públicas de Andalucía, dando cuenta al Parlamento*".

La fórmula estatutaria define de este modo la finalidad que representa la razón de ser de su creación (la tutela de derechos), confiriendo un valor puramente *metodológico* o "instrumental" al *modus operandi* a través del cual se ejercita aquélla (la supervisión de la actividad de las entidades públicas de la Comunidad).

La distancia cronológica entre el EA del 2007 y la vigente Ley de 1983 lógicamente impide que esta última pueda hacer referencia a una esfera objetiva o material (catálogo estatutario de derechos estatutarios), que no había recibido aún una configuración normativa en el momento de aprobarse. Por esta razón, cualquier reforma legislativa que se pueda emprender de aquélla necesitaría adaptarse a este nuevo ámbito material, amplificando el único parámetro originario de referencia que existía originariamente para delimitar la intervención y funciones del Defensor andaluz (el título primero de la CE de 1978)[3]. En este sentido, la fórmula implantada en el actual EA ofrece

---

[3] Vid. el artículo 1 de la Ley 9/1983: "*El Defensor del Pueblo Andaluz es el comisionado del Parlamento, designado por éste para la defensa de los derechos y libertades comprendidos en el título primero de la Constitución, a cuyo efecto podrá supervisar la actividad de la Administración Autonómica, dando cuenta al Parlamento.*

por tanto una solución que parece más correcta y adecuada para delimitar materialmente su competencia fundamental.

En relación con la naturaleza –compartida o exclusiva- de la función que le asigna el EA a la Defensoría en la defensa y garantía de los derechos estatutarios, habría que partir de la idea de que el bloque de preceptos relativo a los derechos estatutarios (Título I) no sería en realidad sino una versión actualizada, complementada y amplificada, de los derechos que consagra el Título Primero de la CE.

La puntualización anterior anticiparía un posible debate sobre el eventual carácter exclusivo de la función que se le ha atribuido al DPA en la protección de los derechos estatutarios. Las diferencias de contenido y alcance entre las dos declaraciones de derechos (constitucional y estatutaria) estarían marcando también esferas materiales asimétricas sobre las que se proyectaría la función garantista de la institución autonómica. No obstante, será bastante improbable no poder "reconducirlas", desde el punto de vista de la evidente conexidad que muestran ambos catálogos de derechos.

La concepción expansiva, y a veces innovadora, que incorpora el EA del 2007 en la positivación de los derechos (especialmente los de contenido social-prestacional) no puede servir de argumento para defender una "exclusividad" de la institución autonómica, respecto de la competencia asignada constitucionalmente al Defensor del Pueblo (DP) para intervenir en la defensa de derechos consagrados en la ley fundamental del Estado. El ombudsman nacional no podría ser "excluido" como instrumento de tutela de los derechos que conforman el "bloque de constitucionalidad". No obstante, lo que acaso entra dentro de lo razonable sería proponer un criterio de "preferencia competencial" del DPA, en aquellos ámbitos específicos e inéditos que no han sido contemplados por la declaración constitucional. Se conformaría de este modo una esfera de intervención prioritaria en determinados derechos estatutarios (o perfiles y contenidos específicos), compatible con la "doble supervisión" de ambas instituciones[4]. El parámetro competencial se concreta mejor si se emplea no un criterio objetivo, sino subjetivo, que se atiene al origen institucional de donde surge la reclamación o queja ciudadana. La doctrina en este punto del Tribunal Constitucional (STC 31/2010, sobre el Estatuto de Cataluña del 20026, EAC) viene a aclarar esta cuestión, al evitar el trazado de una línea fronteriza que impida la intervención del DP siempre que esté en juego la vulneración o restricción ilegitima de cualquiera de los derechos enunciados en el Título Primero de la CE, con independencia de su naturaleza como "derecho fundamental" o simplemente "constitucional" (Sección primera del Capítulo segundo, y Capítulo Tercero).

En conclusión, en una primera operación de definición competencial habría que proceder a adaptar igualmente el "ámbito subjetivo" sobre el que se proyecta la actividad del DPA, con una indicación simétrica o exacta de la fórmula que se contiene en el Estatuto (art. 128). En todo caso, la existencia de acuerdos interinstitucionales entre el Defensor nacional y los Defensores autonómicos se configura como el mecanismo normal para definir la metodología en el ejercicio de las atribuciones -y sus límites- de las dos figuras de Ombudsman (estatal y autonómico), y en consecuencia también para aplicar criterios de prioridad o exclusividad con los que se concretan unas cláusulas legislativas que no lo hacen con la debida precisión por el momento.

---

4 Para Joan Ridao resulta viable una doble supervisión para los derechos fundamentales. Si bien, en realidad, el ámbito de supervisión del Defensor del Pueblo son "todos los derechos del título primero de la CE", y no sólo los Derechos calificables como "fundamentales".

1.3. Otras posibles intervenciones y competencias

El precepto que introduce la Ley de 1983 se configura como una "cláusula de cierre" que delimita y circunscribe su ámbito funcional a las competencias que han sido tasadas en el bloque normativo donde se encuentra la configuración fundamental de la institución (EAA y Ley de desarrollo institucional) [5]. Con esta técnica de remisión parecen quedar limitadas a priori las posibilidades de reconocer como "competencias propias", aquellas potenciales facultades y modalidades de intervención no previstas allí de manera expresa.

Si se compara con la Ley del Sindic de Cataluña (ley 24/2009), se puede observar cómo esta última (arts. 1 y 4) se abre a una mayor y eventual ampliación competencial, a través de otras (y futuras) "*normas de desarrollo*" y "*por las demás leyes que le sean aplicables*" de la institución. El uso del plural no encorseta tanto como la ley andaluza, la eventual adaptación a otras funciones y competencias que no aparezcan desde un principio enumeradas en la norma legislativa básica. El legislador catalán opta además por incluir un catálogo expreso del tipo de actuaciones que el Sindic puede llevar a cabo en la defensa de los derechos constitucionales y estatutarios [6].

---

5 El artículo 1.2 de la Ley declara: 2.- (el DPA) *"Ejercerá las funciones que le encomienda el Estatuto de Autonomía y la presente Ley, y coordinará sus funciones con las del Defensor del Pueblo designado por las Cortes Generales, prestando su cooperación cuando le sea solicitada y recabándola de aquél a los mismos efectos"*

6 Las que podrían calificarse como "competencias instrumentales" del Sindic se sistematizan en un auténtico catálogo, donde aparecen recogidas (art.4), junto a las competencias ya tradicionales (investigar y resolver quejas de los ciudadanos), todo un abanico de intervenciones que carecen de referencia en la vigente ley del DPA:

> c) *Velar porque las administraciones garanticen el derecho a una buena administración y el derecho a acceder en condiciones de igualdad a los servicios públicos y a los servicios económicos de interés general.*

Resultan evidentes las limitaciones y parquedad regulativa de la actual fórmula legislativa, cuya posible modificación debería orientarse en este punto a especificar otras modalidades o tipos de actuación. En concreto, sería necesario adaptar la Ley a la realidad institucional, incluyendo aquellas funciones que lleva desempeñando la Defensoría desde hace tiempo; algo que podríamos denominar como *realismo legislativo.*

Por otro lado, sin embargo, la técnica de la "catalogación" de competencias podría ser interpretada en clave "exhaustiva" o de "cierre". De este modo, el DPA sólo estaría autorizado legalmente a realizar esas funciones instrumentales, sin que fuera posible ampliarlas con otras actuaciones que en un futuro puedan ser demandadas por el contexto social. En todo caso, entendemos imprescindible superar la vigente indeterminación y generalidad legislativas, para acometer sin falta una operación legislativa a través de la cual se definan con la necesaria precisión las esferas concretas de intervención, así como sus potenciales límites.

En esa misma línea de actualización funcional, sería adecuado añadir una referencia a *"la buena administración"* (art. 31 del EAA), como criterio de evaluación que el DPA pueda utilizar, en sintonía con el "papel" que le ha asignado la Comisión de Venecia a los Ombudsman[7]. La mención específica a este

---

g) Solicitar dictamen al Consejo de Garantías Estatutarias en los supuestos que determinan el Estatuto y la Ley del Consejo de Garantías Estatutarias.
h) Sugerir o recomendar, de resultas de un procedimiento de investigación, la aprobación de una disposición normativa o la modificación de aquellas normas vigentes cuya aplicación considere que puede conducir a un resultado injusto o a un perjuicio innecesario.
i) Promover la conciliación y llevar a cabo, si procede, dentro de su ámbito de actuación, funciones de mediación o de composición de controversias.

7 En el texto aprobado por la Comisión de Venecia en el 2018 (Principios sobre la protección y la promoción de la institución del Defensor del Pueblo. "Los Principios de Venecia") la "buena administra-

principio (y simultáneamente mandato) que se proyecta sobre el funcionamiento de los conjunto de las Administraciones Públicas que operan en la Comunidad, legitimaría una forma de intervención cualitativamente distinta, complementaria a la que ya realiza la Defensoría, poniendo el foco de atención en aquellos objetivos que marca la cláusula del EA (art.31): participación, igualdad en el acceso a la información (activa y pasiva) y prioridad de aquellos principios –tradicionales- del funcionamiento de la Administración (objetividad, imparcialidad y agilidad administrativa). En este sentido igualmente, debemos recordar que el principio de la buena administración se ha "estatutorizado" como nuevo derecho de los andaluces, por lo que –más allá de las tesis restrictivas que ha impulsado la jurisprudencia constitucional (SSTC 247/2007, 31/2010)- no deja ser un parámetro normativo inexcusable en la evaluación que lleve a cabo el DPA de la actividad administrativa[8].

Sería asimismo oportuno abrir un debate sobre la integración de los catálogos de *derechos humanos* como modelos regulativos de referencia en la actuación de la Defensoría[9].

---

ción se configura como uno de los objetivos fundamentales y señas de identidad de este tipo de instituciones; de ahí la importancia de que se incluya una mención a este principio, que tiene además una implantación estatutaria:

"1. *Las Instituciones del Defensor del Pueblo tienen un papel importante que desempeñar en el fortalecimiento de la democracia, el Estado de Derecho, la buena administración y la protección y promoción de los derechos humanos, y las libertades fundamentales. Si bien no existe un modelo normalizado en todos los Estados miembros del Consejo de Europa, el Estado apoyará y protegerá a la Institución del Defensor del Pueblo y se abstendrá de cualquier acción que socave su independencia*" (Comisión de Venecia.118º Sesión Plenaria, 15-16 marzo 2019).

8 Un planteamiento que tiene ya plasmación normativa en la Ley del Sindic catalana, que le otorga naturaleza competencial (art. 4.c).

9 Escobar Roca pone el acento y centra su atención no sólo en la legislación de países de área latinoamericana, sino de igual modo en

Ciertamente las evidentes analogías y paralelismos , cuando no plena identidad, que se emplean para "positivizar" derechos en los distintos niveles jurídicos (internacional, nacional, sub-estatal) puede relativizar la necesidad de señalizar en la ley de DPA estos "parámetros de control". Una aproximación que se intensifica desde el llamado "diálogo de Cortes" (G. de Vergottini), con el que se ha llamado la atención sobre la interrelación y mutua influencia entre doctrinas jurisprudenciales que emanan de los órganos jurisdiccionales superiores de las esferas nacional e internacional (Tribunales Constitucionales, Tribunal Europeo de Derechos Humanos (TEDH), Tribunal de Justicia de la Unión Europea (TJUE)).

Por último, en cuanto a la descripción inicial y general de competencias, la aprobación de la Ley 4/2021, de la infancia y adolescencia de Andalucía, y la denominación que recibe en ella la institución como "Defensoría de la Infancia y Adolescencia de Andalucía" (Disposición Adicional), supone la adscripción de una función de carácter básico e esencial, que necesitaría quedar reflejada en la definición competencial que se hiciera de aquélla en una futura actualización de la legislación. Lo anterior no impide que, igualmente, se puedan defender otros argumentos, razonables seguramente, contrarios a la señalización en este apartado que contiene las señas de identidad funcionales de la Defensoría, con el cual se implantaría un ámbito que podría ser considerado como prioritario o preferencial de intervención para la tutela de los derechos de un colectivo específico (o cualquier otro colectivo). Como técnica legislativa alternativa, se podría mantener la que , entendemos, responde mejor a la concepción de la institución como garante

la "zona europea", donde se ha ido incorporando progresivamente esa mención a los derechos humanos, como "canon jurídico" de la evaluación y fiscalización que realizan los Ombudsman de la actuación de las Administraciones Públicas.

de todos los derechos catalogados constitucional y estatutariamente, y no especialmente de unos en particular. La preocupación por la garantía de determinados colectivos en situación de especial vulnerabilidad, creemos que forma parte de la "genética" de una institución de esta naturaleza, y en consecuencia no tendría por qué formar parte de la dimensión funcional de su definición legislativa.

2. A PROPÓSITO DEL SISTEMA DE NOMBRAMIENTO DEL TITULAR Y LAS ADJUNTÍAS: LA REGULACIÓN JURÍDICA DE UNA CUESTIÓN EN CLAVE POLÍTICA

2.1. La elección del titular de la Defensoría

La primera cuestión que surge de manera indefectible en este tema se refiere al *quorum* necesario que se establece estatutaria y legalmente para la designación del DPA. Resulta lógico imponer aquí una mayoría cualificada, en atención a la relevancia que tiene, no sólo como institución de naturaleza estatutaria, sino también como instancia clave en la defensa de los derechos de la ciudadanía. Pero del mismo modo, y como efecto directo de este perfil tan destacable de la institución, sería igualmente conveniente contemplar la implantación de una serie de controles o dispositivos que aseguren después un margen de autonomía e independencia funcionales de la Defensoría; sobre todo teniendo en cuenta la naturaleza política de la institución encargada de su nombramiento.

Uno de las propuestas que se promueven en el informe de la Comisión de Venecia (6) se detiene a subrayar la necesidad de que el Ombdusman sea siempre elegido por una "*mayoría cualificada apropiada*" de la institución que representa la soberanía y voluntad popular (Parlamento). Aunque no especifica el *quantum* preciso de que debe exigirse para esa designación, lo importante es el objetivo que se marca expresamente y justifica esa exigencia de una mayoría especial; en la medida en que la independencia y legitimidad de la institución representan dos elementos indisociables, e interrelacionados, que conforman la idiosincrasia institucional de los Comisionados parlamentarios.

La primera de las coordenadas a tomar en consideración se localiza en una dimensión estatutaria, que sigue sin precisar demasiado el nivel de consenso necesario para elegir al DPA. Efectivamente, el artículo 128.2 del EAA se limita a señalar que "*el Defensor del Pueblo Andaluz será elegido por el Parlamento por mayoría cualificada*". La determinación exacta de esa "cualificación" en el apoyo parlamentario viene definida con exactitud en la Ley: tres quintas partes de los miembros de derecho de la Asamblea (art.2.4) [10].

En términos comparativos, el nivel de quorum exigido por la Ley andaluza reproduce el que se previó anteriormente en la Ley de Defensor Pueblo (DP) nacional (LO 3/1981), con un dato de mayor complejidad en este caso por el carácter bicameral de las Cortes[11].

---

10 Se añade aquí un mecanismo de aplicación subsidiaria para el caso de que no se llegara a alcanzar esa mayoría. De acuerdo con el párrafo 5 del mismo precepto, "*Si no se alcanzare la mayoría indicada, la Comisión* (C. de Gobierno Interior y Derechos Humanos) *, en el plazo máximo de un mes, se reunirá de nuevo para formular nuevas propuestas*".

11 Según su artículo 2. 4 y 5, la mayoría necesaria para designar al DP será también de tres quintas partes de los miembros del Congreso y del Senado. Sin embargo, si no se llegara a obtener ese respaldo tan "cualificado", la Ley estatal regula una alternativa que permitiría desbloquear la elección, siempre que quede asegurada la misma mayoría de la Cámara Baja, y se obtenga al menos la mayoría absoluta del Senado.

Todavía desde esta perspectiva comparada, aunque poniendo ahora el enfoque en las figuras análogas de otras CCAA y su regulación estatutaria y legal, habría que traer a colación el sistema de elección del Sindic de Cataluña. Lo primero que llama la atención aquí es el grado de detalle con que la Ley catalana regula su proceso de elección. Destacaríamos de ésta las siguientes notas que –a nuestro juicio- sobresalen como elementos de diferenciación respecto del procedimiento que se sigue en la Ley de 1983 del DPA.

En primer lugar, el hecho de que la iniciativa (para la presentación de candidatos) corresponde a los grupos parlamentarios, los cuales tienen un determinado y reducido plazo de tiempo (10 días) para presentar *"candidaturas"* . En segundo lugar, la obligación – por mandato legal expreso- de comparecer ante la Comisión del Síndic de Greuges, órgano encargado de elaborar un "*dictamen de idoneidad*" de los candidatos, así como -dice textualmente la ley- sobre las eventuales causas de incompatibilidad. Remitido ese dictamen a la Mesa del Parlamento, éste dispone de la facultad para "*proponer un candidato o candidata*" al pleno de la Asamblea. La mayoría exigida para ser elegido es la misma que ha sido prevista en otras normas (estatal y autonómicas) que regulan instituciones homólogas: mayoría de tres quintas partes[12].

La reciente normativa valenciana (Ley 2/2021) ha implantado un modelo bastante simétrico al catalán en el procedimiento de elección del Síndic de esa Comunidad. En cuanto a la propuesta de candidaturas, siguen siendo los grupos

---

12 La imposibilidad de conseguir esa mayoría no se resuelve mediante la reducción de la misma a otra "mayoría cualificada" inferior: "*2. En el supuesto de que, en el pleno de elección del Síndic o Síndica de Greuges, el candidato o candidata propuesto no obtenga en la primera votación la mayoría necesaria, se abre un plazo de un mes para presentar nuevas candidaturas y se reinicia el procedimiento de elección.*

parlamentarios quienes protagonizan esta fase inicial, si bien en este caso las propuestas deben venir avaladas por al menos dos de esos grupos. Se establece igualmente el deber de comparecencia ante la Comisión competente de las Cortes valencianas para que ésta -señala el artículo 4 (1.b)–*"pueda valorar la idoneidad en atención, entre otras, a las respectivas trayectorias personales y profesionales y la concurrencia de posibles causas de incompatibilidad"*. Sobre estos criterios la Comisión elaborará un dictamen. En la secuencia procesal siguiente, la Mesa de la Asamblea interviene, visto el dictamen anterior, para proponer a un *"candidato o a una candidata"*. Finalmente, en cuanto al apoyo necesario que debe recibir para su elección (tres quintos), se reitera aquí de nuevo la elevada exigencia de consenso político que implica contar con la mayoría de tres quintos del pleno de las Cortes autonómicas.

Al contrario de los anteriores, el modelo vigente en Andalucía no explicita nada sobre las facultades de impulsión "política" de los grupos parlamentarios. Se limita a establecer la competencia "institucional" de la Comisión correspondiente (C. de Gobierno Interior y Derechos Humanos), para "proponer" al candidato –o candidatos- a Defensor del Pueblo Andaluz (art. 2). Como tal propuesta, su aprobación por el órgano de la Asamblea no exige una mayoría especial (mayoría simple, con voto ponderado). Obviamente su aceptación posterior reside en el Pleno, en el que –esta vez sí- se exige una mayoría cualificada (tres quintas partes)[13].

Como consideraciones críticas, nos parece oportuno subrayar aquí la existencia de una laguna importante en el sistema de designación del DPA. Tal y como está regulado actualmente

---

[13] En el supuesto de que no se alcance ese elevado nivel de apoyo, la Ley contempla la repetición del procedimiento (art. 2.5), con la intervención de nuevo de la Comisión, en un plazo predeterminado (un mes), con objeto de formular nuevas propuestas.

este procedimiento, no se reconoce a los Grupos parlamentarios ninguna facultad propositiva, con la que se "democratice" o dé mayor apertura, en potencia al menos, a la promoción de candidaturas.

Queremos anotar que la imposibilidad de lograr esa –podría denominarse así- *mayoría hiper-cualificada*, no ha sido prevista en ninguno de los dispositivos normativos que diseñan este tipo de instituciones (EEAA y Legislación); y sin embargo, puede plantearse en la actualidad como una hipótesis no meramente teórica, a la vista del grado de polarización política y de fragmentación del sistema de partidos, y las consecuencias que está teniendo este último en el proceso de renovación de alguna institución constitucional (Consejo General del Poder Judicial) . Parece que la opción de rebajar la "cualificación" de la mayoría impuesta, a una mayoría absoluta no es extraña del todo en nuestro modelo institucional, tal y como sucede en algunas circunstancias que se producen en ciertas decisiones dentro de un "bicameralismo imperfecto" como el implantado en la CE de 1978 [14].

Quizás no tendría por qué haber inconvenientes, en términos jurídico-estatutarios para rebajar ese número de diputados autonómicos que tienen que aceptar al candidato o candidata a DPA. El artículo 129 del EAA se limita a adjetivar como "cualificada" la mayoría necesaria para la elección del DPA, sin especificar el número exacto de miembros que serían necesarios.

---

[14] Nos referimos a la solución que se impone en el caso de la reforma constitucional "ordinaria" (no agravada, art. 168) , cuando no es posible conseguir una mayoría super-cualificada (tres quintos) en decisiones conjuntas en las que concurren las voluntades de las dos Cámaras (Congreso y Senado), y tras la intervención en pro del consenso de una Comisión Mixta. La CE considera válido el acuerdo de ambas Cámaras, siempre que en el Senado se obtenga una mayoría absoluta en la Cámara Alta (art. 167).

Desde el ángulo o perspectiva que suministran los principios de la Comisión de Venecia, tampoco existe allí una indicación precisa, númeral o porcentual, que permita delimitar con mayor concreción el concepto de mayoría "cualificada" o "apropiada"; adjetivaciones que –en nuestra opinión- no tendrían por qué traducirse en la imposición jurídica de una mayoría "superlativa" o "hiper-cualificada" (tres quintas partes del Parlamento); sobre todo y especialmente de forma subsidiaria y para desbloquear una eventual incapacidad para lograrla en el seno de un Parlamento políticamente muy fragmentado

Aunque desde un punto de vista jurídico se considerase "apropiada" o suficiente una mayoría absoluta para la elección del titular de la Defensoría, la necesidad en esta clase de instituciones de contar con una dosis reforzada de legitimidad impediría valorar como positiva otra solución legislativa que no fuera de la de una mayoría "cualificada" y acorde con un consenso casi unánime en el seno de la Asamblea.

2.2. El establecimiento en la ley de unos criterios (vinculantes) para la designación del DPA

La necesidad de aplicar unos criterios de idoneidad a las candidaturas que se proponen en sede parlamentaria para desempeñar el puesto de DPA, encuentra ya un fundamento sólido en los principios de la Comisión Venecia. Concretamente en uno de ellos (7) se recomiendan unas coordenadas y condiciones que deberían introducirse en el procedimiento de selección. En primer lugar, considera conveniente una previsión legislativa en la que se establezca una convocatoria pública, que garantice principios básicos como la publicidad y la transparencia. En segundo lugar, la decisión debería estar basada además en los criterios de mérito y objetividad.

Pero la Comisión va más allá, al trazar unas reglas que deberían ser tomadas en consideración en el nombramiento de quienes ocupen la Defensoría del Pueblo. Sin dejar de reconocer que los criterios tienen que ser "*lo suficientemente amplios como para fomentar una amplia gama de candidatos adecuados*", subraya seguidamente como esenciales aquellos que considera más idóneos para la importante responsabilidad que les corresponde desempeñar: *alto carácter moral, integridad, conocimientos profesionales y experiencia apropiados, incluyendo el ámbito de los derechos humanos y las libertades fundamentales.*

Frente a este planteamiento garantista y sustantivo de la Comisión, la vigente ley andaluza excluye cualquier indicación sobre las condiciones que deberían reunir quienes puedan ser presentados para ocupar el puesto de DPA. Los únicos requisitos que se mencionan (art.3) son de carácter generalista: el pleno disfrute de sus derechos civiles y políticos, la condición política de andaluz; no se hace referencia alguna, por tanto, a unas condiciones subjetivas o profesionales que puedan estar ligados, o al menos tener una cierta relación, con la finalidad de la institución (defensa de los derechos)[15].

En base a estas anotaciones previas, sería deseable que una revisión de la Ley de 1983 incluyera algo más que una regulación "procedimental" o formal, para incluir un apartado específico –o una señalización expresa al menos- de "condiciones de admisibilidad". Con una referencia explícita a la necesidad de que las candidaturas propuestas vengan respaldadas por una "hoja de vida" que tenga relación la función que desempeñará el DPA. La positivación en la esfera legislativa de unos

---

15 Del mismo modo que hace el artículo 6 de la Ley catalana, cuando señala como *condiciones de elegibilidad* del Sindic una serie de requisitos personales que podríamos denominar como "neutros" y sin conexión con las tareas que desempeña la institución: *"Para ser elegido síndic o síndica de greuges es preciso ser mayor de edad, gozar de la condición política de catalán o catalana y estar en pleno uso de los derechos civiles y políticos.*

criterios de idoneidad, definidos mínimamente, no será un inconveniente para que el órgano decisor conserve un margen todavía muy amplio de discrecionalidad en el momento de valorar las candidaturas. Se acercaría así la norma andaluza a la recomendación propuesta por la Comisión de Venecia, que viene a marcar una línea compatible con el principio y la garantía institucional de la autonomía parlamentaria[16].

Un debate distinto se plantearía sobre el tipo de condiciones o criterios que deberían implantarse en la esfera legal. En este sentido, no parece del todo correcto priorizar –o señalar como criterio condicionante de la elección- la existencia de un perfil técnico en los candidatos, que en este contexto institucional no representaría –creemos- ningún valor añadido que garantice por sí mismo la eficacia en la futura gestión de quien llegue a ser su titular.

2.3. Sobre las causas de cese

Una vez más si se parte de las indicaciones que proporcionan los principios de la Comisión de Venecia, en uno de ellos (11) se enfatiza que el cese o destitución del Defensor sólo puede estar fundado -declara expresamente- "*con arreglo a una lista exhaustiva de condiciones claras y razonables establecidas por la ley*". Los anteriores parámetros (tasación y reserva de ley, pu-

---

16 De paso también, se superaría una delimitación indirecta y "en negativo" de criterios para la designación, delimitados por el artículo 7 de la Ley, al establecer las causas de inelegibilidad/incompatibilidad para el ejercicio del cargo: " *La condición de Defensor del Pueblo Andaluz es incompatible con todo mandato representativo; con todo cargo político o actividad de propaganda política; con la permanencia en el servicio activo de cualquier Administración Pública; con la afiliación a un partido político o a un sindicato, asociación o fundación, y con el empleo al servicio de los mismos; con el ejercicio de las carreras judicial y fiscal, y con cualquier otra actividad profesional, liberal, mercantil o laboral.*

blicidad, transparencia y razonabilidad) se concretan a través de unos criterios esenciales, con los que de delimita la teórica y eventual potestad del órgano encargado de aplicarlos. Están resumidos en una lista igualmente cerrada de motivos: *"incapacidad" o "incapacidad para desempeñar las funciones del cargo", "mal comportamiento" o "mala conducta"*.

Estas causas, determinantes de la destitución, tienen que ser interpretadas –para la Comisión- con un *"criterio restrictivo"*, lo que limita la capacidad de maniobra del Parlamento. En cualquier caso, se debe garantizar que la mayoría parlamentaria sea la misma que se adoptó para la elección; inclusive –y esto pertenece a una lógica garantista- la Comisión recomienda que esa mayoría sea incluso superior para el supuesto de cese.

En la legislación autonómica se localizan algunos ejemplos que responderían positivamente al modelo propuesto en los principios de la CV. En las leyes andaluza (art. 5.2), catalana (art. 14) y valenciana (art. 8) se impone el sistema de "tasación" como límite a la facultad de destitución del Parlamento en una línea similar a la promovida por el Consejo de Europa. Se enuncian de este modo unas causas de cese, entre las que destacaríamos ahora aquella que tiene como origen la "(notoria) negligencia" en el cumplimiento de las funciones (obligaciones) del cargo.

Aun cuando los motivos para un cese del DPA parecen suficientemente tasados, hay una que –creemos- deja un excesivo margen para la interpretación. La destitución por "notoria negligencia" no se explica –suficiente o mínimamente- en el texto normativo, donde no se localiza ninguna referencia que ayude a delimitar el significado y alcance de ese concepto.

Únicamente se introducen algunas garantías que podríamos adjetivar como "procedimentales", semejantes a las que se establecen en otras leyes autonómicas. En cuanto al *iter* que necesariamente se sigue el proceso de destitución la destitución (la ley andaluza no menciona si quiera este término), tiene que cumplirse una regla fundamental de transparencia, sugerida por la Comisión de Venecia, que podemos presumir si la decisión se adopta en la sede del parlamento autonómico. Queda en un espacio de cierta indeterminación el contenido y efectos de la "audiencia", que no asegura a priori la posibilidad de una intervención del titular para realizar una "defensa propia". Del mismo modo, en la ley andaluza no se ha regulado ni se menciona quién puede impulsar el proceso de destitución del Defensor [17].

2.4. En relación con la duración del mandato y la posibilidad de reelección.

De nuevo la Comisión de Venecia aporta en este punto algunas coordenadas de interés para valorar la regulación que todavía se mantiene en vigor en la CA de Andalucía, en relación además con los nuevos paradigmas y tendencias legislativas que se observan en el ámbito del derecho autonómico comparado. En uno de los Principios (10) sobre la adaptación de este tipo de instituciones al modelo de Estado de Derecho que promueve el Consejo de Europa, se señalan algunos elementos

---

[17] En el artículo 14 de la ley catalana se regula de forma más pormenorizada el procedimiento de destitución del Sindic. En el supuesto de la "negligencia notoria", se exige la –lógica- mayoría cualificada de tres quintas partes de los diputados; pero se contempla además un debate específico, impulsado por un número determinado de aquellos (tres grupos parlamentarios o de una tercera parte de los diputados). Por otra parte, se ha previsto un mecanismo que permite la participación directa y personal del Sindic en ese debate antes de que el Pleno de la Asamblea pueda tomar una decisión (asistencia y derecho d intervención). Se trata en suma de unas condiciones que garantizan, de un lado, una mayor democraticidad al procedimiento, a la vez que garantizan la capacidad de autodefensa del Sindic sometido a un proceso que conlleve su posible destitución.

que deberían ser tomados en consideración por los legisladores nacionales y, como en España, también autonómicos.

Los indicadores se pueden resumir en las siguientes propuestas:

- La duración del mandato del Defensor debe ser siempre más larga que la del mandato de la institución que lo ha elegido
- El mandato del Defensor debe ser "preferentemente" único, sin posibilidad de reelección; o bien con una única posible renovación
- La duración recomendable del mandato del Defensor se fija en 7 años.

En el estado Autonómico español se pueden encontrar ya ejemplos de implementación legislativa de alguno de esos indicadores fijados por la Comisión de Venecia. Un caso representativo se contiene en la reforma aprobada en el 2022 por el Parlamento de Cataluña (Ley 4/2022), de la Ley del Síndic de Greuges. En su artículo 10 se implanta un mandato de mayor duración (6 años), pero sin posible relección. En el mismo sentido, la Ley valenciana del 2021 introduce criterios que coinciden con los propuestos por la Comisión de Venecia: duración del mandato de 7 años y no reelección.

Frente a esta orientación marcada por la normativa autonómica más reciente, la Ley andaluza (art.2) se acomodaría sólo a uno de los criterios antes mencionados (diferencia en la duración de los mandatos del Defensor y el órgano competente para el nombramiento). Pero de acuerdo con la vigente regulación, no queda en ningún caso prohibida expresamente la posibilidad de reelección. Convendría por tanto eliminar este silencio legal sobre la renovación del titular de la institución, que obviamente no puede ser interpretado como un elemento de indeterminación, sino por el contrario, como una regla que autoriza sin paliativos la repetición en el cargo.

Respecto de la extensión del mandato, puede ser razonable extenderla a un período de tiempo superior (7 años), lo que posiblemente favorecería una mayor autonomía institucional; si bien a cambio, se debería imponer en la esfera legal la imposibilidad de ser reelegido, o aceptar como mucho una sola renovación.

2.5. El sistema de incompatibilidades como mecanismo indirecto en favor de la autonomía del DPA

Los principios de la Comisión de Venecia configuran un sistema de incompatibilidades con los que se pretende asegurar la necesaria independencia de la Defensoría respecto de intereses ajenos o contradictorios con la función que se le ha encomendado para la defensa de los derechos (humanos y constitucionales). De ahí la mención expresa (principio 9) a la prohibición de realizar "***actividades políticas, administrativas o profesionales***", que puedan limitar su independencia e imparcialidad[18].

Estas indicaciones se localizan sin dificultad, reproducidas y análogas en su alcance, en la legislación autonómica. De este modo, la ley catalana incompatibiliza la condición de Sindic con la *"La pertenencia a partidos políticos, sindicatos o asociaciones empresariales y el ejercicio en los mismos de funciones directivas."*. Un régimen muy parecido se ha regulado en la ley andaluza, que impide (art.7) al DPA desempeñar cualquier mandato representativo, cargo político (o actividad de propaganda política), así como permanecer en servicio activo en la Administración Pública o en las carreras judicial y fiscal. Las incompatibilidades se extienden al terreno "político" (afiliación a partido o

---

[18] Añade la Comisión otra recomendación que sin duda contribuiría a garantizar esos principios: "*El Defensor del Pueblo y su personal estarán sujetos a códigos éticos de autorregulación*".

sindicato) y se proyectan asimismo sobre el ámbito privado (actividad profesional, liberal, mercantil o laboral).

Llama la atención de la regulación andaluza la ampliación de esta clase de impedimentos en la condición del DPA a las "fundaciones". Algo que tendría sentido –a nuestro juicio- si se tratara de entidades ligadas o vinculadas estrechamente a formaciones políticas o sindicales, ya que éstas sirven muchas veces de correa de transmisión o difusión ideológica, cuando no de financiación -a veces indirecta o irregular- de los partidos. La ley de 1983 estaría así en este tema en plena en sintonía con las tendencias regulativas autonómicas y europea, desde las cuales se intenta reforzar la separación o distanciamiento de cualquier interés ajeno a la finalidad de una institución, cuya legitimidad se apoya por otra parte en su *auctoritas* ética y la neutralidad ideológica. Sin embargo, tenemos que subrayar que no se comprende muy bien la incompatibilidad señalada en general por la ley respecto de las fundaciones; sobre todo porque resultaría lógica –y aceptable- una vinculación, previa o actual, del titular de la Defensoría con aquellas asociaciones benéficas o entidades (ONG) que trabajan en la defensa de los derechos humanos[19].

2.6. La protección de la independencia del DPA desde el establecimiento de un régimen de prerrogativas

La autonomía funcional del Ombudsman se sostiene en buena medida en el reconocimiento dentro de la esfera legal de un estatuto jurídico que le otorga una singular y específica protección en el ejercicio de algunos derechos fundamentales.

---

19 Quizás algo más discutible, pero que no debería conducir necesariamente a una incompatibilidad expresamente enunciada por la Ley, podría ser la pertenencia del Defensor a una organización eclesiástica o religiosa, salvo que pueda tratarse de una comunidad o entidad muy radical en sus planteamientos y convicciones religiosas.

La Comisión de Venecia dedica también uno de los principios a la inmunidad del Defensor del Pueblo, si bien la circunscribe a –así la denomina- la "*inmunidad jurídica*" sobre las "*actividades y palabras*" (orales y escritas) que realice en el desempeño de su función. En todo caso, las denominadas "prerrogativas" deberán tener siempre un carácter excepcional. No sólo por lo que supone de protección reforzada para determinadas actuaciones, especialmente las que conectan con su libertad de expresión. Del mismo modo, esa cobertura especial debería ser interpretada, en un sentido restrictivo y siempre ligada a la función que desempeña; especialmente cuando pueda entrar en colisión con derechos fundamentales de terceros afectados.

La concesión de una serie de prerrogativas personales y funcionales ha sido y es la regla general en la legislación sobre Defensorías autonómicas. Utilizando de nuevo una óptica comparada, la versión nacional de su "inmunidad funcional" aparece reconocida en la legislación que configura este tipo de institución. En ocasiones de forma ampliada y concretizada. Es el caso del Síndic de Greuges en Cataluña, al que el legislador de aquella Comunidad Autónoma le otorga un catálogo de prerrogativas: inviolabilidad, inamovibilidad, inmunidad (parcial) y aforamiento. La ley valenciana regula también las "garantías y prerrogativas" del Síndic con un significado y alcance no muy diferente a la normativa catalana.

Por el contrario, y en comparación con las anteriores normativas, al desarrollar el estatuto jurídico del Ombudsman, estas especialidades ha recibido un tratamiento bastante parco y limitado en la Ley andaluza. Su artículo 6 no contiene referencia alguna a las dos prerrogativas básicas (la inviolabilidad y una inmunidad –puntualicemos- parcial). Sí reconoce la independencia "política" del DPA, asumiendo implícitamente así como algo disfuncional la vinculación con un hipotético "mandato imperativo" desde el cual se le pueda obligar a actuar de acuerdo a instrucciones o directrices que provengan de partidos e instituciones de aquella naturaleza.

En todo caso, aportaría una mayor garantía funcional la positivación legal de estas especialidades estatutarias. Con la atribución de unos derechos singulares, tradicionales ya en otras esferas institucionales (Parlamento, Poder Judicial), se reforzaría la libertad de acción del DPA, con una especie de "blindaje" que tiene un efecto disuasorio contra a cualquier intento de condicionamiento o influencia políticos.

3. LAS ADJUNTÍAS: FUNCIONES, SISTEMA DE NOMBRAMIENTO Y DIMENSIONES PROBLEMÁTICAS

La figura del Adjunto está asentada legislativamente como miembro de la institución encargada de auxiliar al Defensor. La misma Comisión reconoce su importancia al apoyar (Principio 22) su existencia (singular o plural) entre los órganos que puede seleccionar personalmente y con autonomía. Y sin embargo, su indiscutible necesidad no ha estado exenta de polémica, puesto que la esfera de autonomía decisoria "real" del DPA para nombrar al segundo nivel directivo y de gestión de la institución ha estado subordinada por la evolución del sistema de partidos y la traslación de este a una dimensión parlamentaria. La fórmula legislativa sobre las Adjuntías no puede entenderse bien sin tener en cuenta esa contextualización política. Es justamente el "efecto colateral" de esta última lo que permite comprender en su justa medida el origen de una disposición normativa que establece un número determinado de Adjuntías (3), en función de una realidad política y parlamentaria hoy superada y obsoleta.

Una primera apreciación valorativa sobre la "legalización" del número de Adjuntías tendría que anotar como elemento negativo el excesivo encorsetamiento que genera esta congelación de rango", con la que se impide "acondicionar" y adaptar ese número a las necesidades reales de la Defensoría. Por otra parte, otras leyes autonómicas (Cataluña, Valencia) marcan una tendencia claramente orientada a la reducción en su número (un solo Adjunto, o Adjunto general), complementado con una adjuntía específica para la infancia/adolescencia; y en el caso valenciano para otra minoría vulnerable (personas con diversidad funcional) [20].

Además de la reducida flexibilidad que implica la integración en una norma de naturaleza legislativa del número de Adjuntías, determinada además por razones políticas que no es momento de analizar, la ley de DPA ofrece –por lo menos en términos jurídico-formales- una muy escasa autonomía a su titular en el procedimiento de designación. La Ley (art. 8.2) ha previsto en el proceso de designación una intervención del Defensor muy condicionada por el Parlamento, y concretamente por la Comisión de Gobierno Interior y Derechos Humanos; esta dispone de la facultad de otorgar la "previa conformidad" a las propuestas del nombramiento (y separación) de "sus Adjuntos". El Defensor ejerce por tanto una mera facultad propositiva, cuyas limitaciones cobran relieve al examinar en perspectiva comparada el papel que juegan en este mismo procedimiento otras Defensorías autonómicas.

---

20 La orientación legislativa actual hacia una reducción de las Adjuntías, se ve modulada también en la Ley catalana por una fórmula que nos parecería oportuno importar en su día a la ley andaluza del DPA. Su artículo 17, c) otorga al Síndic la posibilidad de proponer "adjuntos sectoriales", cuyo nombramiento –esta vez sí- necesita de la aprobación previa de la Comisión parlamentaria. La creación de este tipo de Adjuntías es, en consecuencia, resultado de una facultad propositiva del Sindic, si bien su existencia no es obligatoria desde el punto de vista legal. Queremos subrayar aquí que, frente a la rigidez de la ley andaluza, en la que se marca un número fijo y obligatorio siempre de adjuntías, la normativa en Cataluña suministra una mayor capacidad de adaptación del Sindic a las necesidades reales de la institución.

A diferencia del andaluz, el Sindic de Greuges catalán parece disfrutar desde el punto de vista jurídico de una capacidad de nombramiento directa[21]. No obstante, su decisión debe recibir siempre la posterior aceptación de la Asamblea legislativa en forma de "ratificación". Esto significa que el Sindic va a ser controlado en su potestad de nominación; pero la ley le está concediendo una facultad unipersonal para la selección previa -y propuesta en definitiva- de los adjuntos, cuyo ejercicio no viene condicionado en teoría por ninguna actuación o autorización parlamentaria. De este modo, estaría menos condicionado por la toma de posturas políticas que se producirían en el momento en que se vaya a producir el nombramiento de los adjuntos. En definitiva, el sistema tal y como ha sido configurado legalmente vendría a refrozar sin duda su "posición institucional"[22] .

---

21 Por el contrario, la ley catalana establece un procedimiento y grado de autonomía decisoria mayor del Sindic en el "cese" de los Adjuntos. Su facultad para destituirlos no está aquí supeditada a ninguna "ratificación parlamentaria, tal y como se deduce claramente del enunciado del artículo 25.1: "*Los adjuntos al Síndic de Greuges pueden ser destituidos libremente por el síndic o síndica, que debe comunicar la destitución a la Comisión del Síndic de Greuges*". Esta facultad tampoco se le reconoce sin embargo al DPA, ya que el cese de alguno de sus Adjuntos requerirá siempre la "previa conformidad" de la Comisión parlamentaria.

22 La conclusión a la que llegamos tiene su base en la redacción contenida del artículo 22 de la ley catalana, en donde se proporciona una expresa facultad, de carácter personal y ejercicio discrecional, aunque condicionada a la supervisión parlamentaria posterior : "*Los adjuntos al Síndic de Greuges son designados por el síndic o síndica, que debe someter el nombramiento a la Comisión del Síndic de Greuges. Si la Comisión los ratifica, el síndic o síndica acuerda el nombramiento y ordena su publicación en el Diari Oficial de la Generalitat de Catalunya*".

La más reciente ley valenciana del 2021 aporta dos novedades de interés sobre la precedente legislación autonómica catalana. En primer lugar, introduce la variable de género, como condicionante legal a la hora de proponer a quiénes ocuparán el puesto de Adjunto (art. 13). Esta positivación normativa dota de carácter vinculante la necesidad de garantizar una paridad en los nombramientos. La regla del equilibrio de género -que no se tiene por qué traducir en igualdad exacta- carece de parangón en la ley andaluza. No obstante, podría considerarse innecesaria su implantación, si se considera aplicable al DPA el precepto estatuario que impone la presencia equilibrada de hombres y mujeres en los nombramientos y designaciones de instituciones y órganos del Parlamento de Andalucía (art. 107, EAA).

La otra aportación importante en este tema de la ley del Sindic de Valencia sería la definición concreta del procedimiento de designación de los Adjuntos, bastante más perfilado que en el resto de las leyes homólogas de otras CCAA. Se contempla allí un examen de idoneidad de las personas propuestas para ocupar el cargo, previo a la decisión del nombramiento, y en el cual se va a tomar en consideración *"sus respectivas trayectorias profesionales"*. Esta evaluación previa por parte del Parlamento (Comisión) permite evaluar aquellos aspectos referidos a la aptitud para la función que van a desempeñar, en función especialmente de la personalidad y la experiencia técnica y profesional de los candidatos. Representa una novedad legislativa, lógica y razonable, en el escenario legislativo de la figura de los Ombudsman autonómicos. La valoración de esa idoneidad se contiene después en un dictamen, que debe ser siempre favorable, para llegar a ser nombrado Adjunto. Por último, la ley complementa esas condiciones sobre el perfil de las personas propuestas con un requisito más que opera en una esfera política; nos referimos a la exigencia de una quorum especial o cualificado de la Comisión (tres quintas partes), para obtener el apoyo favorable a la designación.

4. LA NECESIDAD DE REVISAR LA DIMENSIÓN FUNCIONAL CONTENIDA EN LA LEY DEL DPA

4.1. Nuevas modalidades de actuación en la protección de los derechos de la ciudadanía. La –necesaria- inclusión en la esfera legal de los métodos alternativos de resolución de conflictos (MASC)

Una de las claves para reconocer el grado de eficacia que pueda alcanzar la intervención de la Defensoría en la tutela de los derechos reside en el procedimiento de investigación de las quejas y la capacidad de supervisión de la Administración de la que han partido aquéllas.

La función primordial y básica del Ombudsman se puede sintetizar perfectamente en uno de los Principios promovidos por la Comisión de Venecia (12): *"El mandato del Defensor del Pueblo abarcará la prevención y corrección de la mala administración y la protección y promoción de los derechos humanos y de las libertades fundamentales"*. Esta finalidad esencial de carácter tuitivo y garantista se ha visto tradicionalmente desplegada en una competencia "instrumental" orientada de forma preferente a la "supervisión" del funcionamiento de las Administraciones Públicas. Hacia esa esfera subjetiva se ha volcado la actuación también de los Defensores (estatal y autonómicos).

La realidad y la praxis institucionales en no pocas ocasiones se distancian de las reglas jurídicas que diseñan su esfera competencial y señalizan una forma -imprevista legalmente- de relacionarse en su ejercicio con instituciones o entidades cuyas funciones o actuación puede afectar a los derechos constitucionales.

En este sentido, se observa sin dificultad cómo los Comisionados autonómicos han ido ampliando sus modalidades de intervención, originariamente circunscrita a la tramitación de quejas y la supervisión de las Administraciones Públicas, para concluir en la adopción de "sugerencias" o recomendaciones que permitieran garantizar el ejercicio de los derechos de la ciudadanía. En la actualidad se está desarrollando una "metodología alternativa", que complementa –no sustituye- a las formas de acción tradicionales.

La diferencia en este punto radica en que, para algunas instituciones autonómicas, estos nuevos procedimientos se han plasmado en la esfera legislativa; en tanto que el DPA carece de una cobertura legal todavía con la que legitimar adecuadamente una metodología, de cuya efectividad ciertamente no se puede dudar como fórmulas alternativas para el mejor cumplimiento de los fines que identifican esta institución.

Los ejemplos de las más recientes leyes del Sindic de Cataluña y Valencia resultan paradigmáticos de la conveniencia de actualizar una obsoleta norma en este aspecto que sigue vigente en Andalucía. Esos mecanismos de intervención complementarios para la solución de controversias se han sintetizado hasta el momento en un catálogo de funciones, que no tiene por qué ser exclusivo ni cierra el camino para añadir otras en el futuro. Dentro de un concepto genérico (fórmulas de concertación), se regulan con un cierto nivel de detalle en algunas leyes autonómicas unos -inéditos hasta no hace mucho- instrumentos o modalidades de actuación: la conciliación, la mediación, la composición de controversias [23].

El artículo 4. De la Ley de Sidic catalán, incorpora entre sus "c*ompetencias*" la de *"Promover la conciliación y llevar a cabo, si procede, dentro de su ámbito de actuación, funciones de mediación o de composición de controversias"*. Más adelante (art. 49) se mencionan las fórmulas de concertación, como instrumentos con los que el Sindic *"puede proponer a las administraciones,*

[23] Su regulación, así como las diferencias entre ellas, se localizan en el articulado de las Leyes del Sindic de Cataluña (50) y Valencia (46).

organismos, empresas y personas que son objeto de un procedimiento de investigación y a las personas afectadas fórmulas de conciliación, de mediación o de composición de controversias que faciliten la resolución del procedimiento".

El detalle conceptual de esta modalidad competencial aparece en el artículo 50 de la Ley, estructuradas en tres tipos de competencias, cuyo empleo requiere en todo caso el consentimiento previo de las partes implicadas (art.50): conciliación, mediación y composición de controversias [24]. Estos sistemas han sido reproducidos con un notable grado de mimetismo por la Ley del Sindic valenciano [25].

---

24 La definición y metodología básica de cada una de esas modalidades de intervención se encuentran reguladas en ese mismo precepto de la Ley:

2. En ejercicio de las funciones de conciliación, el Síndic de Greuges reúne a las partes implicadas y promueve el acercamiento entre ellas.
3. En ejercicio de las funciones de mediación, el Síndic de Greuges organiza el intercambio de puntos de vista entre las partes implicadas, propicia que lleguen a un acuerdo y formula propuestas de resolución del conflicto, desprovistas de carácter vinculante, para que los afectados puedan decidir libremente a partir de estas propuestas.
4. En ejercicio de las funciones de composición de controversias, el Síndic de Greuges resuelve el procedimiento mediante una decisión de carácter dirimente, conforme a la normativa aplicable.

25 Como "fórmulas de concertación" la normativa valenciana dispone:

Artículo 46. Conciliación, mediación y composición de controversias.
1. En el marco de lo establecido por la normativa vigente que resulte de aplicación, desde el Síndic de Greuges podrán proponerse a los sujetos investigados y a las personas afectadas por la actividad o inactividad que se investiga fórmulas de conciliación, mediación o composición de controversias que faciliten la resolución del procedimiento.
2. La intervención del Síndic de Greuges para ejercer funciones de conciliación, mediación o composición de controversias requiere el previo consentimiento de las partes implicadas en el procedimiento de queja.
3. En los supuestos previstos en este precepto, el síndico o la síndica de Greuges desempeñará las siguientes labores:

Resulta evidente que en la ley del DPA no contiene ninguna referencia o previsión sobre estas modalidades de acción. Aunque lo cierto es que sería oportuno incluir este nuevo espectro y categoría de funciones que lleva realizando desde hace tiempo la institución, desde su praxis institucional pero sin la conveniente cobertura normativa y rango jurídico necesario[26]. Sin duda parecería además de oportuno, lógico y coherente con las competencias que ejerce de facto hoy el DPA, la importación de estas técnicas a la normativa autonómica.

En cuanto a la técnica de positivación recomendable para importar a la esfera legislativa este inédito catálogo de actuaciones del DPA, se impone –creemos- por su actual relevancia la necesidad de que se estructure como Capítulo específico dentro de una futura ley reformada. Aunque la denominación "competencial" más correcta debería ser aquella que acentúa o pone de relieve su carácter instrumental. Son en realidad

---

a) Si ejerce funciones de conciliación, reunirá a las partes implicadas y promoverá el acercamiento entre ellas.

26 Por el momento, sólo existe una escasa cobertura jurídica del Servicio de Mediación, que funciona desde el año 2015 en el DPA. El llamado Servicio de Mediación ha sido una creación que pone de relieve una dimensión funcional desconocida por el legislador autonómico en el momento de su institucionalización, pero que se ha ido conformando como una fórmula de intervención que da respuesta a numerosas quejas que se han presentado al Defensor, donde se conjugan los intereses individuales o colectivos con los de las Administraciones públicas, que también representan intereses de carácter general. Ver Noticia (julio 2022): *Con más de 350 mediaciones desde que se implantara el servicio en 2015, la Institución del Defensor del Pueblo andaluz ha puesto en marcha un modelo de mediación para atender algunas quejas que persigue la defensa y garantía de los derechos fundamentales, conjugando los intereses individuales y colectivos de la ciudadanía con los intereses generales por los que ha de velar la Administración Pública, procurando espacios de debate y consenso en un contexto de cultura de paz.*

fórmulas o mecanismos de intervención, y no exactamente "funciones"; estas se ha configurado estatutariamente en un sentido finalista (la protección de los derechos de la ciudadanía) y de acuerdo con una determinada metodología *instrumental "básica"* (supervisión de la Administración).

Otra opción -de política legislativa-, que nos parecería igualmente válida sería enunciar simplemente estos nuevos procedimientos de actuación como *"instrumentos"* para el cumplimiento de las funciones de la Defensoría, remitiendo al Reglamento la definición y concreción del formato para ser utilizados[27]. En todo caso, las tres fórmulas o instrumentos deberían tener un reconocimiento explícito en la Ley, con la que conseguir la necesaria cobertura legal -con independencia del diferente papel que pueda jugar el Defensor- como métodos *heterocompositivos* o *autocompositivos* de solución de conflictos.

4.2. Una excepción de necesaria previsión legal: las causas de inadmisión de las quejas

El uso malintencionado o abusivo del procedimiento que permite la presentación de quejas al Ombudsman constituye una hipótesis que necesita de una previsión legislativa, con objeto de delimitar el alcance de la facultad para rechazarlas en ese tipo de supuestos. Las más modernas leyes autonómicas así lo han entendido (Leyes del Sindic Cataluña y de Valencia) al regular con cierto grado de detalle las causas y consecuencias de la inadmisión. Estas normas vienen a identificar las causas por las que no van a aceptar las quejas y solicitudes, en una

---

27 La otra alternativa podría ser de incluir en la ley una "cláusula residual de apertura", que autorice la ampliación de cualquier otra fórmula o instrumento que -en el futuro-pueda emplearse por el DPA para la defensa de los derechos

relación detallada de motivos de diversa naturaleza y origen[28]. También, en alguna (Valencia) se articula un procedimiento específico de "subsanación" para solventar la inadmisión de la queja (cuando ésta no está suficientemente clara en su exposición), además de imponer explícitamente el deber de motivación del Comisionado al rechazarla así como derecho a la información al interesado [29]. En el diseño legislativo de esta Comunidad destaca también la mención al carácter definitivo de la decisión de inadmisión, al impedir que pueda ser objeto de un posterior recurso –presumimos- en vía administrativa interna (apartado 4)

---

28 Nos permitimos enunciarlos aquí, como demostración de que la admisión de la queja por el Ombudsman no tiene por qué ser en absoluto automática, sino que –en cierto modo- presupone de facto lo que podría calificarse como un verdadero "tramite de admisión", en el que la oficina del Sindic debe comprobar que, efectivamente, no entra en ninguna de estas causas: *a) No afecten el ámbito material de competencias del Síndic de Greuges.b) Sean anónimas.c) No tengan, las personas que la formulan, tratándose de una queja, un derecho o interés legítimos en la misma.d) Planteen una cuestión que haya sido objeto de una resolución judicial. e) Sean relativas a actos contra los cuales se haya interpuesto una demanda o un recurso ante los órganos de la jurisdicción ordinaria o ante el Tribunal Constitucional.f) Se aprecie en las mismas mala fe o un uso abusivo del procedimiento a fin de perturbar o paralizar la actividad de las administraciones, organismos, empresas o personas que serían objeto de investigación.g) Carezcan de todo fundamento.h) No vayan acompañadas de los documentos necesarios, ni se aporten los documentos requeridos por el Síndic de Greuges en virtud de lo dispuesto en el artículo 35.2.i) Puedan resultar perjudicados derechos o intereses legítimos de terceras personas. j) Haya transcurrido el plazo fijado en el artículo 36.*

29 Así lo impone el articulo 30.3 de la Ley del Sindic valenciano: "*En el supuesto de que la queja sea rechazada, el síndico o la síndica de Greuges lo debe hacer en escrito motivado, y debe informar el interesado sobre las vías más oportunas para ejercitar su acción, si a su parecer hubiera alguna, y sin perjuicio de que el interesado pudiera utilizar las que considere más pertinentes*".

La ley del DPA (art. 17) se acoge a esta línea de regulación, sobre el reconocimiento de una facultad para rechazar las quejas, aunque sin enunciar expresamente los motivos por los que podrían ser inadmitidas; salvo la que trae casusa de su "pendencia judicial". La norma obliga, por lo demás, a dar una *respuesta* motivada en estos casos de denegación (escrito motivado). Existen, no obstante, algunos indicadores que permiten delimitar las posibles razones que autorizan al Defensor a declinar la intervención ante una queja presentada: "*las quejas anónimas y podrá rechazar aquellas en las que advierta mala fe, carencia de fundamento, inexistencia de pretensión, así como aquellas otras cuya tramitación irrogue perjuicio al legítimo derecho de tercera persona. Sus decisiones no serán susceptibles de recurso*". Ciertamente el que se definan los motivos para rechazar una queja –aunque se trate de causas generales que se tienen que aplicar a cada caso concreto- contribuye a reducir las posibilidades de una respuesta excesivamente discrecional o arbitraria, de forma que la excepción a la regla general (la admisión) se canalice siempre y en todo caso por alguna de las que se marquen legalmente.

4.3. El Defensor como *colaborador* de la función legislativa del Parlamento: una *indirecta–e impropia (?)-* iniciativa legislativa

Uno de los Principios de la Comisión de Venecia (18) incluye de igual modo entre las competencias del Ombudsman esa suerte de facultad propositiva ante el Parlamento: "*En el marco del seguimiento de la implementación a nivel nacional de los instrumentos internacionales ratificados relativos a los derechos humanos y las libertades fundamentales, y de la armonización de la legislación nacional con estos instrumentos, el Defensor del Pueblo tendrá la facultad de presentar, en público, recomendaciones al Parlamento o al Ejecutivo, incluyendo las que supongan modificar la legislación o adoptar una nueva*".

En la esfera nacional autonómica, una de las actuaciones que se ha consolidado progresivamente en sus relaciones con el Parlamento, a pesar de no formaría parte de la esfera competencial "natural" de un Ombudsman, es su facultad propositiva para instar reformas en aquellas disposiciones legislativas -o del mismo modo por los vacíos legislativos- que suponen un obstáculo para garantizar el ejercicio de los derechos constitucionales y estatutarios.

En este ámbito de actuación, la ley andaluza pareció anticiparse a una modalidad de intervención del DPA, donde se pone a prueba su autonomía como Comisionado Parlamentario frente a la institución que ostenta la potestad de designación. Desde otra perspectiva, con esta especie de "iniciativa impropia" e "indirecta" –porque obviamente no se reconoce estatutariamente a la Defensoría entre los órganos facultados para presentar proposiciones de ley- se pueden además impulsar los cambios legislativos que favorezcan el cumplimiento de los objetivos y fines sociales promovidos por el EAA del 2007.

Desde el ángulo que proporciona la comparación, de manera extraordinaria la Ley del 1983 no se ha sido superada aquí –creemos- por la legislación posterior aprobada en otras CCAA. [30]A la vista del enunciado de su artículo 28, la auctoritas del DPA no se proyecta únicamente sobre la solución de controversias individualizadas (o de colectivos) que reclaman su intervención ante los poderes públicos de la Comunidad.

---

30 Menos ambiciosa –en nuestra opinión- sería la forma en que la Ley catalana (art. 78) atribuye al Sindic una facultad propositiva que, en la letra de la norma, queda delimitada por el contexto de las relaciones con el Defensor del Estado, y definida de una forma bastante vaga e imprecisa en cuanto a su alcance real (*modificaciones normativas*): *El Síndic de Greuges puede solicitar la intervención del Defensor del Pueblo en relación con actuaciones de la Administración general del Estado en Cataluña puede plantearle sugerencias de carácter general y puede proponerle que formule recomendaciones de modificaciones normativas.*

Forma parte de sus funciones "complementarias" la posibilidad de sugerir cambios generales de actuación y producción normativa, respectivamente de las Administraciones Públicas y del propio legislador autonómico. La primera versión de esta competencia adicional se reconoce en el primer párrafo del artículo 28: *"El Defensor del Pueblo Andaluz, aún no siendo competente para modificar o anular los actos y resoluciones de la Administración Autonómica, podrá, sin embargo, sugerir la modificación de los criterios utilizados para la producción de aquéllos"*. Pero la anterior modalidad de intervención -a la vez que conforma un dimensión significativa en las relaciones inter-institucionales- no se detiene en un nivel puramente administrativo o reglamentario, sino que puede alcanzar incluso a esfera legislativa, allí donde puede residir el origen de la lesión o restricción ilegítima del derecho: "*Si como consecuencia de sus investigaciones llegase al convencimiento de que el cumplimiento riguroso de la norma puede provocar situaciones injustas o perjudiciales para los administrados, podrá sugerir al órgano legislativo competente o a la Administración la modificación de la misma"*.

Por obvio, casi no parece necesario recordar que las sugerencias y recomendaciones que se hacen desde la Defensoría carecen de fuerza vinculante, y no tienen por qué ser tomadas en consideración forzosamente por sus destinatarios para realizar los cambios que eventualmente se proponen por aquélla en este triple nivel de normatividad (legislativo, reglamentario o de aplicación administrativa). Pero la falta de eficacia "jurídica" no puede impedir su reconocimiento como una instancia, útil y efectiva, para la renovación del ordenamiento y su implementación administrativa.

La identificación objetiva de esta función permite reconocer en ella ciertamente una labor casi "prelegislativa". Indudablemente las "sugerencias" al legislador no son verdaderamente "iniciativas legislativas", como las que presentarían aquellos órganos autorizados para ejercitar esa competencia. Pero pueden operar en la práctica como auténticos mecanismos de impulsión de la labor de legislador , aunque no tanto de la potestad legislativa en sentido material.

En definitiva, el reconocimiento legal de la que hemos llamado iniciativa legislativa "indirecta" o "impropia" de la Defensoría no solo nos parece acertado, sino que merecería ser perfilada en una futura reforma de la Ley de 1983. Tanto más justificable si se tiene en cuenta el otorgamiento que hace el Estatuto del 2007 en favor del Poder Ejecutivo autonómico de una potestad equiparable en términos de jerarquía normativa con la del Parlamento, para dictar Decretos Leyes y Decretos Legislativos (arts. 109 y 110). Si bien, para los primeros, se excluye la materia relativa a "los derechos establecidos" en el Estatuto, no cabe duda de que, en la praxis, será una categoría de fuente que tiene, y tendrá siempre, una incidencia de enorme calado en el ejercicio de los derechos de los andaluces. Por este motivo principalmente, también debería ser incluida expresamente entre las competencias con cobertura legal del DPA, y no inducida o extraíble desde la mención elusiva e imprecisa del actual artículo 28 (*órgano legislativo competente*).

5. LA OBLIGACIÓN DE COLABORACIÓN COMO ELEMENTO CLAVE DE LA EFECTIVIDAD DE LA INTERVENCIÓN DEL DPA. LAS CONSECUENCIAS DE LA FALTA DE COLABORACIÓN

La funcionalidad de la Defensoría como mecanismo institucional de garantía de los derechos está en buena medida supeditada a su capacidad para fiscalizar la actuación de la Administración. Esa labor no puede ser realizada de manera adecuada sin contar con la colaboración de los responsables de los organismos públicos, o de los funcionarios que trabajan para las diferentes Administraciones públicas.

Si partimos de nuevo del marco de referencia que proporcionan los Principios de la Comisión de Venecia (17), la facultad del Defensor del Pueblo para exigir una respuesta "colaborativa" de la Administración -a las "recomendaciones individuales" que formule- aparece como un "derecho *legalmente exigible"* que tiene como destinatarios a los funcionarios y las autoridades, y se concreta en la obligación para estos de responder *"dentro de un plazo de tiempo razonable"*.

La Ley del DPA ha explicitado nítidamente la obligación de auxiliar a éste en las investigaciones e inspecciones que realice con motivo de las quejas que se le presenten, o las que él mismo impulse de oficio. Además, se intenta reforzar esa cooperación, otorgándole "carácter preferente y urgente" (art. 19.1). La metodología de esa colaboración administrativa se concreta seguidamente en el deber de una actitud positiva orientada a proporcionar la información y cuantos datos que requiera el conocimiento exhaustivo del objeto de la queja[31]. Lo que implica a sensu contrario –advierte la Ley- que " *no podrá negársele el acceso a ningún expediente o documentación administrativa o que se encuentre relacionada con la actividad o servicio objeto de la investigación*"[32].

---

31 El apartado 2 de ese mismo precepto señala: (2) "*En la fase de comprobación e investigación de una queja o en expediente iniciado de oficio, el Defensor del Pueblo o sus Adjuntos, o la persona en la que deleguen, podrán personarse en cualquier centro de la Administración Autonómica, dependiente de la misma afecto a un servicio público, para comprobar cuantos datos fueren menester, hacer las entrevistas personales pertinentes o proceder al estudio de los expedientes y documentación necesaria*".

32 La ley catalana (art. 52) amplía la necesidad de colaboración a la realización de auditorías o inspecciones internas de órganos administrativos. Realmente no se reconoce aquí ninguna potestad del Sindic que conlleve la obligación para estos últimos de hacer este tipo de exámenes e investigaciones:

En todo caso, conviene aquí puntualizar que la colaboración del funcionario u órgano administrativo con el DPA no es una actitud que tenga un carácter discrecional. Se trata de una "obligación" inexcusable y de carácter vinculante (art.19), cuyo incumplimiento o elusión abre el camino a la aplicación de una potencial medida sancionatoria; además del reproche público que implica la divulgación ante el Parlamento de su conducta entorpecedora u hostil a través de un Informe especial (art. 23).

Si bien la ley andaluza viene a describir correctamente el significado y alcance del deber de colaborar del funcionario o entidad administrativa, existe un referente normativo más reciente que diferencia entre dos niveles o formas de incumplimiento de esa obligación. Nos estamos refiriendo a la Ley del Síndic valenciano que distingue entra la "falta de colaboración" y la denominada "obstaculización"[33].

---

1. El Síndic de Greuges, en el marco de una investigación, puede solicitar a los órganos de las administraciones, en los términos y ámbitos establecidos en el artículo 78 del Estatuto, la realización de una auditoría o inspección interna.
2. El Síndic de Greuges, al solicitar una auditoría o inspección interna, debe comunicar el plazo para llevarla a cabo, conforme a la Carta de los derechos de los usuarios de los servicios del Síndic de Greuges, que establece los plazos y supuestos en los que el Síndic puede excepcionalmente acordar su modificación.
3. El Síndic de Greuges puede hacer públicos los resultados de las auditorías e inspecciones internas que ha solicitado.

33 A partir de una definición general (*negativa a colaborar*) el artículo 39 de la Ley proporciona una definición específica de ambos conceptos:

1. Se considerará que existe falta de colaboración con el Síndic de Greuges cuando, en los plazos establecidos para ello, se produzcan los siguientes hechos:
a) No se facilite la información o la documentación solicitada.

En todo caso, la obligación de facilitar la investigación del Ombudsman, y los medios que aseguran su cumplimiento, se configura como el nivel de colaboración mínimo garantizado legalmente. Por otro lado, la oposición a la labor de indagación e información de la Defensoría, así como la falta de respuesta expresa a las recomendaciones y sugerencias de ésta, deberían tener un tratamiento específico en la Ley, por lo que suponen de actitud antagónica, y de mayor gravedad, con la que se obstaculiza el cumplimiento de su función primordial. Las consecuencias de esta negativa a colaborar podrían entrar en la esfera sancionatoria, penal o administrativa[34].

---

b) No se dé respuesta a un requerimiento vinculado a una sugerencia o recomendación formulada desde la institución.

c) No se atiendan, pese a haberlas aceptado, las recomendaciones o sugerencias efectuadas desde la institución.

- *2. Se entenderá que existe obstaculización de las actuaciones del síndico o de la síndica de Greuges cuando se impida su acceso, el de su adjunto o adjunta, o el del personal que ejerce sus funciones al servicio de la institución a los archivos, registros, dependencias, expedientes, informes y otros datos y documentos necesarios en el curso de una investigación* (el subrayado es nuestro).

34 Sería conveniente sustituir una fórmula como la que contiene el artículo 25 de la Ley del DPA, cuyo alcance resulta muy indeterminado, al referirse a un supuesto de responsabilidad indefinido de una perspectiva jurídica:

"El Defensor del Pueblo Andaluz podrá, de oficio, ejercitar la acción de responsabilidad contra todas las autoridades, funcionarios y personas al servicio de la Administración Autonómica, sin que, en ningún caso, sea necesaria la previa reclamación por escrito".

6. LA IMPORTANCIA Y ALCANCE DE UNA REGULACIÓN LEGISLATIVA DE LOS INFORMES

Otro de los aspectos que por su importancia clave necesitarían ser revisados en un hipotético proyecto de reforma de la Ley del DPA se refiere a la disciplina jurídica sobre los informes. Los principios de la Comisión de Venecia plantean un conjunto de coordenadas sobre este tema que conviene observar como un primer parámetro de referencia. Dedica uno de ellos (20) a establecer las características esenciales que tendrían que ser importados a las leyes nacionales: "*El Defensor del Pueblo informará al Parlamento sobre las actividades de la Institución como mínimo una vez al año. En este informe, el Defensor del Pueblo podrá informar al Parlamento sobre el incumplimiento de la administración pública. El Defensor del Pueblo informará también sobre cuestiones específicas, si lo considera apropiado. Los informes del Defensor del Pueblo se harán públicos y serán debidamente tenidos en cuenta por las autoridades*".

La legislación autonómica ya recogía en buena medida esas líneas sugeridas desde este órgano consultivo del Consejo de Europa. Así, la Ley andaluza incorpora el criterio de la anualidad en la presentación de los informes ordinarios ante el Parlamento de la Comunidad (art. 31), junto a los elementos de información básicos que aquellos deben contener (art. 32)[35] .

---

35 Los artículos mencionados de la Ley de 1983 declaran lo siguiente:

Artículo 31

" El Defensor del Pueblo Andaluz dará cuenta, anualmente, al Parlamento, de la gestión realizada en un Informe que presentará al mismo en el período ordinario de sesiones"

Artículo 32.

" El Defensor del Pueblo Andaluz dará cuenta, en su Informe anual, del número y tipo de quejas presentadas; de aquellas que hubiesen sido rechazadas y sus causas, así como de las que fueron objeto de investigación y el resultado de la misma, especificando las sugerencias o recomendaciones admitidas por la Administración Autonómica"..

La ley del Sindic de Cataluña viene a incluir un catálogo de especificaciones de contenido que deben formar parte del informe anual. La técnica legislativa utilizada ha optado por el formato de catálogo o guion de contenidos sobre los que, necesariamente, debe informar al Parlamento. Entre el amplio elenco de materias, podríamos destacar las relativas al "*cumplimiento de las resoluciones adoptadas en ejercicio de sus funciones, especificando las sugerencias y recomendaciones atendidas", los "desacuerdos relevantes"* alcanzados con entidades públicas y privadas; además de algunos indicadores de género (datos estadísticos, evaluación del impacto de género de sus actuaciones) .

La Ley valenciana del 2021 emplea esa misma fórmula (art 52), con el enunciado en forma de índice de contenidos específicos y necesarios del informe anual, entre los cuales podríamos destacar aquellos que no tienen parangón normativo en otras leyes, "*El balance de la situación en la que se encuentra la protección y garantía de los derechos y libertades de los valencianos y las valencianas, con datos tanto globales como desglosados por cada uno de los ámbitos materiales en los que se haya centrado la actuación de la institución*"[36].

De todos modos, y al margen de que se emplee o no la técnica de la catalogación u otra más generalista, las indicaciones legales sobre los contenidos que deberían recoger los informes anuales no debería ser interpretado como la imposición de unos criterios o reglas vinculantes e inexcusables, sino más bien como una demarcación material y orientativa, dotada de

---

36 Con una redacción más directa y detallada que la de la ley andaluza apartado g) del precepto incluye: "*Una valoración del nivel de colaboración demostrado por los distintos sujetos cuyas actuaciones o inactividades hayan sido objeto de investigación; del grado en que hayan sido admitidas las sugerencias, recomendaciones o advertencias efectuadas, y de aquellos casos en los que las autoridades o el personal empleado público se hayan negado a colaborar o hayan mantenido una actitud abiertamente hostil ante las investigaciones llevadas a cabo*"

suficiente flexibilidad, como permitir la adaptación de aquellos a los problemas y cuestiones que han sido tratados por la Defensoría en cada anualidad.

Ahora bien, de cara a reforzar la finalidad implícita en la presentación de los informes, sería recomendable formalizar en la esfera legislativa la necesidad de que se lleve a cabo un debate parlamentario abocado a la aprobación de una "moción" en la que se contenga y exprese el parecer mayoritario de la cámara. Un pronunciamiento imprescindible en consonancia con la relevancia que tiene el informe anual como mecanismo principal de la relación entre el DPA y el Parlamento. No se trata de que el contenido del informe se asuma como expresión vinculante de una función parlamentaria de "orientación política", consensuada mayoritariamente por el conjunto de los Grupos que componen la institución representativa[37]. Obviamente al Defensor sólo le cabe hacer recomendaciones y sugerencias, que el legislador es libre para tomar en consideración. Pero si de resultas del Informe se aprueba una manifestación de voluntad futura de la Asamblea, el resultado de esa moción puede ser útil después como instrumento "político" en el ejercicio de la función de control parlamentario[38].

---

37 Esta potestad del Parlamento, diseñada vagamente y sin un contenido funcional específico en el EAA, se enmarcaría en la esfera de las relaciones entre el Legislativo y Ejecutivo, y más específicamente en una especie de dimensión "en positivo" de la función del control parlamentario.

38 La ley del Sindic valenciano apunta en esta dirección cuando su artículo art. 53 prevé -entendemos que como regla imperativa de carácter procesal- la obligación de los grupos de posicionarse sobre el contenido y valoraciones expuestos ante la Asamblea: "*Concluida la exposición a la que se refiere el apartado anterior de este precepto, y de conformidad con el procedimiento que establezca el Reglamento de las Corts Valencianes, los grupos parlamentarios podrán intervenir para fijar sus respectivas posiciones*".

Desde otro ángulo, respecto de la dimensión relacional del Ombudsman con la Administración, el cumplimiento y el respeto de las medidas que se han propuesto y promueva el DPA en los diferentes informes siempre dependerá en primera instancia de la "voluntad responsable" del funcionario o autoridad administrativa afectada, e indudablemente también del prestigio como autoridad moral del titular de la institución. En este sentido, contribuiría a la efectividad de su acción en defensa de los derechos incluir como contenido "necesario" del informe (o informes), la difusión pública (art. 23 LDPA) de aquellas actitudes entorpecedoras o no colaboradoras de las Administraciones públicas. En la en la misma medida sería deseable reconocer legislativamente la posibilidad de hacer públicos los casos de "buenas prácticas administrativas", detectadas en la tramitación de las quejas. Se generaría de este modo un «efecto pedagógico» que servirá como modelo de referencia para la actuación de quienes trabajan o dirigen cualquier órgano administrativo[39].

Como importante contribución a la finalidad última de los informes anuales, se debería replantear la necesidad de reconfigurarlos, no sólo como instrumentos de análisis, evaluación y descripción de la realidad y estado en el que se encuentran los derechos en la Comunidad. Su funcionalidad ganaría bastante si se utilizaran como instrumento de oportunidad para plantear, de forma explícita, aquellas medidas (legales y administrativas) que serían imprescindibles para garantizar su ejercicio por los ciudadanos y grupos sociales afectados (*Informe propositivo*). En

---

39 Esta medida no ha sido prevista en la Ley, pero sí por el Reglamento de Organización y Funcionamiento del DPA en los siguientes términos: *«(...) podrá incorporar al Informe anual que debe presentar al Parlamento de Andalucía una mención específica de aquellas entidades sociales que hubieran colaborado con esta Institución y se hubieran destacado en la promoción y defensa de los derechos y libertades comprendidos en el Título Primero de la Constitución»* (art. 26.2).

esta línea podría incluirse en una futura reforma de la ley, la articulación –como facultad expresa- de un procedimiento que contemple y prevea expresamente la facultad de los grupos parlamentarios para presentar propuestas e iniciativas parlamentarias (en forma de propuestas de resolución o mociones), con las que se promuevan aquellas acciones encaminadas a dar cumplimiento a las recomendaciones del Defensor[40].

En esta misma línea de reforzar la operatividad funcional de los informes del Ombudsman, convendría prever algún procedimiento legal que permitiera al DPA tener conocimiento periódico, a través del Gobierno autonómico, de la aplicación efectiva del contenido de los Informes presentados. En definitiva, se trataría de conectar la labor del DPA con la función de «impulso político» que el art. 106.2 (EAA) atribuye al Parlamento. En el marco de esta competencia, el DPA estaría legitimado para sugerir criterios de actuación a la Administración, pero también reformas legales y reglamentarias; una funcionalidad que se justifica más si cabe ante el "poder legislativo" que dispone el Ejecutivo para aprobar legislación de urgencia (Decretos-Leyes) y Decretos-Legislativos.

Por último, podría considerarse oportuno "mimetizar" la facultad que la Ley valenciana otorga al Sindic de solicitar su comparecencia ante el Parlamento "a instancia" de su titular; con el objetivo de "*dar a conocer su punto de vista sobre cualquier asunto*

---

40 Una propuesta como la que acaba de hacerse cuenta ya con algún precedente paradigmático -aunque sea excepcionalmente- en el Acuerdo del Pleno del Congreso de los Diputados de 26 de septiembre de 1995 (Boletín Oficial del Congreso de los Diputados, 276, de 2de octubre de 1995). Se establece aquí la necesidad de explicitar los criterios de política general que desarrollará el Gobierno en consonancia con las valoraciones políticas que se desprenden del contenido del Informe anual del Defensor del Pueblo, así como las iniciativas que se van a emprender para dar cumplimiento a sus recomendaciones y sugerencias

vinculado con su ámbito material de funciones"(art.63). Su intervención ante las Cortes Valencianas se puede canalizar a través de diferentes órganos parlamentarios: Comisión encargada de las relaciones con el Sindic, Diputación Permanente y cualquier otra Comisión. La comparecencia "voluntaria" no se ha configurado legalmente como una potestad unipersonal del Sindic, que aquéllos órganos tengan la obligación de admitir; sino sólo como una facultad, en forma de solicitud o petición para promover esa comparecencia. En todo caso, creemos que se trata de una competencia discrecional que revaloriza las funciones asignadas al Defensor en su calidad de Comisionado parlamentario [41].

7. LAS RELACIONES DEL DPA CON OTRAS INSTITUCIONES (ESTATALES, AUTONÓMICAS Y LOCALES) EN EL EJERCICIO DE SUS FUNCIONES PROPIAS Y COMO EXPRESIÓN DE UNA COLABORACIÓN INTERINSTITUCIONAL

7.1. Las relaciones de colaboración con las entidades locales de la Comunidad Autónoma

La disciplina jurídico-legislativa de la colaboración entre el Ombudsman con los entes locales se proyecta en una doble modalidad. Desde una perspectiva estrictamente "institucional"

---

41 La comparecencia "facultativa" del Sindic valenciano sería complementaria a la que también ha sido prevista en su ley, pero con carácter ahora "obligatorio", a instancias del Parlamento autonómico (art.64). Esta doble modalidad de intervenciones ante la Asamblea (o algunos de sus órganos internos) ha sido regulada también en la ley de sindic catalán (art. 66), para *"celebrar una sesión informativa sobre un asunto de su competencia"*.

desde la que alcanzar acuerdos que permitan articular fórmulas de asistencia y cooperación con la Defensoría. Pero del mismo, esa relación se puede proyectar igualmente en el contexto de la actividad de supervisión y control de una de las Administraciones que mayor impacto potencial pueden tener, en razón principalmente de su proximidad, el cumplimiento de los compromisos constitucionales y estatutarios en materia de derechos.

Esas dos dimensiones aparecen contempladas en la ley catalana, cuyo artículo 80 regula las relaciones del Sindic con los "defensores locales de la ciudadanía" instituidos por las entidades municipales de la Comunidad. Señala en efecto el precepto arriba mencionado lo siguiente: *1. El Síndic de Greuges debe mantener e impulsar relaciones de colaboración con los defensores locales de la ciudadanía, y debe promover, si procede, fórmulas específicas de supervisión de la administración local y de los organismos públicos o privados a ésta vinculados o que dependen de ella*[42].

Pero a esta dimensión "relacional" o cooperativa -digámoslo así- se añade una potestad de supervisión por el Ombudsman autonómico de unas entidades de gobierno y administrativas que cuentan con un carácter o naturaleza "bifronte"; esto es, una especie de doble condición institucional estatal y autonómica. De ahí que las funciones garantistas del Sindic se proyectan igualmente sobre la Administración Local, tal y como específicamente prevé su artículo 57, dentro del marco de la competencia general para investigar la conducta del personal funcionario.

Hacia ese mismo ámbito institucional apunta la ley valenciana (art. 17), cuando extiende el ámbito subjetivo-institucional de la investigación del Sindic a las "actuaciones e inactividades"

---

42 En la Ley del Sindic valenciana, se extiende más si cabe esa cooperación inter-institucional a todos los órganos "vinculados a las Administraciones locales", siempre que su esfera funcional y territorial tenga alguna relación con a la defensa de los derechos y libertades (art.74).

del conjunto de las Administraciones locales de la Comunidad, en donde entrarían también los organismos que tengan con ellas algún tipo de dependencia o vinculación jurídica. Destaca por su singularidad la capacidad para impulsar la interposición de conflictos de competencias ante el Consell y la Administación Local; una competencia que le otorga la ley (art. 50) y se justifica –así cabría interpretarlo- cuando sus funciones como Defensoría de los ciudadanos se puedan ver entorpercidas por la Administración (del Estado)[43].

Esta capacidad de fiscalización por el Ombudsman autonómico de las entidades locales se ve limitada por los criterios que estableció en su momento la jurisprudencia constitucional (STC 142/1988). El Alto Tribunal legitimó, y justificó, el control del Comisionado autonómico si se vieran afectadas competencias asumidas estatutariamente, o cuando hubieran sido delegadas o transferidas previamente por la Comunidad Autónoma.

En cualquier caso, es necesario destacar en sentido crítico el silencio legislativo de la norma andaluza sobre una forma de intervención que se encuentra "normalizada" en la praxis institucional del DPA. Una asignatura pendiente más que debería ser corregida por una hipotética reforma de la Ley de 1983.

7.2. La relación del DPA con instituciones de la Administración periférica del Estado

En la jurisprudencia constitucional antes mencionada se localizan unas condiciones de referencia que vienen a certificar la capacidad para impulsar el control de aquellos organismos periféricos del Estado central que hayan lesionado o restringido sin

---

43 En lo que se refiere a la impulsión de esta iniciativa ante el TC, sólo sería posible canalizarla a través del denominado Conflicto en Defensa de la Autonomía Local (LOTC).

una cobertura legal los derechos de los ciudadanos. Aunque no se trata de una supervisión formal *strictu sensu*, ni de un ámbito administrativo sobre el que las Defensorías autonómicas puedan proyectar sus competencias de fiscalización directa, pueden dirigirse a dicha Administración del Estado para solicitarle la información que precisen en el desempeño de sus funciones. En la práctica esta facultad ha servido para que los órganos dependientes de aquélla resuelvan, a instancia de los Comisionados de las CCAA, quejas de los ciudadanos que se han visto afectados por una actividad negligente o contraria a sus derechos.

La regulación legislativa de esta modalidad de relación entre instituciones que pertenecen y actúan en diferentes niveles territoriales y competenciales de la Administración Pública cuenta con algunos paradigmas.

Así, en Cataluña se ha articulado un mecanismo para canalizar peticiones y sugerencias del Sindic al Defensor nacional (art.78), en el marco de una colaboración en el ejercicio de las funciones de ambas instituciones[44]. En realidad, la decisión de realizar algún tipo de intervención, recomendación general o normativa, sobre algún órgano administrativo estatal, corresponde lógicamente en exclusiva al Ombudsman estatal. Lo que –a nuestro entender- no resta importancia a esas peticiones que elevan los DP autonómicos sobre cuestiones y problemas, probablemente inadvertidos, a los que su homólogo nacional no puede ser indiferente.

La relación entre Defensorías cuya competencia se proyecta sobre diferentes ámbitos territoriales e institucionales se puede

---

[44] El artículo 78. 2 de la ley catalana delimita claramente esta relación de cooperación con el Defensor del Pueblo del estado, con tres opciones posibles: "*El Síndic de Greuges puede solicitar la intervención del Defensor del Pueblo en relación con actuaciones de la Administración general del Estado en Cataluña puede plantearle sugerencias de carácter general y puede proponerle que formule recomendaciones de modificaciones normativas*"

canalizar también, a través de "convenios", cuyo impulso por el Sindic ha sido previsto en la ley catalana, con el objetivo –genérico, y específico al mismo tiempo- "*de concretar el régimen de colaboración entre ambas instituciones, especialmente en cuanto a la supervisión de la actividad de la Administración general del Estado en Cataluña*" (art,. 78).

En el caso andaluz, el Estatuto del 2007 escogió una fórmula genérica, aunque simultáneamente precisa a la postre, a la hora de delimitar el ámbito institucional sobre el que se proyectaría la competencia de la Defensoría, al quedar ésta habilitada para supervisar "*la actividad de las Administraciones públicas de Andalucía*». No puede afirmarse, por tanto, que el EAA haya elegido un criterio de territorialidad ("en Andalucía"), para definir la esfera subjetivo-institucional sobre la que recae la función de control del DPA. En virtud de esta previsión correspondería a este último supervisar formalmente la actividad de la Administración autonómica y de los entes locales cuando actúen sobre una materia asumida estatutariamente por la Comunidad Autónoma (esfera de actuación). Pero también podrá dirigirse a los órganos de la Administración central en términos de colaboración y en el desarrollo de las funciones que tiene encomendadas (esfera de influencia).

La relación con el DP del Estado apenas viene perfilada más tarde en la ley con dos vías de colaboracion: "coordinación" y "cooperación. El artículo 13 enuncia ambas de una forma excesivamente indeterminada, en lo que se refiere a su respectiva metodología y alcance[45]. En todo caso, parece imponerse aquel método relacional donde prima implícitamente un cier-

---

[45] Una conclusión que se infiere sin dificultad del siguiente enunciado: "*El Defensor del Pueblo Andaluz podrá supervisar la actividad de la Administración Autonómica, en el ámbito de competencias definido por esta Ley. A los efectos de lo previsto en el artículo 12 de la Ley Orgánica 3/1981, de 6 de abril, reguladora del Defensor del Pueblo, coordinará sus funciones*

to principio de jerarquía (coordinación): "*Asimismo el Defensor del Pueblo Andaluz, en el ejercicio de sus funciones, podrá dirigirse al Defensor del Pueblo del Estado o a los Defensores del Pueblo o Instituciones análogas de otras Comunidades Autónomas, para coordinar actuaciones que excedan del ámbito territorial de Andalucía.* El dictado del precepto deja además un vacío notable, ya que esa posibilidad de impulsar la relación con el DP del Estado se limita –con una interpretación literal sería así- a aquellas intervenciones del DPA que puedan tener una repercusión o efectos extraterritoriales, esto es, fuera del ámbito territorial de la CAA.

La doble conclusión que se extrae de la regulación estatutaria y legislativa en esta materia advertiría sobre la conveniencia de precisar esta disciplina jurídica con el diseño de unos posibles mecanismos de colaboración, en su doble faceta de cooperación y coordinación; además de contemplar la dimensión más inter-institucional con la que se ofrezca cobertura a la posibilidad de firmar acuerdos o convenios bilaterales, tanto con el Defensor del Pueblo nacional como con el resto de CPAs.

7.3. La ampliación de las relaciones del DPA a otras esferas institucionales de reciente creación

Finalmente, pero no menos relevantes, son las relaciones que, desconocidas en una lógica temporal por el legislador andaluz, han dilatado las relaciones del Ombudsman autonómico con otras entidades e instituciones de perfiles competenciales propios, pero igualmente conectados con la tutela de determinados derechos y libertades,

Una de estas nuevas entidades ha sido creada por la Ley 19/2013, de 9 de diciembre, de transparencia, acceso a la in-

---

con las del designado por las Cortes Generales y cooperará con él en todo cuanto sea necesario".

formación pública y buen gobierno. El denominado Consejo de Transparencia y Buen Gobierno tiene abierto un canal de comunicación, no sólo con el DP nacional, sino también con sus homólogos de las CCAA, a través –se limita a esto- de la información sobre las resoluciones que aquel haya dictado en ejercicio de unas funciones de "control" sobre todas las Administraciones y entidades privadas sobre las que se proyectan (art.24).

Así mismo, y en otra línea de colaboración inter-institucional, la Ley 15/2022, integral para la igualdad de trato y la no discriminación, ha previsto la creación de una Autoridad Independiente para la Igualdad de Trato y la no Discriminación, entre cuyas funciones destaca (art.40) la colaboración con el Defensor del Pueblo y con las instituciones y organismos públicos equivalentes autonómicos e internacionales; complementada con un deber de remisión del informe anual de sus actividades, al Congreso de los Diputados, al Gobierno y al Defensor del Pueblo. No se comprende muy bien esta última exclusividad, que se amplía también a un genérico *"deber de colaboración"* (art .44), pero solamente cuando le esa requerida –entre otras autoridades y Administración Pública centrales- por el Defensor del Pueblo. La única opción que permitiría enfocar esa obligación legal también a los Defensores autonómicos, es la que cabría extraer implícitamente, y con una lectura "dúctil", de un párrafo final que hace referencia a la "cooperación" con aquellos "*organismos públicos*" que en el ejercicio de sus funciones, "*participen en la defensa de los derechos y el diseño de las políticas públicas referentes a los grupos o colectivos que presenten un mayor grado de vulnerabilidad frente a la discriminación*".

En lo que se refiere a la institucionzalización de una nueva instancia que abarca competencias que se superponen en buena medida con las de los Defensores del Pueblo (estatal y autonómicos), no basta con las que podríamos adjetivar como buenas intenciones del legislador central (art.45), cuando hace una puntualización lógica en el artículo 45 de la ley del

2022: "*La Autoridad Independiente para la Igualdad de Trato y la No Discriminación ejercerá las funciones que tiene atribuidas en esta ley sin perjuicio de las competencias del Defensor del Pueblo u órganos similares de las comunidades autónomas*". Y seguidamente explicita (apartado segundo) lo que podría llegar a ser la metodología idónea para evitar una superposición competencial de la que pueden generar una cierta conflictividad: "*2. La Autoridad Independiente para la Igualdad de Trato y la No Discriminación podrá celebrar convenios de colaboración con el Defensor del Pueblo u órganos similares de las comunidades autónomas para establecer los mecanismos de cooperación que se consideren oportunos*".

Ciertamente imaginamos que será imprescindible acometer esta delimitación funcional con una cobertura legal adecuada. Sobre todo porque tiene su origen en conceptos y principios constitucionales y estatutarios (igualdad y vulnerabilidad) que resulta imposible delimitar a priori en un plano subjetivo concreto. La identidad, o como poco similitud, de los ámbitos materiales de las instancias generales (Defensorías) y específica (Autoridad Independiente) aconsejaría entonces implantar un diseño legislativo que evite además el riesgo de una potencial duplicidad funcional.

Entre ambos tipos de instituciones existen, por lo demás, significativas analogías de carácter instrumental; desde la elaboración de informes y un procedimiento de intervención a partir de quejas, investigaciones de oficio. Se ha contemplado igualmente en esa –casi podríamos denominarla- "defensoría específica" por la igualdad integral, unos métodos de acción que se utilizan ya como procedimientos alternativos y complementarios por algunos Ombudsman autonómicos (mediación y conciliación), con carácter vinculante para las partes; junto a un deber general de cooperación, colaboración e información que incumbe tanto a autoridades como a particulares. Quizás el toque de diferencialidad se localiza en la Ley con la atribución expresa de una facultad para ejercitar "*acciones judiciales en defensa de los derechos derivados de la igualdad de trato y no discriminación*".

7.4. Sobra la modalidad legislativa idónea para delimitar las competencias del DPA en las relaciones inter-institucionales

Sobre la fórmula que debería utilizarse para regular las relaciones del Defensor con otras instituciones y entidades de la Comunidad Autónoma, habría que distinguir –en mi opinión- dos ámbitos muy diferentes en cuanto a su finalidad y contenido: a) supervisión y control y b) colaboración interinstitucional (relación inter-institucional).

La primera de esas dimensiones se enmarcaría dentro de la esfera de competencias atribuidas a la Defensoría para hacer frente a las posibles atentados o restricciones de los derechos y libertades; su objetivo esencial es definir un espacio funcional específico, en el cual la Defensoría lleva a cabo su labor y ejercita sus facultades de supervisión y fiscalización. Los sujetos pasivos de esta intervención no disponen de discrecionalidad alguna para relacionarse –o colaborar- con el Defensor, sino que deben soportar la actuación de este último como garante de los derechos de la ciudadanía, bien de oficio o como efecto de las posibles quejas que se presenten por sus prácticas o actos de naturaleza administrativa[46].

Pero junto esta primera dimensión, existe una segunda que sí estaría situada dentro de la dimensión propia de las relaciones que se producen entre instituciones cuya actividad puede afectar, directa o indirectamente, a esos derechos constitucionales y estatutarios. Las relaciones de colaboración inter-institucional *strictu sensu* se producen en plena igualdad o paridad, con autonomía plena por parte de las instituciones o entidades en las que se entabla esa relación. Aunque sean Relaciones de colaboración "finalistas", es decir, cuyo objetivo y razón de ser

---

46 En esta línea, la Ley valenciana ha incluido la relación de instituciones (y sus actividades) sujetas a investigación y supervisión en un capítulo (I) denominado "*ámbito de investigación*"

principal es contribuir al cumplimiento de las funciones de la Defensoría (ver artículo 65 Ley valenciana), parece más apropiado regularlas un capítulo aparte de la Ley

En definitiva, entendemos que resulta necesario diferenciar claramente en el texto de la ley, entre el objeto/sujeto institucional sobre el que se proyectan las "competencias" del DPA, de lo que serían las habituales u ordinarias relaciones de colaboración o cooperación inter-institucional.

En cuanto a la fórmula legislativa idónea para regular la relación con las instituciones sobre las que se proyectan facultades de control y fiscalización, no tiene por qué ser incompatible emplear las dos alternativas simultáneamente. De un lado, se podrían especificar, mediante una relación en la norma, aquellas instituciones y organismos – no necesariamente estatutarios – susceptibles de ser supervisados en su actuación materialmente administrativa. Al mismo tiempo cabría emplear una "cláusula de apertura" que, de forma indeterminada, contemple la posibilidad de ampliar ese elenco con otras instituciones u organismos; si bien –sería recomendable- que se estableciera mediante una previsión legislativa específica[47].

---

47 Vid. En este sentido la fórmula legislativa del artículo 65 de la Ley valenciana, aunque dedicado a las "Relaciones con otras instituciones y organismos de la Generalitat":

> *"El síndico o la síndica de Greuges mantendrá con la Sindicatura de Comptes, el Consell Valencià de Cultura, la Acadèmia Valenciana de la Llengua, el Comité Econòmic i Social y el Consell Jurídic Consultiu las relaciones de colaboración que sean necesarias para conseguir el cumplimiento de los fines que tiene asignados en virtud del artículo 38 del Estatuto de Autonomía de esta ley. El síndico o la síndica colaborará para los mismos fines con la Agencia de Prevención del Fraude y la Corrupción y el Consejo Audiovisual Valenciano, así como con cualquier otro organismo e institución que, de acuerdo con el Estatuto, pudiera crearse en un futuro".*

En todo caso, la ubicación de este "espacio funcional" sobre el que podría recaer la función de control del DPA no podría ser el dedicado a las "relaciones institucionales"; estas últimas deberían quedar contenidas entre las normas que regulen las diversas modalidades e instrumentos de colaboración entre el DPA y otras entidades estatutarias. Pero en lo que respecta a la dimensión relacional donde se ejercita la actividad de supervisión o fiscalización, y al tratarse de organismos de naturaleza estatutaria (o singular), lo más lógico -como fórmula legislativa adecuada- sería reservar un apartado específico a este tema en el capítulo de la ley dedicado a las competencias de la Defensoría.

7.5. Un balance final sobre las relaciones de colaboración del DPA y la intervención de órganos de la Administración del Estado

La dimensión "cooperativa" ha encontrado también un eco y regulación normativa en las leyes que configuran y relaciones inter-institucionales de los Comisionados Parlamentarios con el Defensor del Pueblo nacional.

Se encuentran así parámetros de referencia que regulan la forma en que se relacionan aquellos, tanto con instituciones propias de la Comunidad, como con aquellas otras que se enmarcan en la organización central del Estado; sin olvidar las previsiones que se contienen sobre la colaboración con las defensorías homólogas de las entidades locales.

Un patrón legislativo a tomar en consideración sería en este punto la metodología que propone la ley del Sindic catalana. En esta se han establecido las reglas que rigen las denominadas como "relaciones institucionales". Con el Defensor del Pueblo estatal (art. 78) se establece una primera fórmula de carácter general (*"El Síndic de Greuges y el Defensor del Pueblo colaboran en el ejercicio de sus funciones"),* que se instrumentaliza después con un deber –igualmente genérico- de impulsión de *"convenios"* con los que se concretaría el *"régimen de colaboración de ambas instituciones"*.

En segundo lugar, y ahora más específicamente, articula un procedimiento para la relación con el Ombudsman nacional, que vendría a complementar – en nuestra opinión- el ya establecido para el conjunto de las Defensorías autonómicas en la Ley 36/1985. La ley catalana permite un mayor grado de implicación de este en la resolución de las quejas que se remiten al DP del Estado, al permitirle plantear "*sugerencias de carácter general*", e inclusive proponer que este *"formule recomendaciones de modificaciones normativas"*.

La opción "generalista" de suscribir convenios de colaboración también se ha contemplado en el marco de las relaciones del Sindic *con la Administración de Justicia y con el Ministerio Fiscal (art. 79)*. De forma similar a la anterior, y con ese mismo carácter indeterminado legalmente, el artículo 81 se refiere a las relaciones del Sindic con figuras análogas, si bien no limita su alcance a las que tengan naturaleza pública: *"El Síndic de Greuges debe impulsar relaciones de colaboración con instituciones o figuras análogas, tanto de ámbito público como de ámbito privado.*

Capítulo aparte, y diferente en cuanto a la potencial relevancia en la dimensión cooperativa que se examina aquí, sería la formulación legislativa que reciben las *Relaciones con los defensores locales de la ciudadanía*. En este otro supuesto, y como hemos apuntado ya, el legislador catalán parece hacer ido algo más lejos en alcance y precisión normativa. Se enuncia como un tarea imperativa el *"deber"* del Sindic- modulado o relativo– *de "mantener e impulsar relaciones de colaboración con los defensores locales de la ciudadanía*". Aunque resulta de mayor interés ese otro deber de *"promover, si procede, fórmulas específicas de supervisión de la Administración local y de los organismos públicos o privados a ésta vinculados o que dependen de ella"*. Precisamente la colaboración con entidades de derecho privado ha recibido una atención específica dentro de la norma, en cuyo artículo 82 se faculta al Sindic para establecer, *"relaciones de colaboración y apoyo mutuo con las entidades y asociaciones privadas que trabajan por la tutela de los derechos y libertades"*.

La vigente ley del DPA de 1983 apenas dedica una mención, siempre excesivamente "semántica" a la relaciones interinstitucionales, en este caso con el Defensor nacional (art 14) y las instituciones del ámbito jurisdiccional (Ministerio Fiscal y Consejo General del Poder Judicial, art. 15)[48]. Frente a lo que representa un vacío normativo o una respuesta insuficiente del legislador andaluz, existen hoy suficientes motivos de oportunidad y jurídicos para incluir un bloque de peceptos relativo a colaboración inter-institucional.

De una parte, porque hay espacios funcionales donde pueden llegar a converger la actividad de más de una institución garante de los derechos de la ciudadanía (Defensor del Pueblo nacional, Defensorías locales y otras). La adopción de convenios "específicos" sobre materias competenciales permitiría alcanzar aquí acuerdos sobre la modalidad y efectos de la intervención, mejorar la coordinación y establecer una

---

48 Referencias demasiado generales y sin contenido que aclare unos posibles márgenes y proyección de esa colaboración:

Artículo 14.

Asimismo el Defensor del Pueblo Andaluz, en el ejercicio de sus funciones, podrá dirigirse al Defensor del Pueblo del Estado o a los Defensores del Pueblo o Instituciones análogas de otras Comunidades Autónomas, para coordinar actuaciones que excedan del ámbito territorial de Andalucía.

Artículo 15.

Cuando el Defensor del Pueblo reciba quejas relativas al funcionamiento de la Administración de Justicia en Andalucía, deberá dirigirlas al Ministerio Fiscal o al Consejo General del Poder Judicial, sin perjuicio de hacer referencia expresa en el Informe general que deberá elevar al Parlamento de Andalucía.

metodología para la solución de posibles controversias y potenciales superposiciones funcionales.

Respecto de otras instituciones, la colaboración se puede traducir en la previsión legal de una facultad para la impulsión de convenios que permitan contemplar mecanismos para dar respuesta a futuras necesidades -de apoyo institucional -que pueda tener la Defensoría para lograr un ejercicio más eficaz de sus funciones y competencias.

En lo que se refiere a las relaciones con el Parlamento, debería ser regulado adecuadamente la posibilidad seguimiento por aquel de las Administraciones Públicas que no colaboran. Sin duda, podría ser un método eficaz para aumentar la efectividad de la intervención de la Defensoría, implantar un sistema que canalice hacia la Comisión competente las obstrucciones o la falta de colaboración, de modo que puedan ser citadas y comparezcan en sede parlamentaria las personas o responsables de organismos que han incurrido en este tipo de actitudes que obstaculizan la labor del DPA.

Se trata de un instrumento que, en lo que respecta a las autoridades que conforman el poder ejecutivo y altos cargos de la Administración autonómicos, tendría encaje –pensamos-dentro de la denominada función de impulso y orientación de la acción de gobierno, una competencia del parlamento que complementa a la tradicional función de control. Prevista en el artículo 106 del EAA), se regula y perfila en la *Ley 6/2006, del Gobierno de la Comunidad Autónoma de Andalucía*. Su artículo 38 delimita su alcance al concretar las fórmulas en las que despliegan las Relaciones entre el Consejo de Gobierno y el Parlamento de Andalucía[49].

---

49 Entre estas se incluyen obligaciones como las de *"acudir al Parlamento de Andalucía cuando éste reclame su presencia"*, *"atender las preguntas, interpelaciones y mociones que el Parlamento de Andalucía les formule"* y

Desde otra vertiente normativa, también podría encontrar fundamento ese deber de colaboración "presencializado" en la asistencia a una Comisión parlamentaria, previsto en el Reglamento de la Cámara. Su artículo 153 define las facultades de la "función de impulso", y reconoce la facultad del Parlamento para "*manifestar su posición en relación a asuntos de interés, haciendo expresión de su criterio y orientando e impulsando de esta forma la acción del Gobierno, a través de una serie de instrumentos como serían las Resoluciones, las Mociones y las Proposiciones no de ley*.

En esta línea, el Reglamento ha contemplado la posible comparecencia de los miembros del Consejo de Gobierno ante el Pleno *"o cualesquiera de sus Comisiones"*. Ciertamente en este caso, la asistencia se canaliza con una serie de condiciones. Primero, se produce a petición propia o a iniciativa de un Grupo parlamentario o de un Diputado o Diputada, con la sola firma de otros cuatro integrantes de la Cámara o de la Comisión; sin que haya sido prevista una comparecencia a solicitud del DPA. De otro lado, las sesiones tendrán un carácter meramente "*informativo*", lo que reduce el sentido y finalidad de aquélla, al quedar excluida otra finalidad como la rendición de cuentas de una posible falta de colaboración[50].

"proporcionar al Parlamento de Andalucía la información y ayuda que precise delConsejo de Gobierno, sus integrantes o cualquier autoridad o personal al servicio de la Administración de la Junta de Andalucía, organismo, servicio o dependencia de la Comunidad Autónoma".

50 EL precepto amplía *in fine* el espectro de autoridades que pueden ser convocadas por el Parlamento con un conjunto de "responsables" o altos cargos del Ejecutivo y la Administración de la Comunidad, enunciados en otra disposición reglamentaria (art. 44.2) : *"Requerir la presencia ante ellas de los miembros del Consejo de Gobierno, así como de los presidentes de los Consejos de Administración, consejeros delegados, administradores, directores generales, gerentes y otros cargos equivalentes de los organismos autónomos, instituciones y empresas de la Junta de Andalucía, así como de los consorcios, fundaciones y demás entidades con personalidad jurídica propia distintas de los anteriores, en los que sea*

La presencia de funcionarios y autoridades públicos de la Administración autonómica forma parte asimismo de las potestades que el Reglamento otorga a las comisiones, para *"requerir, con la misma finalidad* (recabar información y documentación), *la presencia de las autoridades y funcionarios públicos competentes por razón de la materia objeto del debate"* (art. 44.1.3). En ese catálogo de potenciales comparecientes no se excluiría ningún otro sujeto o entidad -de derecho privado- sometidos a la supervisión del Defensor, susceptibles de quedar incluidas en el enunciado del último de sus apartados: "Solicitar la presencia de otras personas con la misma finalidad".

La eventual incomparecencia de todas las personas –menos las últimas mencionadas (particulares pertenecientes a entidades privadas)- se refuerza con el carácter disuasorio de la eventual exigencia de responsabilidad: *"Si los funcionarios o las autoridades no comparecieran ni justificaran su incomparecencia en el plazo y la forma establecidos por la Comisión, o no se respondiera a la petición de la información requerida en el período indicado en el apartado anterior, el Presidente o Presidenta del Parlamento lo comunicará a la autoridad o al funcionario o funcionaria superior correspondiente, por si procediera exigirles alguna responsabilidad"* (art. 44.2)[51].

---

mayoritaria la representación o participación directa, cualquiera que sea su forma, de la Junta de Andalucía, para que informe acerca de los extremos sobre los que fueran consultados".

51 La mención a una eventual "responsabilidad" creemos que se circunscribe en esta norma a la que tendría únicamente un carácter administrativo (sanciones disciplinarias), ya que la de alcance penal debería quedar restringida a los supuestos, más graves y donde sea posible reconocer una actitud dolosa, que entren dentro del tipo penal regulado en el artículo 502.2 del Código Penal:

> 2. *En las mismas penas incurrirá la autoridad o funcionario que obstaculizare la investigación del defensor del pueblo, Tribunal de Cuentas u órganos equivalentes de las Comunidades Autónomas, negándose o dilatando indebidamente el envío de los informes que éstos solicitaren o*

En definitiva, la posibilidad de un control parlamentario sobre el cumplimiento de las resoluciones y recomendaciones del DPA no tendría por qué limitarse al seguimiento de los órganos de la Administración que han demostrado una –evidente y grave- ausencia de colaboración o simplemente obstaculizan la labor de supervisión. En todo caso habría que remarcar como una medida excepcional la utilización de la comparecencia solicitada por el DPA ante casos de obstruccionismo grave; para no convertir a la Comisión que la convoca en una suerte de comisión "impropia" de investigación[52].

Las relaciones del DPA con el Parlamento podrían tener una nueva dimensión, reconocible en la actualidad en otras normas del derecho autonómico comparado. Nos referimos a la posibilidad de articular legalmente una fórmula de comunicación entre ambas instituciones -además de de la habitual presentación de informes (anuales o especiales)- con la que vehicular y permitir la comparecencia del titular del defensor ante la asamblea o alguno de sus órganos internos (comisiones). A su vez, esta interrelación institucional podría ser impulsada bien por el propio parlamento, bien por su Comisionado.

Lo que todavía tiene un carácter hipotético para la normativa andaluza, ha sido recepcionada ya en la legislación de algunas CCAA. En uno de los casos emblemáticos, la ley del Sindic catalán (art. 66) regula las comparecencias de este ante el Parlamento autonómico, como un mandato-obligación de carácter restringido en cuanto a su contenido (informativo).

---

dificultando su acceso a los expedientes o documentación administrativa necesaria para tal investigación.

52 Parece que lo razonable entonces sería limitar la comparecencia de las responsables o funcionarios, además de los particulares, a casos de obstruccionismo reiterado y grave a la labor de supervisión y control que lleva a cabo el Defensor (A. Anguita).

No obstante, cabe igualmente como alternativa que esa comparecencia se celebre a petición del propio Sindic.

En la misma línea, la ley del Sindic valenciano contiene unas previsiones sobre la materia, si bien con una mayor amplitud y precisión regulativa. El artículo 63 autoriza a su titular a solicitar a la Comisión de las Corts Valencianes encargada de las relaciones con el Síndic de Greuges una comparecencia de carácter declarativo, con objeto de *"dar a conocer su punto de vista sobre cualquier asunto vinculado con su ámbito material de funciones"*. Esa petición puede extenderse igualmente a cualquier otra Comisión parlamentaria, *"cuando considere, a la vista del objeto y la finalidad de estas, que su intervención puede ser de interés para el desarrollo de los trabajos que se estén llevando a cabo"*.

Pero la comparecencia antes las Cortes valencianas puede a su vez producirse a instancias de estas últimas o de alguna de sus comisiones (art. 64), con la finalidad de "*conocer su punto de vista sobre un asunto vinculado a su ámbito material de funciones*", o bien en el momento en que una Comisión entienda que la asistencia del Sindic pueda ser de interés para los trabajos parlamentarios que esté desarrollando.

Con la ausencia total sobre esta modalidad de relación interinstitucional, la Ley del DPA (art. 2.2) se limita a identificar el órgano parlamentario interno (*Comisión de Gobierno Interior y Derechos Humanos*), que centralizará de forma exclusiva las comunicaciones entre el Parlamento y Defensoría *"en cuantas ocasiones sea necesario"*.

En consecuencia con esa laguna de normatividad, sería aconsejable que una futura reforma de la Ley de 1983 estableciera, con el nivel de detalle oportuno y trasladadas a la esfera reglamentaria, ese tipo de comparecencias del DPA ante el Parlamento o sus comisiones, por iniciativa propia o de un órgano parlamentario interno. En cualquier caso, se debería configurar como un mecanismo "ordinario" en las relacionales entre el Parlamento y la Defensoría; de acuerdo siempre con algunas coordenadas. En primer lugar, habría que indicar el causa o contenido de esa comparecencia, que tendría siempre un carácter excepcional, más allá de la que puede tener lugar con motivo de la presentación del informe anual (y específicos o extraordinarios). Por otro lado, tendría que estar justificada, al menos en lo que respecta a la que se produciría a instancia del DPA, por alguna razón de suficiente entidad o gravedad, que requiera la puesta en conocimiento al Parlamento de la cuestión objeto de la comparecencia. Y finalmente, la evaluación de esa entidad y objeto de la comparecencia debería residir en la competencia de la propia Comisión.

Sobre la naturaleza de esa -inédita en la legislación andaluza- facultad, conviene señalar además, la capacidad del titular de la institución para ejercerla de forma discrecional y con un amplio margen de autonomía; esto es, siempre sobre criterios de oportunidad, valorados siempre y personalmente por la Defensoría. Y -habría que puntualizar también- sólo podría tener un carácter "propositivo". El Defensor tiene que solicitar a la comisión parlamentaria su comparecencia. Parece más lógico que pueda promover, pero no decidir cuándo se reúne la Comisión (autonomía del Parlamento); la comparecencia a instancias del Parlamento, podría encontrarse ya implícitamente contenida en el artículo 2.2.

Por último, nos parece necesario plantear alguna otra opción, en este marco de las relaciones inter-institucionales con el Parlamento. Especialmente apuntar la posibilidad de reconocer, en una ley futura, que el DPA esté en condiciones, o sea autorizado, para solicitar la convocatoria de la Comisión parlamentaria (o de cualquiera de ellas), con el objetivo y finalidad de hacer un seguimiento del cumplimiento de las sugerencias y recomendaciones que se hacen en sus resoluciones. En el ámbito de esta transcendental función que tiene atribuido el Parlamento andaluz -con efectos políticos y no jurídicos- cabría perfectamente una previsión legislativa -o equivalente, en el Reglamento del Parlamento- que prevea la convocatoria de la Comisión parlamentaria competente, en cuyo marco se pueda debatir y hacer comprobaciones periódicas sobre cumplimiento de las propuestas de solución y recomendaciones realizadas por el DPA[53] .

8. EL ESTATUTO JURÍDICO DEL TITULAR Y DE LAS ADJUNTÍAS

Uno de los primeros interrogantes que plantea el examen del estatuto jurídico del titular de la Defensoría, así como el de sus adjuntos, se centra en el sistema de prerrogativas e incompatibilidades que se le aplican a ambos. De igual modo será ineludible intentar resolver el alcance de las previsiones contenidas en la Ley 36/1985,_de 6 de noviembre, por la que se regulan las relaciones entre la Institución del Defensor del Pueblo y las figuras similares en las distintas Comunidades Autónomas.

Partiendo de nuevo de la aportación sobre este particular aspecto de los Principios de la Comisión de Venecia, donde se hace una apuesta muy nítida por la concesión a los adjuntos –y "*el personal encargado de la toma de decisiones*"- de un estatuto singular , fundamentado en una denominada, de forma algo extraña, "*inmunidad jurídica*", que se proyecta sobre "*las actividades y palabras, orales o escritas, realizadas en su función al servicio de la institución (inmunidad funcional)*".

Los principios de la Comisión de Venecia circunscriben las prerrogativas (Inmunidad funcionales) del Defensor y sus Ad-

53 Quizás sería oportuno puntualizar aquí que en el ámbito de proyección de La Ley 1/2014, de Transparencia pública de Andalucía, y entre las instituciones a las que se aplica, el Defensor del Pueblo Andaluz sólo está obligado a suministrar información *"en lo que afecta al ejercicio de sus funciones de carácter administrativo"*

juntos a la "inviolabilidad" (tal y como se entiende en nuestro marco constitucional), pero no dice nada del "aforamiento". Institución ligada a la eventual exigencia de responsabilidad jurídica por el ejercicio de la función pública asignada, como garantía de que el órgano judicial competente (no es el juez natural predeterminado por la ley) disfruta de un status jurisdiccional superior, lo que impide –o dificulta- posibles injerencias en el enjuiciamiento.

Sobre la conveniencia de mantener o suprimir el aforamiento, entiendo que esta especialidad en el estatuto jurídico de determinados funcionarios (además de cargos institucionales y de representación) obedece y está conectada a la relevancia de la función que desempeñan.

Al margen del debate que existe en la actualidad sobre la necesidad de limitar el alto número de "aforados" que existen en nuestro sistema institucional, lo cierto es que su conservación en el caso de los Adjuntos del DPA parece adaptarse a la finalidad para la que fue establecido como prerrogativa de carácter jurisdiccional.

En cuanto instrumento que refuerza la independencia del funcionario o responsable público, proporciona –o resguarda en potencia- un mayor margen de autonomía funcional.

En este sentido, la importancia y responsabilidad de las funciones atribuidas a los adjuntos, y su actuación como delegado en su caso del propio Defensor, le hacen merecedor de un régimen jurídico diferenciado. Probablemente por ese motivo, el legislador estatal dejo sentado de una forma bastante explícita la concesión a los Adjuntos de un estatuto jurídico equivalente al que disfrutan los titulares de la institución [54].

---

54 No hay duda de que, en principio, el artículo Primero, 3, de la Ley 38/1985, extiende las prerrogativas del Defensor a sus adjuntos.

No obstante, debemos traer a colación en este punto el eventual problema que plantea la subordinación "automática" de la legislación autonómica a la legislación del Estado. Desde la perspectiva de la coordinación normativa que se impone entre ambas esferas normativas, en el marco del sistema de fuentes diseñado por la Constitución, hay que recordar que la Ley 36/1985 no es una Ley Orgánica, lo que permitiría resolver la potencial contradicción mediante una interpretación conforme al principio de competencia, o bien desde el principio de jerarquía. Por otro lado, tampoco se desprende que, siempre y en todo caso, los adjuntos del DPA deben estar protegidos por las mismas prerrogativas que los Comisionados titulares. Del enunciado del artículo 1.3 de la LEY 36/1985 podría desprenderse un grado suficiente de discrecionalidad legislativa de las CCAA para atribuirles idénticas prerrogativas, o bien quizás un estatuto singular y diferenciado que no tiene por qué identificarse con el que se reconoce a los Defensores. Seguramente esta conclusión tiene base en la dicción literal del precepto legal: *3. Las prerrogativas y garantías que se reconocen a los Comisionados parlamentarios autonómicos serán también aplicables, en su caso, a los Adjuntos durante el ejercicio de sus funciones (el subrayado es nuestro).* Esa fórmula–"*en su caso*"- apunta a la legitimidad de versiones diferenciadas territorialmente sobre al alcance de esas prerrogativas de los adjuntos.

Sobre la extensión del aforamiento a estos altos funcionarios que colaboran estrechamente –cuando no actúan en delegación directa- con los Comisionados, se podrían traer a colación algunos "contra-argumentos". En primer lugar, porque este último supone una excepción a la competencia jurisdiccional (juez natural), que choca, además, con el principio de igualdad de las partes en el proceso. Así mismo, habría que "contextualizar" ese privilegio procesal, ya que en la actualidad no tiene demasiado sentido imaginar que el beneficiario en este caso (adjunto) pueda ser objeto de una hipotética persecución política por el ejercicio de sus funciones.

Resulta por el contrario -más que razonable- conveniente mantenerlo para el titular de la Defensoría, como refuerzo y garantía funcional de su autonomía; en un plano jurídico, pero también en la faceta simbólica o "perceptiva" que comporta, socialmente, ostentar este tipo de prerrogativas como autoridad pública cualificada. Ahora bien, sí que tendría sentido sin duda reconocer esa prerrogativa "procesal" a los adjuntos, cuando actúan "en funciones" del Defensor, o "en sustitución" o "por delegación" de éste.

A modo de reflexión conclusiva podría afirmarse que no existirían razones de naturaleza jurídica para eliminar las prerrogativas de los adjuntos que, hasta ahora, les ha reconocido una legislación "impropia" –a nuestro modo de ver- para configurar el estatuto jurídico de unos miembros especiales de los Comisionados autonómicos. Una cuestión como esta parece más lógico y razonable que deba ser objeto de regulación por la ley que configura una institución de naturaleza estatutaria o que forma parte de la estructura orgánica básica de una Comunidad Autónoma. Así pues, mantenerlo o eliminar esa especialidad del régimen de las Adjuntías obedecería más bien a razones de "política institucional" que considere más conveniente el Legislador autonómico.

9. ALGUNOS INTERROGANTES SOBRE OTRAS POSIBLES FUNCIONES Y MODALIDADES DE ACTUACIÓN DEL DPA SOBRE ENTIDADES JURÍDICO PRIVADAS

La cuestión parece girar en la actualidad en torno a la legitimidad -confrontada o no legalmente- de los Comisionados parlamentarios para superar el "encorsetamiento" que, tradicional y exclusivamente, orientaba su labor hacia el control de entidades u organismos públicos. Se trate, en definitiva, de comprobar las posibilidades de legalizar -entiéndase como ofrecimiento de una cobertura de rango legal- la operación de proyectar sus funciones (garantistas y de control) hacia empresas o entidades de naturaleza jurídica privada, cuando éstas prestan –temporal u ocasionalmente- servicios públicos generales, o específicos para determinados sectores sociales (por ejemplo, infancia)

Como referente y precedente normativo con el que iniciar de forma preliminar el análisis, habría que recordar la aportación que realiza sobre esta cuestión la ley 5/1996, de 8 de julio, del Defensor del Menor en la comunidad de Madrid. Su artículo 14 clarifica las primeras dudas que pudieran oponerse a esa posibilidad, al delimitar un ámbito de actuación en donde quedan comprendidas "*personas físicas, entidades, empresas, asociaciones, fundaciones cualesquiera otras personas jurídicas con independencia de la denominación que utilicen presten servicios a menores de edad en la Comunidad de Madrid, de manera permanente u ocasional y sin perjuicio de que ello sea no su función principal*».

En esa misma línea, la ley 4/2021, de 27 de julio, de infancia y adolescencia de Andalucía, al referirse a la garantía de los derechos de las niñas, niños y adolescentes señaliza unas funciones de supervisión que no se limitan a la esfera de los poderes y personas de derecho público, sino que extiende esa competencia a *"cuantas otras entidades públicas o privadas presten servicios a la infancia y adolescencia en la Comunidad Autónoma, y orientará sus actuaciones en pro de la defensa de los mismos"*.

Al cabo de este somero recordatorio de referencias normativas, parece evidente que la capacidad de control de empresas privadas por parte del DPA cuenta con un apoyo legal expreso en este ámbito específico y en el espacio objetivo o material que requiere la protección de un sector vulnerable de la sociedad. Además, la supervisión y fiscalización de esta específica Defensoría se realizarían con el mismo grado e intensidad (no hay especificación procedimental ni funcional) que la que realiza normalmente el DPA sobre cualquier órgano de la Administración o entidad pública.

En cuanto al parámetro competencial que legitimaría la intervención de la Defensoría estaría concentrado en la defensa de los derechos constitucionales, estatutarios y legales del Menor. Sobre el tipo de actividades objeto de fiscalización, la intervención de la Defensoría debe circunscribirse a aquellas que hayan sido objeto de convenio, concierto o contrato con la Administración. Y en lo que respecta a su temporalidad y carácter, no parece haber límites legales estrictos, pudiéndose llevar a cabo aquélla, en el caso de que la relación con la Administración sea permanente u ocasional, así como cuando la colaboración de la entidad privada sea principal y estable.

La supervisión del DPA podría tener asimismo como sujetos destinatarios las empresas o entidades derecho privado que prestan "*servicios de interés general*". En este apartado se platean algunas cuestiones que a priori no han encontrado todavía una respuesta legislativa adecuada. Las dudas afectarían a la modalidad de intervención que podría activar la Defensoría (supervisión, colaboración, intervención, intermediación). Pero de igual modo esos interrogantes se proyectarían sobre el objeto o ámbito de la actividad que sería susceptible de supervisión (empresas que prestan servicios de interés general, empresas o entidades que se encargan de actividades de interés general).

Un análisis comparado sobre este ámbito funcional, permite comprobar que existen normas legislativas autonómicas que ya han trasladado a la esfera jurídica apropiada una modalidad de intervención que se ha ido extendiendo progresivamente a la competencia de las Defensorías. Así, la Ley de Ley del Sindic de Cataluña (art.26) incluye ya entre los sujetos sometidos a la supervisión de la institución a "empresas privadas *que gestionen servicios públicos o lleven a cabo, mediante concierto o concesión, actividades de interés general o universal o actividades equivalentes*". A esta lista extensa de potenciales destinatarios de la acción del Comisionado, añade además a cualquier persona (persona física privada) que estuviera vinculada contractualmente con la Administración de la Generalidad (o entidades públicas que dependan de esta última).

El vacío normativo en el caso del DPA es sobresaliente e indicador de la necesidad de revisar el ámbito subjetivo de la supervisión, ampliado desde hace tiempo de forma coherente con sus principios fundacionales, pero sin la necesaria cobertura legal, sobre empresas y entidades privadas con están vinculadas con la Administración de la Junta de Andalucía.

En cuanto al modelo de intervención que se adoptaría en el supuesto de fiscalización de entidades privadas, la única referencia "positiva" , en el sentido formalización jurídica, se localiza en el Reglamento de organización y funcionamiento del Defensor del Pueblo andaluz, cuyo artículo 26 autoriza el empleo de "*fórmulas de conciliación o de acuerdo*"; si bien lo hace de una manera excesivamente vaga, y limitada a una esfera pública (aunque se refiere también a "entidades" afectadas).

La clave –creemos- no está tanto en la terminología que se emplee, sino en la naturaleza de la actividad que realiza el DPA. Si su intervención implica realmente una fiscalización o control de la actividad de esas empresas, la nomenclatura legal debería ajustarse a esa función o naturaleza. Sin embargo, no parecería correcto utilizar un término (colaboración), con el que se apunta a una relación basada en la "paridad" y la autonomía de la empresa para aceptar o rechazar discrecionalmente la actuación del Ombudsman. En todo caso, se podrían en atribuir legalmente dos fórmulas de actuación (supervisión, intermediación) que permitan al DPA optar por el método que considere más apropiado al tipo de intervención que vaya a realizar en cada caso.

En cuanto a la capacidad de "supervisión", esta significa un nivel elevado de intervención del DPA sobre la empresa, por lo que sería recomendable utilizar una fórmula como la de la Ley catalana, que condiciona la actividad fiscalizadora del Sindic a la existencia de una relación directa con la Administración a través del concierto o la concesión de una *actividad de interés general* (extensible de forma bastante indeterminada por la Ley, a otras actividades *"universal o equivalentes")*.

Sería conveniente precisar –preferentemente a nivel legislativo- las particularidades y la metodología específica de esta actuación del DPA, delimitando con mayor precisión normativa en qué contexto o situación se deberá utilizar una fórmula de intervención de menor intensidad (acuerdo, conciliación), y cuándo es posible activar un mecanismo de mayor impacto, como la supervisión/fiscalización.

Finalmente puede resultar excesivo ampliar las funciones de control y supervisión del DPA a las actividades que entran dentro del concepto "servicio público impropio". Aquí faltan referencias comparadas que permitan contar con algún precedente regulativo y su aplicación en la praxis institucional. Aun cuando su actividad tenga una repercusión directa, pueda ser calificada o estar conectada a un posible "interés social/general", no sería correcto atribuir a la Defensoría una capacidad de intervención directa (supervisión) sobre las empresas o entidades privadas que no gestionan en realidad servicios públicos, a través de una vinculación "directa"–contractual o concesional- de un servicio público.

En este tipo de actividades cuya ejecución afecta o se proyecta sin duda sobre el interés general, pero que no tienen la consideración de "servicios públicos" –aunque tengan como finalidad satisfacer unas necesidades o demandas sociales– predominaría su carácter más privado que público, lo que aconsejaría no incluirlos en el ámbito funcional establecido legalmente para el DPA[55]. En todo caso y como mucho, podría

---

[55] No obstante, el planteamiento que acabamos de defender contiene alguna debilidad argumental, sobre todo si lo aplicamos a algunas actividades de repercusión social que durante la última pandemia

intervenir con recomendaciones y sugerencias a la Administración competente, cuando se puedan producir disfuncionalidades graves que puedan generar desabastecimientos o paralizaciones generales de los servicios que se prestan.

Otra de las dimensiones, a priori dotada de unos notables márgenes de ambigüedad, pero que debería ser tomada también en consideración en una hipotética revisión legal que amplíe el catálogo competencial del DPA, tiene que ver con el "enfoque", más amplio o concentrado, de la intervención de la Defensoría sobre entidades privadas. El dilema se plantea en extender la supervisión al conjunto de la actividad de la empresa privada, o bien limitarla al objetivo, con carácter exclusivo y/o pioritario, de asegurar los principios de universalidad y calidad en la prestación del servicio, así como la accesibilidad e igualdad en el acceso al mismo por la ciudadanía.

La Ley del Sindic de Cataluña (art. 46) utiliza el concepto instrumental de las "resoluciones" al referirse al resultado de la investigación que aquél lleva a cabo cuando entienda que se ha producido una vulneración de derechos y libertades constitucionales y estatutarios (objeto de la supervisión). Pero en el caso de "empresas o personas" el procedimiento concluye con una fórmula que limita las recomendaciones o sugerencias ("*instar*") del Sindic a un aspecto relacionado más bien con criterios de funcionalidad o eficacia: "*cumplir la actividad prestacional reclamada o mejorar su* calidad, dentro de sus disponibilidades".

En clara sintonía con la norma catalana, la ley del Sindic valenciana usa igualmente el término "resolución", para definir el tipo de pronunciamiento o acto con el que concluye un procedimiento que tiene como objetivo la apreciación de posibles vulneraciones de derechos y libertades. En cuanto a su

---

del COVID pusieron de relieve su importancia para cubrir necesidades básicas de la ciudadanía (supermercados)

contenido, estas resoluciones se limitan, una vez se comprueba la afectación negativa del derecho, a "instar" –entre otros destinatarios de derecho público-, a "*entidades u otros sujetos", a adoptar aquellos "comportamientos"*, que aseguren *"el cumplimiento de la actividad prestacional" o "mejorar su calidad";* incluso especificando la metodología necesaria para ello : *"incrementando los medios materiales y personales, así como las disponibilidades presupuestarias existentes, siempre que sea posible".*

En definitiva, estamos también convencidos de que, en estos casos, la intervención de la Defensoría se debe focalizar principalmente en controlar la correcta gestión del servicio público, siempre sin dejar de atender a los efectos que aquélla pueda tener para el ejercicio y garantía los principios y derechos de la ciudadanía.

Como parámetros de la supervisión, esa regularidad o corrección jurídica implica sin duda la adecuación de la actividad de la empresa a unos principios fundamentales, de carácter constitucional y estatutario (igualdad, accesibilidad universal), que actuarían como presupuestos y a la vez cánones de medición en la gestión del servicio público. De ahí que su referencia expresa en una futura Ley resultaría oportuna.

De igual modo, se debería incluir una mención a la *calidad* , en cuanto presupuesto adicional que legitimaría la actuación del DPA, aun cuando no siempre la deficiente prestación del servicio tenga un afectación – inmediata, directa o intensa- sobre los derechos de los usuarios. En este sentido la "mejora de la calidad", que aparece también en los textos analizados como un indicador de la intervención del Ombudsman (catalán, valenciano), supone que, además, se deben garantizar no sólo unos mínimos de calidad prestacional.

En relación todavía con la cuestión de la supervisión de empresas privadas, cabría ahora plantearse si es posible –y conveniente- un procedimiento idéntico, o de análoga intensidad en cuanto a sus resultados, al establecido para la supervisión de organismos o entidades que pertenecen a alguna Administración Pública. Con un alcance que permita llevar a cabo actuaciones que irían, desde solicitar informes, el acceso a documentación o la visita a las instalaciones de este tipo de entidades, a la capacidad para dictar resoluciones, proceder a citaciones de responsables o gestores, cuando se producen negativas o incumplimientos de las recomendaciones y peticiones de la Defensoría. O bien –segunda opción- lo recomendable sería diseñar legislativamente un sistema de intervención o supervisión específico, adaptado a la naturaleza de esas otras entidades de derecho privado.

Una vez más el análisis comparado proporciona ya unos parámetros normativos que han sido preparados en otras CCAA en esta dimensión funcional, inédita por ahora en la ley andaluza. Con un enfoque "positivista", la Ley del Defensor del Menor en la comunidad de Madrid (1996) subraya de forma genérica , pero bastante nítida, la obligación de colaboración, en el caso de personación de aquél en cualquier dependencia tanto pública como privada, en orden a facilitar la verificación de datos, acceso a expedientes y documentación, estudio de expedientes y realización de entrevistas personales.

En la línea trazada por la Ley madrileña en un ámbito funcional específico como es la protección de la infancia, la Ley del Sindic de Cataluña (art. 26) señala como sujetos de ese tipo de intervención (supervisión) a "*organismos públicos y privados*", siempre que estos últimos estén "*vinculados*" a la Administración de la Generalidad (Local); incluyendo una relación de sujetos con pretensión de exhaustividad: "*los organismos autónomos, empresas públicas, agencias, corporaciones, sociedades civiles, sociedades mercantiles, consorcios, fundaciones públicas y fundaciones privadas, en los términos establecidos en el artículo 78.1 del Estatuto*". Al listado anterior hay que sumar una segunda relación de la que no se excluye a ninguna de las *empresas privadas que "gestionen servicios públicos o lleven a cabo, mediante concierto o concesión, actividades de interés general o universal o acti-*

vidades equivalentes. Y por último, se incorporan a la esfera subjetiva de la supervisión del Sindic *"las demás personas vinculadas contractualmente con la Administración de la Generalidad o con las entidades públicas que dependen de ésta, en los términos establecidos en el artículo 78.1 del Estatuto"*

Todas estas entidades antes mencionadas se pueden ver sometidas a una modalidad de intervención por el Comisionado, en la que no se diferencia según su naturaleza jurídica (pública o privada), tal y como se infiere del enunciado del artículo 55 de la ley catalana. En primer lugar, para hacer efectivo el suministro de información y documentación, tienen la obligación de *"facilitar al Síndic de Greuges, a las personas en quien éste delegue y a sus adjuntos los expedientes, informaciones, datos y documentación que les soliciten que estén relacionados con el objeto de una investigación, debiendo facilitarles su consulta por medios telemáticos siempre que sea posible"*. Del mismo modo, deben proporcionar al Sindic el acceso a dependencias (art. 56), lo que significa intervenir esos espacios, también de empresas privadas o personas particulares, con la finalidad de obtener esa información.

La Ley 2/2021 del Síndic de Greuges de la Comunitat Valenciana recoge de igual manera esa ampliación competencial (art.37 y 38), validando así una serie de obligaciones que afectan a "todos los sujetos" objeto de investigación[56] , sobre

---

[56] La concreción de la categoría genérica se perfila claramente en el artículo 17.1:

g*) Las personas físicas y jurídicas que gestionen servicios públicos o lleven a cabo, entre otras, mediante concierto o concesión, actividades de interés general, así como las demás personas vinculadas contractualmente con la Generalitat o con los organismos y entidades que integran su sector público instrumental.*

h) Las personas físicas y jurídicas que perciban ayudas o subvenciones públicas en cuantías, términos y plazos por los que estén obligadas a cumplir las obligaciones de transparencia que establezca la normativa que sea de aplicación.

los cuales recae el deber legal de colaboración con aquél, en orden a *"facilitar el acceso a los expedientes, los datos, los informes y cuanta documentación les sea solicitada"*. Se concreta esa obligación en la necesidad proporcionar si se les requiere, *"copia de esa documentación si les fuera requerida para el esclarecimiento de los hechos sobre los que se esté indagando en el marco de un procedimiento determinado"*; un deber que únicamente puede ser restringido de acuerdo *"con las únicas limitaciones que establezca la ley*[57].

En Andalucía, el único precedente de una hipotética competencial de la Defensoría de *la Infancia y Adolescencia* hacia el espacio subjetivo que conforman las empresas o entidades privadas sólo se podría extraer -aunque de una forma algo forzada, pensamos- desde la mención que se contiene en la ley 4/2021, de Infancia y Adolescencia de Andalucía. Su artículo 25 autoriza el acceso del DPA "sin reserva alguna a todos los expedientes que afecten a las personas menores de edad". El silencio legal permitiría esa interpretación expansiva de sus funciones de supervisión -y control- sobre todo tipo de entidades, publicas y privadas, cuya actuación pueda poner en peligro o atentar directamente contra los derechos de esos menores.

A modo de conclusión sobre este punto, es necesario en primer lugar reconocer la distancia "regulativa" que existe en este tema actualmente entre la normativa andaluza (Ley del DPA) y las leyes de otras CCAA (Cataluña, Valencia). En segundo término, sería también conveniente destacar la necesidad y oportunidad de regular legalmente la extensión de las funciones de supervisión del DPA a la esfera privada. La principal razón estriba en que es en esta última donde se garantiza muchas

---

57 El modelo de intervención del Sindic valenciano se asimila perfectamente al previsto para el Sindic catalán: acceso a dependencias, archivos y registros, deber de colaborar y permitir el acceso a sus dependencias, archivos y registros, realización de entrevistas a empleados y empleadas

veces la dimensión prestacional del Estado social y el catálogo constitucional y estatutario de derechos en que se despliega este último. Como tarea preliminar para un futuro legislador, será imprescindible delimitar ese espacio competencial del DPA sobre las entidades y personas de derecho privado susceptibles de fiscalización, así como la actividad sobre la que ésta debería proyectarse.

En principio, creemos que se podría jugar con varios criterios de delimitación funcional/competencial:

- El concepto "funcional" de *"servicio público"*
- El concepto "material" de *"interés general"*
- Un noción de carácter *"relacional"*, determinada por el tipo de conexión/vinculación (concierto, concesión, contrato) entre la Administración autonómica y la entidad o persona privada.

La utilización de los tres anteriores parámetros de referencia vendría a marcar a su vez una frontera competencial/funcional, más allá de los cuales se estaría produciendo una extralimitación competencial del Defensor, distanciándose de la naturaleza de este tipo de instituciones y de su principal, originaria función (el control y supervisión de las entidades de derecho público). La opción que, sin dejar de cumplir con esa atribución "natural" de la institución, permite definir su espacio funcional de manera más adecuada para el cumplimiento de su función básica (tutela de los derechos constitucionales y estatutarios), sería aquella que tiene como fundamento y justificación la dimensión "relacional", antes que el tipo de interés afectado por la actividad que lleva a cabo la entidad privada.

En esta línea, nos parece acertada la introducción de una expresión/fórmula como la que emplea la Ley del Sindic catalana (art. 26,c), que viene a amplificar el ámbito de intervención del Sindic a todas las entidades que tengan cualquier tipo de "vinculación" (entendida no sólo en su acepción subjetiva sino también material) con la Generalidad y la Administración Local (se entiende que esta última forma parte de la estructura institucional de la Comunidad Autónoma). A la anterior habría que añadir una segunda con un segundo criterio, relativo este a la naturaleza o finalidad de la actividad (*actividades de interés general o universal o actividades equivalentes)*

Se constata, pues, un reconocimiento expreso en la normativa autonómica comparada en torno a la extensión de las facultades de investigación de los Comisionados a las entidades (y personas físicas) de derecho privado. Como lógica consecuencia de ese poder de supervisión, resulta totalmente lógico proyectar también a ese mismo tipo de sujetos los métodos y actividades que permiten a la Defensoría realizar su función. Por otro lado además, con la misma metodología (procesal) que garantice el suministro a la institución de los datos con los que examinar el fundamento de las quejas presentadas. Del mismo modo, sería conveniente regular la autorización para el acceso a las fuentes de información, que permiten al DPA disponer del conocimiento del origen o motivo de la queja que se presenta. Sin disponer de esos medios y de la información recabada, el Defensor no estaría en condiciones de ejercer la función "basilar" para la que ha sido instituido (la defensa de los derechos).

Ese acceso a la información implica indirectamente el reconocimiento en la esfera legal (está previsto en las leyes autonómica analizadas) de un abanico de facultades y competencias específicas del DPA, para actuar "dentro de" la empresa o entidad privada y de su ámbito de funcionamiento interno, sin las cuales no sería factible ni viable el cumplimiento de la función de supervisión asignada (acceso a las dependencias y espacios, acceso a archivos y cualquier fuente de información, entrevistas)

La legislación autonómica examinada no diferencia en este sentido según la condición o naturaleza (pública o privada) de los sujetos investigados (metodología común). Las funciones de los Comisionados se centran –fueron creados con esa primera finalidad- en la supervisión de organismos de las Administraciones Públicas, y por tanto de la actuación también de sus funcionarios. No obstante, nos parece igualmente que ese reconocimiento, en la esfera legal de algunas CCAA, del control y supervisión de los Comisionados Parlamentarios sobre empresas privadas, gestionarias de servicios públicos, no puede –o no debería- tener la misma intensidad y consecuencias, cuando se pone en práctica sobre el personal que trabaja para esas entidades de derecho privado. Se podría hablar entonces de una suerte o modalidad de supervisión parcial o de "segundo grado".

Aunque esta posible "modulación" de los efectos de la supervisión no debería tampoco ser óbice para establecer legalmente la obligación de comparecencia –en caso de incumplimiento- de aquellas personas, directivos o responsables de su gestión, o propietarios de las mismas, en orden a poder conocer de manera directa a través de sus declaraciones ante el DPA las razones de un posible incumplimiento de sus recomendaciones. En todo caso, convendría establecer algunas reglas especiales o específicas en cuanto a la comparecencia de personal o directivos de empresas privadas al servicio de intereses públicos. Los destinatarios de los requerimientos (de comparecencia) no tienen la condición de funcionarios públicos, por lo que no se les puede aplicar ni tendrían la misma "intensidad" y alcance las citaciones que se hacen a personal del o al servicio de las Administraciones Públicas.

Existiría en definitiva –y así se podría prever en la Ley- una "obligación –legal- de colaborar" que se extiende a todas la entidades (públicas y también privadas vinculadas con la Administración), cuyo incumplimiento conllevaría algún tipo de efectos o responsabilidades por parte de los propietarios, directivos, gestores y empleados individuales (la Ley valenciana utiliza este término, claramente indicativo de que alcanza igualmente a trabajadores de empresas que sean objeto de investigación).

Tras el planteamiento que se acaba de exponer y desarrollar quedarían todavía algunas cuestiones pendientes de aclarar sobre esta nueva dimensión competencial de la Defensoría. La primera gira en torno a la posibilidad de que la defensoría pueda ser facultada por ley para dictar resoluciones a las empresas privadas que prestan servicios, bien relacionados con derechos de la infancia, o bien que prestan servicios de interés general; y la segunda, si esas resoluciones serían diferentes en cuanto contenido y alcance a las utilizadas normalmente por el DPA en la supervisión de las entidades públicas.

Una aproximación a los referentes normativos que proporcionan algunas leyes autonómicas conduciría a concluir que es perfectamente viable la utilización de "resoluciones" como fórmula que emplean esas Defensoría cuando concluye un procedimiento de fiscalización y control de empresas o entidades privadas. Y del mismo modo, que el contenido y alcance de ese tipo de actuación no recibe un trato singular ni diferenciado de aquellas resoluciones que afectan a organismos públicos.

A conclusiones como las que se acaban de exponer se llega sin dificultad del examen de la Leyes catalana y valenciana de sus respectivos Sindic. En la primera (art.46) , se ha previsto el empleo de "resoluciones" de cierre del procedimiento, para "*instar a las administraciones, organismos, empresas y personas a que se refiere el artículo 26*", a "*cumplir la actividad prestacional reclamada o mejorar su calidad, dentro de sus disponibilidades*". En esas resoluciones se pueden incluir además, "*otras sugerencias, recomendaciones o advertencias en relación con la protección de los derechos o libertades vulnerados*". Seguidamente, las resoluciones serán remitidas a "*las administraciones, organismos, empresas o personas que han sido objeto de la investigación, a las personas a su servicio cuya conducta ha motivado el procedimiento, si se conoce su identidad, y a los correspondientes superiores jerárquicos*" (art.47). En cuanto a su contenido, el Sindic dejará constancia en las mismas, *"de las administraciones, organismos, empresas o personas que no han colaborado con el Síndic o que han obstaculizado su actuación, así como de la identidad del personal a su servicio que haya sido responsable de la falta de colaboración o de la obstaculización"* (art. 61).

En términos no muy diferentes se pronuncian los artículos 33 y 34 de la Ley valenciana del Síndic de Greuges. Añade –con un plus de precisión- que, una vez se ha apreciado la vulneración de un derecho, aquél podrá exponer en la resolución una serie de consideraciones, advertencias y sugerencias, entre otras las relativas a: *1) "Concretar los deberes legales incumplidos e instar su cumplimiento"; 2) "sugerir la adopción de una iniciativa para modificar una norma cuya aplicación esté ocasionando un resultado injusto o produciendo un perjuicio innecesario, o, en su caso, instar la revisión de los criterios interpretativos con los que esa misma norma se está aplicando"; 3) "cumplir la actividad prestacional que deban llevar a cabo y mejorar su calidad, incrementando los medios materiales y personales, así como las disponibilidades presupuestarias existentes, siempre que sea posible"*[58].

De la normativa examinada se infiere, en definitiva, que no deben existir dificultades ni obstáculos jurídicos de carácter estatutario para incluir en la ley reguladora de este tipo de instituciones la posibilidad de dictar resoluciones, como resultado de la investigación llevada a cabo de la actividad de entidades

58 En la ley valenciana (art. 34) se regula con igual grado de detalle los métodos para notificar y dar publicidad a las resoluciones del Sindic: publicidad a través de la página web de la institución y notificación a tanto a las personas interesadas. Fórmulas las mencionadas que se aplicarían a*" las empresas, públicas o participadas, vinculadas contractualmente con las administraciones públicas, concesionarias de servicios públicos o receptoras de subvenciones de la administración autonómica valenciana o de cualquier otra entidad enumerada en la ley que regula las materias de transparencia, buen gobierno y participación ciudadana de la Comunitat Valenciana"*.

privadas. Por otra parte, es obvio que si se incoa un procedimiento de queja este debe conducir a una resolución del DPA, en la que se determine –como contenido esencial e inexcusable- si se ha producido una vulneración o restricción ilegítima o ilegal de algún derecho constitucional o estatutario.

Del mismo modo, de acuerdo con la naturaleza de la actividad que es objeto de investigación (prestación o servicio público), el contenido (y especificidad) de la resolución debe adecuarse a aquella. De ahí que sea conveniente que el legislador autonómico delimite el alcance y contenido de la resolución en estos supuestos, para ceñirse únicamente a la actividad de la entidad privada directamente vinculada con el interés general, a través de las fórmulas o cauces que se hayan utilizado (concesión, contrato, subvención). De ahí también que, para una correcta adaptación de las resoluciones (contenido y alcance) a la especialidad del objeto de la supervisión, el modelo de recomendaciones o sugerencias tendría que estar siempre referido o en "conexidad" directa con la actividad objeto de supervisión (prestación de un servicio público).

En cuanto a su publicidad, obviamente al tratarse de un acto del DPA que se contiene y formaliza en una "resolución" no tiene que quedar excluido de la publicidad y transparencia que caracteriza su actuación en general; solo por la circunstancia o condición personal (sujeto o entidad de derecho privado) de quien es objeto de investigación. Su publicidad en todo caso va ser ineludible a partir del momento en que su actuación forma parte de alguno de los informes de la Defensoría.

Un último aspecto a destacar se centra en la -hipotética- previsión legislativa que regule los efectos y responsabilidades de la posible falta de colaboración de entidades privadas. Sobre este punto, los principios de la Comisión de Venecia no han previsto ninguna regla o criterio que pueda orientar o aclarar la posibilidad de disciplinar jurídicamente en la esfera normativa nacional (y autonómica) el "reactivo" y consecuencias frente a la falta de colaboración de una entidad privada sujeta a supervisión. Se limita a contemplar, con carácter genérico, la facultad del Defensor, no sólo para formular recomendaciones *(individuales a cualquier organismo o institución dentro de la competencia de la Institución)*, sino de igual modo -acentuando el deber de cooperación que se exige para con el Comisionado parlamentario- la potestad para hacer uso del *"derecho legalmente exigible para demandar que los funcionarios y las autoridades respondan dentro de un plazo de tiempo razonable fijado por el Defensor del Pueblo"*.

La primera norma de referencia en el plano nacional autonómico se localiza en la Ley 5/1996, del Defensor del Menor en la Comunidad de Madrid (art. 20). Pero es la ley del Sindic de Cataluña la que con mayor rigor y precisión regula un procedimiento para hacer frente a la falta de colaboración o de obstaculización, que afectaría también a la entidades privadas objeto de supervisión; mediante un verdadero catálogo de posibles medidas con las que se advierte por anticipado de las consecuencias negativas que tiene esa actitud[59].

La ley 2/2021, del Síndic valenciano hace un ejercicio de conceptualización interesante de lo que se presenta como una suerte de *graduación* de la "negativa a colaborar" y las actitudes que impiden la intervención supervisora de la Defensoría. Su artículo 39 define la falta de colaboración como la actitud que entra dentro de una de las siguientes hipótesis: "a*) No se facilite la información o la documentación solicitada; b) No se dé respuesta a*

---

59 Están enumeradas con claridad en el articulo 61.3:

"a) Convocar a las personas responsables de los actos objeto de investigación para proceder a su examen conjuntamente. b) Informar de la falta de colaboración o de la obstaculización a la Comisión del Síndic de Greuges para que ésta, si lo considera oportuno, llame a comparecencia a las personas responsables de los actos objeto de investigación. c) Personarse en aquellas dependencias en las que estén custodiados los expedientes objeto de investigación para examinarlos".

un requerimiento vinculado a una sugerencia o recomendación formulada desde la institución; c) No se atiendan, pese a haberlas aceptado, las recomendaciones o sugerencias efectuadas desde la institución. Por otro lado, y expresión de una actitud negativa más grave, considera como "obstaculización" a la labor del Sindic aquel comportamiento con el que se impide su acceso, *"a los archivos, registros, dependencias, expedientes, informes y otros datos y documentos necesarios en el curso de una investigació*n"[60].

Como un nivel de mayor intensidad de actitud negativa u opuesta a la intervención del Sindic, la Ley valenciana se refiere a *"la persistencia en las actitudes obstaculizadoras que derive en un comportamiento hostil o sistemáticamente entorpecedor de las investigaciones"* del Comisionado. Al tratarse de una forma especialmente grave de falta de colaboración, se ha contemplado una medida igualmente extraordinaria, con la cual se preten-

60 Sin embargo, las medidas previstas legalmente para uno y otro supuesto son uniformes y no diferencian la causa de la falta de colaboración:

a) Convocar a las personas responsables de las actuaciones o inactividades objeto de investigación para efectuar un examen conjunto de los hechos. b) Informar de las actitudes de falta de colaboración o de obstaculización a la comisión de las Corts Valencianes encargada de las relaciones con el Síndic de Greuges para que esta, si lo estima oportuno, inste a comparecer a las personas responsables de las actuaciones o inactividades objeto de investigación.c) Personarse en las dependencias en las que se encuentren custodiados los expedientes, informes u otros documentos a los que se pretende tener acceso para examinarlos.d) Instar ante el órgano competente la apertura de un expediente disciplinario respecto del personal funcionario o al servicio de las administraciones públicas que incurran en los comportamientos mencionados en los dos primeros apartados de este precepto.

Asimismo, frente al entorpecimiento o la negativa a colaborar con el Síndic de Greuges, puede tener una eficacia en potencia la facultad que se le otorga en ese mismo precepto de la ley para dejar constancia en sus resoluciones e informes de ese tipo de actitudes, añadiendo además expresamente "*la identidad de las personas responsables*".

de forzar un cambio de actitud en el sujeto investigado: "*un informe especial de carácter monográfico, en el que se identificará a las autoridades y al personal que sean responsables de lo sucedido*"

Este nivel de intensidad elevada –podríamos calificarlo así- de una falta de colaboración con la Defensoría, se ha contemplado también en la Ley del DPA de 1983, cuyo artículo 23 ha previsto la presencia *"una actitud hostil o entorpecedora de la labor investigadora del Defensor del Pueblo Andaluz"* –si bien por el momento circunscrito a organismos, funcionarios o personal al servicio de la Administración de la Comunidad -; así como las consecuencias que aquella tiene: la presentación de un informe especial, o bien le mención expresa en su Informe anual.

El diagnóstico en perspectiva comparada de la legislación autonómica más reciente permitiría fundamentar la legitimidad para imponer una obligación legal de colaborar–no sólo un simple deber genérico de valor principalmente ético- a las entidades, empresas o personas de derecho privado que tengan alguna vinculación con la Administración o gestionen servicios o intereses públicos [61]. No cabe dudar de la oportunidad de incluir en el texto de la futura Ley andaluza esa colaboración como un mandato legal (en la línea del artículo de las leyes catalana y valenciana). Esta configuración legal de la obligación de colaboración tendría probablemente la ventaja de garantizar una mayor eficacia de la actividad supervisora de la Defensoría, al tiempo que legitimaría y se apoyarían mejor las medidas posteriores por un eventual incumplimiento. Ahora bien, habría delimitar con la mayor concreción regulativa posible cuáles entran dentro del concepto de bloqueo u obs-

---

[61] Un tratamiento especial y diferenciado sería el caso de los funcionarios en Cataluña que -entendemos- no sería aplicable a personal de empresas privadas, de acuerdo con el artículo 57 de la Ley del Sindic, relatico a las obligaciones que derivan de la "i*nvestigación de la conducta de personal de la Administración*".

trucción a la actuación de la Institución, y por tanto suponen un incumplimiento de la obligación legal. Lo que no es igual ni tiene por qué identificarse con aquel comportamiento de la entidad supervisada que persiste en una actuación contraria a la sugerencia o recomendación que se le haga. De lo contrario, el DPA dejaría de ser una "Magistratura de persuasión" para convertirse en una institución con poder de ejecución directa de sus resoluciones.

De este modo, y como premisa antes de determinar sus efectos y consecuencias, sería conveniente introducir en una futura reforma de la Ley una definición –en la línea de la valenciana- de los conceptos de "falta de colaboración" y "obstrucción" (obstaculización). Entendemos que hay que partir –y regular legalmente- dos hipótesis que conllevan actitudes con distinto nivel de oposición o rechazo a la actuación de la Defensoría, y por lo mismo deberían contemplarse legalmente diferentes consecuencias para quienes las ponen en práctica[62].

En este punto, creemos necesario igualmente diferenciar, con la suficiente precisión, entre dos causas que motivan la concepción de la actividad como "falta de colaboración". De una lado, "no facilitar información" (suficiente); y de otro, la actitud obstruccionista para que la Defensoría pueda "acceder" a otras fuentes de información en poder de la entidad.

En lo que respecta a los efectos del incumplimiento de esa obligación, este debe producir algún tipo consecuencias para quien pone trabas, u obstruye directamente, la actividad supervisora del DPA. Aunque por ahora la Ley andaluza circunscribe el enfoque a responsables de organismos públicos o funciona-

---

62 La ley valenciana regula un tercer nivel de falta de colaboración, delimitado por actitudes que se calificarían como "hostiles" -adjetivación utilizada también en la vigente ley del DPA- o "sistemáticamente entorpecedoras", cuya consecuencia específica sería la posibilidad de elaborar un informe monográfico.

rios, sería viable –creemos- ampliarlo por analogía cuando el obstruccionismo parte también de entidades privadas, dejando constancia del mismo en alguno de los informes (anual y especial o "monográfico") que se presenten en el Parlamento. Además de esa comunicación a la Asamblea, sería conveniente ampliar los destinatarios de esa información, por el carácter prestacional y de servicio público de la actividad que desempeña la entidad, a los organismos públicos responsables de la concesión, concierto o contrato con la entidad privada[63].

En esta línea, puede ser notablemente eficaz la inclusión de un mecanismo como el previsto en la ley valenciana, mediante el cual el Sindic promueve una actuación directa del Parlamento (Comisión), para forzar la comparecencia de los responsables de la entidad obstruccionista o que ha mostrado una frecuente falta de colaboración. Tiene sentido que sea la Comisión parlamentaria, y no la Defensoría, la que tenga la potestad de obligar esa comparecencia.

En lo que respecta a la posible divulgación de la falta de colaboración en la resolución que dicte el DPA, a través del sistema actualmente normalizado de la web institucional, cabe pensar que, junto a esta vía, siempre está abierta legalmente su capacidad para proporcionar este tipo de información personalizada a través del Informe Anual (o especiales) .

Si se analiza algún precedente legislativo[64], podemos observar cómo en la ley del Sindic valenciano (art. 34)no se ha

---

63 Otras medidas (previstas en la ley catalana y valenciana), como la entrevista o personación del Defensor en las dependencias, parecen no tener sentido, porque en realidad se trata más bien de causas –y no efectos- de la falta de colaboración o el obstruccionismo de la entidad.

64 La única referencia normativa en Andalucía sobre este tema no se localiza en la Ley del DPA, sino en su Reglamento de funcionamiento (art. 26); si bien –hay que puntualizar- en un sentido total-

puesto inconveniente alguno a que se puedan comunicar y publicitar todas sus resoluciones mediante la página web de la institución; sin excluir cualesquiera *"sujetos cuyas actuaciones o inactividades hayan sido objeto de investigación"*[65].

Por otra parte, hay que recordar que el principio de transparencia, como mandato contenido a la legislación promulgada en la actualidad sobre la materia, tiene una proyección que incluye sin exclusión a todas las "*entidades que pueden ser depositarias de la información pública*" (EM , Ley andaluza 2014). En su doble vertiente, información activa y pasiva, la transparencia se configura como un instrumento mediante el cual debe garantizarse a la ciudadanía conocimiento sobre la actividad de todos los poderes públicos (art. 1).

Por tanto, el acceso a la información, en cuanto mandato de naturaleza legal se debería aplicar siempre y en todo caso a la labor que realiza el DPA, sin mayores o distintos límites que los que señala la ley para proteger otros intereses y derechos de particulares, en caso de que la divulgación de las resoluciones de la Defensoría pueda afectarles de manera negativa y desproporcionada. Esta modulación del principio de transparencia se aplicaría a la doble dimensión del derecho (legal) de acceso a la información, tanto como publicidad "activa" (acceso a la in-

---

mente opuesto. No se trata dar publicidad (en el Informe anual) de la falta de colaboración de un sujeto investigado, sino que se permite mencionar específicamente lo contrario, esto es, la colaboración activa con la Defensoría "*de aquellas entidades sociales que hubieran colaborado con esta Institución y se hubieran destacado en la promoción y defensa de los derechos y libertades comprendidos en el Título Primero de la Constitución*".

65 La norma se complementa, para las *"empresas, públicas o participadas, vinculadas contractualmente con las administraciones públicas, concesionarias de servicios públicos o receptoras de subvenciones de la administración autonómica"*, con otra que autoriza y prevé la notificación a la Administración Pública titular de la competencia.

formación institucional a través de la web institucional), como a la denominada como publicidad "pasiva" (derecho/ obligación de permitir el acceso a la información).

La posibilidad de publicitar (en la web o cualquier otro medio) la falta de colaboración de quienes estarían sujetos y son susceptibles de una investigación por la Defensoría, tiene en cualquier caso un fundamento jurídico sólido. Los efectos de esa fiscalización no tienen un alcance jurídico inmediato ni directo, de acuerdo con la naturaleza no ejecutiva de las funciones que tiene atribuidas el ombudsman, como autoridad moral y no como poder público con capacidad decisoria. Pero sin duda la intervención de la institución, cuando no recibe una respuesta adecuada o justificada, siempre puede ocasionar un *daño reputacional* en quien no ha atendido (sea responsable público o funcionario, sea entidad privada o empleados de ésta) las recomendaciones de la Defensoría, o bien ha mantenido una actitud obstruccionista ante la petición de información de aquélla.

Cuestión distinta es la necesidad de garantizar un deber de reserva y confidencialidad, así como el derecho fundamental a la protección de datos personales, *de quienes hayan promovido quejas* contra empresas privadas. Si se examinan las referencias normativas autonómicas que existen sobre esta cuestión, se observa ya cómo algunas de ellas contienen previsiones sobre ese deber de reserva y protección de datos. Como botón de muestra la Ley del Sindic catalán, en cuyo artículo 30 se impone la obligación por este último de realizar sus actuaciones con máximas reserva y discreción, con el único margen y como excepción de la información que se divulgue a través de los informes que presente al Parlamento. El cumplimiento de esta última regla determina, no obstante, que *"Los informes del Síndic de Greuges deben omitir cualquier dato personal que permita identificar a los interesados en el procedimiento de investigación, sin perjuicio de lo dispuesto en el artículo 61.4."* Por último, el legislador catatán complementa esta "discrecionalidad institucional" con ultimo deber, referido a la necesidad de proteger los datos personales, mediante la emisión de "instrucciones" necesarias y oportunas.

Pero esas garantías de confidencialidad no pueden impedir (art. 61) que el Sindic catalán tenga igualmente la obligación de hacer constar de manera explícita, tanto en sus informes ante la Asamblea autonómica como en sus resoluciones, la falta de colaboración –entre otros- de *"las empresas o personas que no han colaborado con el Síndic o que han obstaculizado su actuación, así como de la identidad del personal a su servicio que haya sido responsable de la falta de colaboración o de la obstaculización"*[66].

Con carácter general, en la normativa aprobada en las CAA en materia de transparencia (art. 26) se intenta equilibrar la garantía del derecho (protección de datos) con la obligación de permitir el acceso a la información pública, remitiéndose para esta operación a los parámetros legales fijados por la legislación del Estado (leyes 19/2013 y LO 15/1999). La vigente ley del DPA ya incorpora esa especial diligencia en cuanto a la confidencialidad en su artículo 20, al advertir al funcionario que las informaciones (testimonios personales) a las que tiene acceso durante las investigaciones llevadas a cabo por la Defensoría tienen un "carácter reservado", sólo eludible si aquéllas pudieran tener carácter delictivo. Se refuerza ese carácter confidencial por un apartado posterior en el que la norma legislativa apunta: (5). *"Mientras dure la investigación del Defensor del Pueblo, ésta, así como los trámites procedimentales, se llevarán a cabo con la más absoluta*

---

[66] La protección de datos personales se configura del mismo modo en la ley valenciana (2021), como una exigencia derivada de su naturaleza como derecho fundamental comprendido en el contenido esencial del artículo 18.4 de la CE; así se indica expresamente, en lo referido concretamente a las investigaciones de oficio (art. 23) que lleve a cabo.

reserva respecto a los particulares y los demás organismos públicos sin relación con el acto o conducta investigados"[67].

La confidencialidad aparece como un concepto legal de alcance análogo o equiparable al de "protección de datos personales". En este sentido, podría ser recomendable marcar legalmente, y de forma expresa, unas obligaciones mínimas (obligación general) de la Defensoría, que habría que tener en cuenta en su actividad ordinaria, para remitir al Reglamento su concreción mediante instrucciones generales internas ante la casuística que pudiera plantearse podría ser recomendable. Sin que sea incompatible esa fórmula con la utilización, a modo de fórmula subsidiaria (complementaria de la anterior o exclusiva), de una remisión legislativa a la normativa del Estado aplicable a esta materia (LO de 2018).

---

67 Sobre la reserva y protección de datos, el artículo 30 de la Ley Sindic de Cataluña declara de forma similar ese deber "máxima" discrecionalidad y reserva, que se puede omitir no obstante en los informes que se presentan ante el parlamento por decisión personal del Sindic. En todo caso, se subraya que estos últimos deben omitir *"cualquier dato personal que permita identificar a los interesados en el procedimiento de investigación, sin perjuicio de lo dispuesto en el artículo 61.4"*. Mandatos los anteriores que se complementan con la obligación de preservar la protección de los datos personales en las instrucciones que puede dictar el Sindic.
Por lo que se refiere al Sindic valenciano, las previsiones legislativas son análogas a las de la ley catalana (art. 31 y 40 a 44). A la reserva "genérica" de confidencialidad, añade una opción más reforzada, que permite solicitar el carácter de documentación o información "secreta" (además de reservada o confidencial), de acuerdo siempre con la legislación sobre esta específica materia": *"Si se incorporasen a un procedimiento de queja informaciones o documentos que tengan la consideración de secretos de acuerdo con la ley, el Síndic de Greuges deberá actuar con respecto a ellos con un especial deber de reserva y adoptará cuantas medidas resulten necesarias para garantizar un acceso restringido a su contenido.*

Sobre el posible derecho de acceso a los expedientes, habría que diferenciar entre expediente en curso (investigación no concluida) y expediente de queja resuelto y que cuente ya con una resolución del DPA. Sobre la segunda hipótesis no cabe duda de que debería primar el derecho de acceso. En cuanto a la primera, sin embargo, todas las leyes analizadas parecen coincidir en la necesidad de que se mantengan la confidencialidad (se entiende respecto de terceros), y por tanto la ausencia de publicidad entre tanto se realiza por la Defensoría la labor de investigación. La única excepción se localiza en Cataluña, donde los datos personales (identificación) se pueden divulgar, no obstante, en el supuesto de falta de colaboración u obstrucción a la supervisión del Sindic.

En conclusión, de acuerdo con la legislación comparada específica sobre Defensorías autonómicas, la confidencialidad se configura como un presupuesto o principio vinculante, aunque modulado al parecer por el factor de la "temporalidad": se obstaculiza claramente durante el procedimiento de investigación, pero no tanto en la fase posterior, como contenido de los Informes que se presentan ante el Parlamento. Una excepción a la directriz legislativa general que resulta lógica, delimitada por el "escenario" institucional (Parlamento) donde la información y comunicación se constituyen en la base de la eficacia de la labor de la Defensoría. Debemos recordar en este punto que la CE no otorga carácter "absoluto" a ninguno de los derechos fundamentales consagrados en su Título Primero. De este modo, ni la protección de datos personales ni tampoco el acceso a la información pueden ser considerados como derechos ilimitados o no susceptibles de restricción, siempre y en todo caso. El problema para cualquier fórmula legal que pretenda delimitar a priori el alcance de la confidencialidad se encontrará con la dificultad que presenta siempre intentar definir legalmente el "contenido esencial" de unos derechos, cuya salvaguardia y protección se van a poner en juego con un elevado nivel de casuística. Por lo que la simple remisión al legislador se presenta como una operación insuficiente para que la Defensoría cuente con parámetros precisos y concretos que puedan orientar la posible adopción de criterio singulares o excepcionales.

10. BIBLIOGRAFÍA DE REFERENCIA

Andres Alonso de, F.L., "*Los defensores del pueblo en España*", Editorial Reus, Madrid, 2017.

Anguita Susi, A,.

"La supervisión de la Administración local española por los Defensores del Pueblo autonómicos", en *Tendenze del decentramento in Europa e America Latina* , (Ruiz-Rico, G., L. Pegoraro, A.Anguita Sus y Giorgia Pavani, ed.), 2004, pp. 237-252.

"La naturaleza unipersonal del Defensor del Pueblo Andaluz y la figura de los Adjuntos: algunas reflexiones sobre las reformas sufridas por la Ley del Defensor del Pueblo Andaluz", en *Administración de Andalucía: revista andaluza de administración pública,* núm. 48, 2002, pp. 43 y ss.

El defensor del pueblo andaluz y la tutela de los derechos fundamentales: medios, mecanismos y procedimiento, Valencia, Tirant lo Blanch, 2006.

*Comentarios al Estatuto de Autonomía para Andalucía: (Ley Orgánica 2/2007, de 19 de marzo),*Parlamento de Andalucía, 2012.

Escobar Roca, G., "Ampliación de derechos por el Defensor del Pueblo: relectura iusfundamental", en *Cuadernos Constitucionales,* núm.1. pp. 47-69.

Fernández Rodríguez, J.J, "Defensor del pueblo y defensorías autonómicas: reflexiones sobre sus relaciones y posición recíproca", en *Teoría y Realidad Constitucional,* núm. 26, 2010, pp. 259-283.

Martínez Cuevas, D., "El Defensor del Pueblo Andaluz.Análisis jurídico-constitucional" en *El Parlamento de Andalucía.: Ór-*

ganos de extracción parlamentaria. Órganos consultivos o de participación de designación parlamentaria (J. Cano Bueso, coord.), 2004, pp. 253-280

Molina Giménez, A., "Los defensores del pueblo en España. reflexiones sobre su función y utilidad", en *Revista de Administración Pública,* , núm. 199, Madrid, enero-abril (2016), pp. 327-362

Morillo-Velarde Pérez, J.I., "El Defensor del Pueblo andaluz", en *Autonomies: revista catalana de dret públic,* núm. 19, 1994. Pp. 75-94.

Pérez Francesch, J.L., "El defensor del pueblo en españa: balance de veinticinco años de experiencia constitucional", en *Revista de Estudios Políticos* Núm.128, Madrid, abril-junio (2005), pp. 59-86.

Ridao, J., "La evolución de la institución del ombudsman autonómico:: luces y sombras de su ejecutoria reciente", en Ombudsman y colectivos en situación de vulnerabilidad, actas del III Congreso Internacional del PRADPI (G.Escobar Roca, Coord.) , 2017, pp. 125-149

Ruiz-Rico Ruiz, G.

"Los Defensores del Pueblo autonómicos tras la reforma de los Estatutos de Autonomí", en Revista d'Estudis Autonòmics i Federals, núm. 6, abril, 2008, pp. 365-395.

"Posibilidades que plantea el proceso de reforma estatutaria en relación con la garantía y tutela de los derechos sociales", en *Jornadas sobre reformas estatutarias, derechos sociales y defensores del pueblo autonómicos.* Serie Documentos (Defensor del Pueblo Andaluz, ed.), 2005, pp.123-144.

Ruiz-Rico Ruiz, G. y Anguita Susi, A.

"La reforma estatutaria y legal de los comisionados parlamentarios autonómicos", *Teoría y Realidad Constitucional,* núm. 26, 2010, pp. 165-188.

Los retos de los defensores del pueblo autonómicos ante el nuevo marco estatutario, Universidad Internacional de Andalucía, Defensor del Pueblo de Andalucía (ed.) , 2010.

Salazar Benítez, O., "Las relaciones entre el Defensor del Pueblo andaluz y el estatal", en *El Parlamento de Andalucía.: Órganos de extracción parlamentaria. Órganos consultivos o de participación de designación parlamentaria* (J. Cano Bueso, Coord.), 2004, pp. 309-321.